U0524982

中国社会科学院
"登峰战略"优势学科"气候变化经济学"
成果

气候变化经济学系列教材
总主编 潘家华

主编 ■ 郑艳 解伟

Economics of Adaptation to Climate Change

适应气候变化经济学

中国社会科学出版社

图书在版编目(CIP)数据

适应气候变化经济学 / 郑艳，解伟主编. —北京：中国社会科学出版社，2021.10
ISBN 978 - 7 - 5203 - 8214 - 4

Ⅰ.①适⋯　Ⅱ.①郑⋯②解⋯　Ⅲ.①气候变化—影响—经济发展—研究　Ⅳ.①F061.3

中国版本图书馆 CIP 数据核字（2021）第 063289 号

出 版 人	赵剑英
项目统筹	王　茵
责任编辑	马　明　孙砚文
责任校对	任晓晓
责任印制	王　超
出　　版	中国社会科学出版社
社　　址	北京鼓楼西大街甲 158 号
邮　　编	100720
网　　址	http://www.csspw.cn
发 行 部	010 - 84083685
门 市 部	010 - 84029450
经　　销	新华书店及其他书店
印刷装订	北京君升印刷有限公司
版　　次	2021 年 10 月第 1 版
印　　次	2021 年 10 月第 1 次印刷
开　　本	710×1000　1/16
印　　张	14
字　　数	236 千字
定　　价	78.00 元

凡购买中国社会科学出版社图书，如有质量问题请与本社营销中心联系调换
电话：010 - 84083683
版权所有　侵权必究

气候变化经济学系列教材
编委会

主　　　编：潘家华

副 主 编：赵忠秀　齐绍洲　庄贵阳

执行副主编：禹　湘

编委会成员：（按姓氏笔画排序）

　　　　　　王　丹　王　谋　王　遥　关大博
　　　　　　杨　庆　张　莹　张晓玲　陈　迎
　　　　　　欧训民　郑　艳　蒋旭东　解　伟

适应气候变化经济学
编委会

主　　　编：郑　艳　解　伟

副　主　编：刘　杰　潘家华

编委会成员：（按姓氏笔画排序）
　　　　　　王文军　叶　谦　冯　源　张宇泉
　　　　　　林陈贞　周亚敏　段红霞　娄　伟
　　　　　　黄存瑞　童绍玉　鞠立新

总　　序

　　气候变化一般被认为是一种自然现象，一个科学问题。以各种自然气象灾害为表征的气候异常影响人类正常社会经济活动自古有之，虽然具有"黑天鹅"属性，但灾害防范与应对似乎也司空见惯，见怪不怪。但 20 世纪 80 年代国际社会关于人类社会经济活动排放二氧化碳引致全球长期增温态势的气候变化新认知，显然超出了"自然"范畴。这一意义上的气候变化，经过国际学术界近半个世纪的观测研究辨析，有别于自然异变，主要归咎于人类活动，尤其是工业革命以来的化石能源燃烧排放的二氧化碳和持续大规模土地利用变化致使自然界的碳减汇增源，大气中二氧化碳浓度大幅快速攀升、全球地表增温、冰川融化、海平面升高、极端天气事件频次增加强度增大、生物多样性锐减，气候安全问题严重威胁人类未来生存与发展。

　　"解铃还须系铃人"。既然因之于人类活动，防范、中止，抑或逆转气候变化，就需要人类改变行为，采取行动。而人类活动的指向性十分明确：趋利避害。不论是企业资产负债表编制，还是国民经济财富核算，目标函数都是当期收益的最大化，例如企业利润增加多少，经济增长率有多高。减少温室气体排放最直接有效的就是减少化石能源消费，在给定的技术及经济条件下，会负向影响工业生产和居民生活品质，企业减少盈利，经济增长降速，以货币收入计算的国民福祉不增反降。而减排的收益是未来气候风险的减少和弱化。也就是说，减排成本是当期的、确定的、具有明确行动主体的；减排的收益是未来的、不确定的、全球或全人类的。这样，工业革命后发端于功利主义伦理原则而发展、演进的常规或西方经济学理论体系，对于气候变化"病症"，头痛医头，脚痛医脚，开出一个处方，触发更多毛病。正是在这样一种情况下，欧美一些主流经济学家试图将"当期的、确定的、具有明确主体的"成本和"未来的、不确定的、全球的"收益综合一体分析,从而一门新兴的学科,即气候变化经济学也就萌生了。

由此可见,气候变化经济学所要解决的温室气体减排成本与收益在主体与时间上的错位问题是一个悖论,在工业文明功利主义的价值观下,求解显然是困难的。从1990年联合国气候变化谈判以来,只是部分的、有限的进展;正解在现行经济学学科体系下,可能不存在。不仅如此,温室气体排放与发展权益关联。工业革命以来的统计数据表明,收入水平高者,二氧化碳排放量也大。发达国家与发展中国家之间、发展中国家或发达国家内部富人与穷人之间,当前谁该减、减多少,成为了一个规范经济学的国际和人际公平问题。更有甚者,气候已经而且正在变化,那些历史排放多、当前排放高的发达国家由于资金充裕、技术能力强,可以有效应对气候变化的不利影响,而那些历史排放少、当前排放低的发展中国家,资金短缺、技术落后,受气候变化不利影响的损失多、损害大。这又成为一个伦理层面的气候公正问题。不论是减排,还是减少损失损害,均需要资金与技术。钱从哪儿来?如果筹到钱,又该如何用?由于比较优势的存在,国际贸易是双赢选择,但是如果产品和服务中所含的碳纳入成本核算,不仅比较优势发生改变,而且也出现隐含于产品的碳排放,呈现生产与消费的空间错位。经济学理论表明市场是最有效的。如果有限的碳排放配额能够通过市场配置,碳效率是最高的。应对气候变化的行动,涉及社会的方方面面,需要全方位的行动。如果一个社区、一座城市能够实现低碳或近零碳,其集合体国家,也就可能走向近零碳。然而,温室气体不仅仅是二氧化碳,不仅仅是化石能源燃烧。碳市场建立、零碳社会建设,碳的核算方法必须科学准确。气候安全是人类的共同挑战,在没有世界政府的情况下,全球气候治理就是一个艰巨的国际政治经济学问题,需要国际社会采取共同行动。

作为新兴交叉学科,气候变化经济学已然成为一个庞大的学科体系。欧美高校不仅在研究生而且在本科生教学中纳入了气候变化经济学的内容,但在教材建设上尚没有加以系统构建。2017年,中国社会科学院将气候变化经济学作为学科建设登峰计划·哲学社会科学的优势学科,依托生态文明研究所

(原城市发展与环境研究所)气候变化经济学研究团队开展建设。2018年,中国社会科学院大学经批准自主设立气候变化经济学专业,开展气候变化经济学教学。国内一些高校也开设了气候变化经济学相关课程内容的教学。学科建设需要学术创新,学术创新可构建话语体系,而话语体系需要教材体系作为载体,并加以固化和传授。为展现学科体系、学术体系和话语体系建设的成果,中国社会科学院气候变化经济学优势学科建设团队协同国内近50所高校和科研机构,启动《气候变化经济学系列教材》的编撰工作,开展气候变化经济学教材体系建设。此项工作,还得到了中国社会科学出版社的大力支持。经过多年的努力,最终形成了《气候变化经济学导论》《适应气候变化经济学》《减缓气候变化经济学》《全球气候治理》《碳核算方法学》《气候金融》《贸易与气候变化》《碳市场经济学》《低碳城市的理论、方法与实践》9本252万字的成果,供气候变化经济学教学、研究和培训选用。

令人欣喜的是,2020年9月22日,国家主席习近平在第七十五届联合国大会一般性辩论上的讲话中庄重宣示,中国二氧化碳排放力争于2030年前达到峰值,努力争取2060年前实现碳中和。随后又表示中国将坚定不移地履行承诺。在饱受新冠肺炎疫情困扰的2020年岁末的12月12日,习近平主席在联合国气候雄心峰会上的讲话中宣布中国进一步提振雄心,在2030年,单位GDP二氧化碳排放量比2005年水平下降65%以上,非化石能源占一次能源消费的比例达到25%左右,风电、太阳能发电总装机容量达到12亿千瓦以上,森林蓄积量比2005年增加60亿立方米。2021年9月21日,习近平主席在第七十六届联合国大会一般性辩论上,再次强调积极应对气候变化,构建人与自然生命共同体。中国的担当和奉献放大和激发了国际社会的积极反响。目前,一些发达国家明确表示在2050年前后实现净零排放,发展中国家也纷纷提出净零排放的目标;美国也在正式退出《巴黎协定》后于2021年2月19日重新加入。保障气候安全,构建人类命运共同体,气候变化经济学研究步入新的境界。这些内容尽管尚未纳入第一版系列教材,但在后续的修订和再版中,必将得到充分的体现。

人类活动引致的气候变化,是工业文明的产物,随工业化进程而加剧;基于工业文明发展范式的经济学原理,可以在局部或单个问题上提供解决方案,但在根本上是不可能彻底解决气候变化问题的。这就需要在生态文明的发展范式下，开拓创新，寻求人与自然和谐的新气候变化经济学。从这一意义上讲，目前的系列教材只是一种尝试，采用的素材也多源自联合国政府间气候变化专门委员会的科学评估和国内外现有文献。教材的学术性、规范性和系统性等方面还有待进一步改进和完善。本系列教材的编撰团队，恳望学生、教师、科研人员和决策实践人员，指正错误，提出改进建议。

潘家华

2021 年 10 月

前　　言

全球气候变化是当今以及未来全球人类社会所面临的长期而艰巨的共同挑战。虽然在其46亿年的生存史上，地球大气曾经发生过比目前持续时间更长、强度更为剧烈的变化，但今天的气候变化主要是由于人类活动所造成的，已经成为全球科学界的共识。

全球科学界通过过去半个多世纪的观测分析研究，已经掌握了较为明确的证据——全球气候变化已经对人类社会及地球自然生态系统造成了显著影响。令人担忧的是，一方面，由于自然科学界对全球气候变化的机理及其相关不确定性的认识，还有待于进一步的研究；另一方面，社会科学界，对人类社会如何共同应对全球气候变化尚缺乏完整、深入的理解和政策研究，使得至今为止，还难以在全球范围真正实施应对气候变化的有效行动。全球气候变化对地球自然系统许多组成部分的影响也由于认识和行动的迟缓，正在走向一个不可逆的过程。

全球和各国政府应对气候变化行动也因此在强调尽快实施减缓气候变化影响措施和行动的同时，不得不将工作重心转向以研究和制定适应气候变化为核心的政策与行动。其中，从经济学理论出发，发展相应的分析方法，利用计算机模型模拟分析适应气候变化的对策，是目前应对全球气候变化国际谈判中的一个热点。这也是本书团队期待解决的问题以及编撰过程中思考和探讨的相关重点。本书是气候变化经济学系列教材之一，于2018年开始组织团队，共同推进框架梳理和内容编写的过程，迄今4年时间终于面世。

本书的主要内容分为三大部分。第一部分为绪论。介绍适应气候变化经济学的学科属性、研究内容及定位。第二部分介绍适应气候变化经济学的理论、方法与案例应用。其中，第二章深入阐述了适应气候变化经济学的理论基础和研究范式；第三章阐述气候变化影响与适应的经济学分析方法；第四、五章论述了气候变化对宏观经济、城市和农村地区、重点行业的影响与适应；第六、七章是适应气候变化的政策分析方法和政策机制设计。第三部分介绍了适应气候变化治理的几个专题领域。第八、九、十章分别讨论适应气候变化的协同管理、适应气候变化的国际治理、气候变化的教育、传播与公众参与。

本教材的定位与特点如下。本书作为国内第一本适应气候变化经济学教材，为读者和学生们提供了一个较为完整的学习框架。本教材适用于高等学校经济学、气候变化相关专业的辅修课或专业课，可供本科生、研究生根据学业需要开展选择性学习和阅读。本教材的作者团队是由长期参与应对全球气候变化相关问题研究，并为中国参与全球气候变化国际谈判提供政策建议的研究人员组成。他们不但了解和掌握全球适应气候变化经济学的理论发展脉络，还具有丰富的实践经验。

第二，本书对国际上气候变化经济学已有研究成果和特点有独到的分析认识，在对各种流派进行对比和梳理的基础上，结合中国实际情况，对适应气候变化经济学从概念、理论框架、分析方法、具体实例，以及不同地区、不同行业的适应气候变化的进展、问题和需求，给出了较为详尽的总结和分析。

第三，书中围绕全球气候变化目前的一些热点和难点，向读者介绍国际上最新的理论和实践。例如，将适应气候变化与风险防范相结合，全球适应气候变化治理机制，适应气候变化与减排、可持续发展目标的协同管理，适应气候变化与媒体传播等，为读者和学生指明了新的研究方向。

第四，首次较为系统和详尽地介绍了中国社会科学学者在复杂适应系统的科学理论框架指导下，对适应气候变化经济学领域进行的研究思考和理论探索。

本书由来自高校和研究机构的作者共同编写完成。前言由北京师范大学地理科学学部教授叶谦执笔；第一章由中国社会科学院学部委员潘家华、中国社会科学院生态文明研究所研究员郑艳执笔；第二章由郑艳、云南财经大学教授童绍玉、陕西师范大学国际商学院讲师刘杰执笔；第三章由北京大学现代农学院/中国农业政策中心研究员解伟、刘杰、上海交通大学中英国际低碳学院副教授张宇泉、北京大学中国农业政策中心科研助理冯源执笔；第四章由解伟、张宇泉、冯源执笔；第五章由郑艳、刘杰、童绍玉、清华大学万科公共卫生与健康学院教授黄存瑞执笔；第六章由郑艳、中国社会科学院生态文明研究所副研究员娄伟执笔；第七章由郑艳、中国社会科学院大学（研究生院）研究生林陈贞执笔；第八章由中国科学院广州能源研究所副研究员王文军、郑艳执笔；第九章由中国社会科学院亚太与全球战略研究院副研究员周亚敏执笔；第十章由中国传媒大学广告学院副教授鞠立新执笔。此外，潘家华、叶谦、环境与可持续发展研究院段红霞博士对全书进行了认真细致的审阅和修改，郑艳、林陈贞负责书稿校对工作。

目　　录

第一章　绪论 ……………………………………………………………（1）
　　第一节　适应气候变化经济学的内涵 ………………………………（1）
　　第二节　适应气候变化经济学的学科发展 …………………………（7）
　　第三节　内容结构与逻辑框架 ………………………………………（12）

第二章　适应气候变化经济学的理论基础 ……………………………（14）
　　第一节　气候变化的影响与脆弱性 …………………………………（14）
　　第二节　适应研究范式：风险与韧性 ………………………………（20）
　　第三节　适应气候变化的经济学基础 ………………………………（27）

第三章　气候变化影响与适应的经济分析方法 ………………………（42）
　　第一节　微观与宏观方法 ……………………………………………（42）
　　第二节　综合评估模型与气候变化影响评估 ………………………（49）
　　第三节　综合评估模型的应用 ………………………………………（55）

第四章　气候变化对宏观经济的影响与适应效果评价 ………………（65）
　　第一节　气候变化对全球宏观经济的影响 …………………………（65）
　　第二节　气候变化对主要国家与地区的宏观经济影响 ……………（68）
　　第三节　宏观经济视角的气候变化适应策略及效果评估 …………（76）

第五章　气候变化对城市、农村及重点行业的影响与适应 …………（84）
　　第一节　气候变化对城市地区的影响与适应 ………………………（84）

第二节　气候变化对农村地区的影响与适应 …………………… (93)
　　第三节　气候变化对重点行业的社会经济影响与适应 ………… (99)

第六章　适应气候变化的政策分析方法 ……………………………… (125)
　　第一节　混合研究方法 …………………………………………… (125)
　　第二节　参与式研究方法 ………………………………………… (131)
　　第三节　多目标决策方法 ………………………………………… (135)
　　第四节　情景规划方法 …………………………………………… (140)

第七章　适应气候变化的政策机制 …………………………………… (143)
　　第一节　适应气候变化的经济政策 ……………………………… (143)
　　第二节　适应气候变化规划 ……………………………………… (147)
　　第三节　适应气候变化的治理机制 ……………………………… (155)

第八章　适应气候变化的协同管理 …………………………………… (161)
　　第一节　基本知识点 ……………………………………………… (161)
　　第二节　适应与减缓行动的协同管理 …………………………… (167)
　　第三节　适应与可持续发展的协同管理 ………………………… (171)

第九章　适应气候变化的国际治理 …………………………………… (178)
　　第一节　气候变化适应的国际制度进程 ………………………… (178)
　　第二节　适应气候变化的资金机制 ……………………………… (186)
　　第三节　全球适应治理的中国贡献 ……………………………… (191)

第十章　适应气候变化的教育、传播与公众参与 …………………… (194)
　　第一节　适应气候变化的教育 …………………………………… (194)
　　第二节　适应气候变化的传播 …………………………………… (197)
　　第三节　适应气候变化的公众参与 ……………………………… (200)

附录　英文缩写对照表 ………………………………………………… (205)

第 一 章
绪 论

本章介绍了适应气候变化经济学的基本概念、内涵、学科属性、研究现状与进展，旨在初步解答以下问题：（1）适应气候变化的科学基础；（2）学科属性与定位：何为适应气候变化的经济学？（3）方法学：为什么适应气候变化需要引入经济学的理论与方法？

适应气候变化的经济学属于应用经济学范畴，旨在借助经济学的理论与方法研究气候变化风险导致的经济损失和适应需求，并寻求兼顾效率与公平的适应目标与适应决策方案。

第一节　适应气候变化经济学的内涵

一　气候变化的科学事实及核心概念

作为最具复杂性、长期性和不确定性的全球环境问题，气候变化已经引起国际社会的高度关注，纳入了国际议程。联合国政府间气候变化专门委员会（Intergovernmental Panel on Climate Change，IPCC）第五次科学评估报告的结论表明，过去130年来人类活动引发全球升温0.85℃，21世纪末全球平均升温幅度将达到1.5℃以上，未来全球变暖趋势加剧很可能对人类和生态系统造成严重、普遍和不可逆转的影响[①]。

1992年达成的《联合国气候变化框架公约》（United Nations Framework on Climate Change Convention，UNFCCC）旨在"防范人类活动可能对气候系统造

---

① IPCC, *Climate Change 2014*: *Summary for Policy Makers*, Cambridge University Press, 2014.

成的不可逆危险"。2015年11月联合国气候大会通过的《巴黎协定》，将全球平均升温低于工业革命前2℃作为气候变化的危险水平并确立全球行动目标。对此，制定气候决策首先需要了解气候变化可能导致的"危险水平"；其次对各种危险（hazards）所引发的社会福祉影响进行评估；最后是设计最适当的政策手段（包括减排和适应）以避免和应对潜在风险。通过建立气候—经济综合评估模型（Integrated Assessment Model），经济学家能够分析何为"可接受的/可容忍的"风险，为全球适应气候变化行动提供参考。

IPCC第五次科学评估报告中所评估的气候变化，内涵涉及气候系统的自然变率与人类活动导致的气候变化。UNFCCC界定的"气候变化"及其减缓和适应行动，主要是指"人类活动引发的气候变化"。

适应气候变化是指减小气候变化造成的不利影响或损失，增加潜在的有利机会。IPCC报告中所评估的"适应"（Adaptation），指自然或人类系统对新的或变化的环境进行的调整过程，这种调整能够减轻损害或开发有利的机会。

图1-1是适应气候变化与相关领域概念的关联。这一系列逐层拓展的概念体系，体现了国际社会对适应气候变化议题的认识过程。从传统的防灾减灾，到应对气候变化的适应和减缓行动，以及提升整个社会经济系统的韧性，是一个逐步深化的进程，最终促进可持续发展目标的实现。

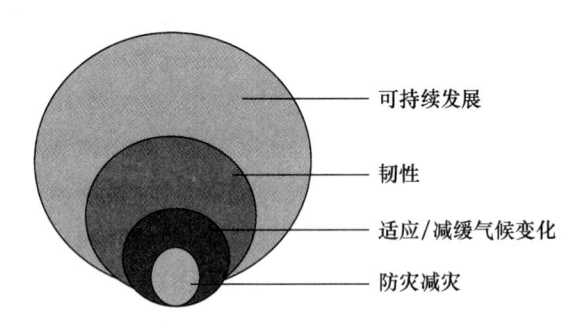

图1-1 适应气候变化与相关领域概念的关联

Robrecht, H. and Morchain, D., Background paper for the Council of Europe's report on resilient cities, "Local Governments for Sustainability", European Secretariat (ICLEI), Freiburg, Germany, 2012, in *European Environment Agency*, *Urban Adaptation to CC in Europe 2016: Transforming Cities in a Changing Climate*, EEA Report, No. 12, 2016.

专栏 1-1　核心术语

影响（Impacts）：气候变化对自然和人类系统造成的后果。潜在影响（potential impacts）指未考虑适应行动可能造成的所有影响；残余影响（Residual impacts）指经过适应之后依然存留的某些影响。

脆弱性（Vulnerability）：系统受到气候变化不利影响威胁程度的一种综合度量。脆弱性一方面取决于系统外部因素的影响，即系统暴露于气候风险的程度；另一方面取决于系统内部因素的影响，即系统敏感性及适应能力。

风险（Risk）：不利事件发生的可能性及其后果的组合。气候变化风险是指气候变化对自然系统和社会经济系统可能造成的潜在不利影响，主要体现为气候变化引发的极端天气/气候事件（如高温、强降雨、台风等）和长期气候变率变化（干旱化、持续升温、海平面上升等）。

气候敏感性（Sensitiveness）：自然生态和社会经济系统因气候变化冲击而受到影响的敏感程度，有正向的，也有负向的。例如，某种作物的产量受到气温、降水变率的改变幅度。

适应能力（Adaptive Capacity）：系统适应气候变化以减小潜在损害、应对不利后果或利用有利机会的能力。

韧性或恢复力（Resilience）：系统不改变其状态就能经受气候与环境冲击的程度。一般具有两个层面的含义，一是系统承受扰动的能力；二是系统从影响中恢复的能力。

适应性管理（Adaptive Management）：通过管理手段提高自然和人类系统利用有利机会和应对不利风险的能力。

适应赤字（Adaptation Deficit）：由于对现有或未来的气候条件缺乏准备、应对不足（如风险评估、灾害风险投资等）导致的适应欠账。

发展赤字（Development Deficit）：由于发展滞后、基础设施投入不足，多在发展中国家和地区，难以应对常规的极端灾害或气候变化引致极端灾害的频次增加、强度增高，而使风险放大，受到发展和适应的双重挑战。

适应不良（Maladaptation）：人类或自然系统针对气候刺激的反馈导致脆弱性增加，即某项适应活动并未按照预期成功地减小脆弱性，反而使之增加。

气候风险管理（Climate Risk Management）：指对气候风险进行管理，以减小系统的脆弱性，增强适应能力。

资料来源：IPCC报告术语表、《中国极端天气气候事件和灾害风险管理与适应气候变化国家评估报告》、世界银行《适应气候变化的经济学》等文献。

专栏1-2 适应气候变化的类型

IPCC关于"适应"的科学评估，分为三种类型。

（1）预防性（主动）适应（Anticipatory or Proactive Adaptation）：是指在气候变化所引起的影响显现之前而启动响应行动。

（2）自主性（自发性）适应（Autonomous or Spontaneous Adaptation）：不是对气候影响作出的有意识的反应，而是由自然系统中的生态应激，或人类系统中的市场机制和社会福利变化所启动的反应。

（3）计划性适应（Planned Adaptation）或规划性适应：即针对未来可能发生的气候风险预先制定政策、规划进行防范。是政府决策的结果，建立在意识到环境已经发生改变或即将发生变化的基础上，采取的一系列管理措施使其恢复、保持或达到理想的状态。

图1为适应气候变化的冰川效应。适应气候变化的巨大需求，绝大部分需要由家庭、企业和个体承担改为由个体、家庭和企业承担，即自发性适应行为。然而其中最具危险性的是难以预料的极端灾害事件，对此需要政府通过前瞻性规划加以应对，以确保气候安全（如预防超过承受能力的极端灾害风险）和气候公平（如支持气候脆弱群体的社会安全网体系）。

图 1 适应气候变化的冰川效应

二 适应气候变化经济学的学科体系

适应气候变化经济学是研究如何促进各决策主体利用有限的自然资源和社会资源,趋利避害,公平、有效地实现适应气候变化的目标。适应气候变化经济学强调自然系统或人类系统对气候变化作出积极主动的响应、调整,以减轻气候变化的不利影响、发掘气候变化带来的发展机会。

适应气候变化经济学的研究对象是不同主体适应气候变化的经济行为,不仅包括社会经济系统(如经济部门、社会组织、物质基础设施等),还包括自然生态系统（如自然资源、生态系统服务等）。

适应气候变化经济学的行为主体既包括宏观主体（如国家、地区、社会经济部门），也包括微观主体（如企业、社区、家庭、个体、社会组织等）。适应气候变化具有广阔的时空尺度，涵盖了不同国家、地区及不同收入水平的代内群体和代际群体。

适应气候变化的经济政策要实现公平和效率两大目标：（1）气候效率与效益：提升气候适应投资的效率，在资源约束情景下适应行为的优化管理与决策，包括社会效益、经济效益、生态效益及协同效益等。（2）气候公平与福利：在气候适应决策中，确保当代人和后代人、不同地区和群体的气候公平与可持续福祉。

适应气候变化经济学的主要研究内容包括：（1）适应气候变化的资源禀赋或经济要素：如气候容量、气候生产力、自然资本、社会资本、适应资金、金融工具等；（2）气候变化的社会经济影响评估及适应成本估算：如气候风险的潜在经济损失，适应行动的成本与效益分析（以筛选针对危险影响的可行方案）等；（3）适应政策设计及其评估：如何选择科学有效的适应措施以促成"充分适应"（指不可避免的残余损失最小），包括适应战略、适应规划、适应治理等决策机制，以及评估适应政策的可行性、科学性、政策效果等。

三 学科属性与定位

适应气候变化经济学作为气候变化经济学体系的重要分支，与减缓气候变化经济学、国际气候制度经济学等子学科在理论和方法上具有一些共同内涵，如气候变化的科学基础、可持续发展理论、环境价值评估等经济学理论基础，同时也具有自己的一些独特属性，如适应行为的复杂性、长期性，更关注制度设计和公平、权利等议题。其概念、理论与分析方法撷取了福利经济学、自然资源与环境经济学、生态经济学、发展经济学、灾害经济学等相关学科的一些要素，是一门正在发展的学科。

气候变化经济学的学科缘起和逻辑，是温室气体排放引发气候变化，为了防范或控制气候变化，就需要从源头上减少温室气体的排放。由于排放相关联的生产和收益是当期的、具体的实体，而排放所产生的温室效应的负外部性是未来的、全球性的，这一权益与责任、时间与空间的不匹配，有别于常规的经济学理论与方法，因而气候变化经济学需要应对或解决的问题主要是减排或减缓。在减排步履维艰的情况下，人们发现，如果不减排，不仅未来风险大，而且现实的影响和脆弱性也十分严峻，需要采取适应行动。而适应不同于减排，不论是否排放，都需要适应。但适应具有局域性、当期性以及明确的受益实体。这时又出现一个经济学难题：没有排放温室气体，却在承担全球温升的影响或风险。风险危害程度最大的国家或地区往往是发展中国家或欠发达地区。在没有世界政府的情况下，需要通过国际政治经济关系的协调来予以应对。这就构成了气候变化经济学中减缓、适应和国际政治经济学互相关联、深度交织的学科特点。

第二节　适应气候变化经济学的学科发展

一　国际认识深化

气候变化经济学的产生和发展，旨在为应对全球气候变化引发的问题提供经济学的思路和方法。近年来，减小灾害风险、适应气候变化的经济学分析成为新的研究热点，学术和政策含义极为重要。与减缓相比，适应是一个更加现实而迫切的任务，然而，适应气候变化在政策目标和技术手段上具有更大的复杂性。以发达国家为主导的国际社会长期注重减排而忽略适应议题。1988 年，世界气象组织和联合国环境规划署共同组建 IPCC，分设三个工作组，组织全球学者开展气候变化科学评估。第二工作组即气候变化的影响、适应和脆弱性组评估聚焦于"影响、适应和脆弱性"议题，自 20 世纪 90 年代以来，先后发布一系列特别报告和科学评估报告，评估与分析适应气候变化的目标和途径，强调各国加强适应政策与行动的重要性，建议强化适应领域的国际合作机制。

为了应对未来潜在的气候变化风险而采取的适应政策和行动亟须经济学理论和方法的支持。2005 年《京都议定书》勉强生效后，发展中国家缔约方认识到气候变化影响和脆弱性不断提升和加剧气候风险，而在"后京都议定书"的谈判进程中，适应被纳入联合国气候变化大会的主流议题，关注度日益增加。随着气候变化带来的风险和损失增大，适应政策和行动展开了经济学的理论研究和分析方法探讨，如世界银行、亚洲开发银行等纷纷开展适应气候变化的经济学研究，西班牙巴士克大学气候变化中心编撰出版《适应气候变化经济学手册》①，梳理了适应气候变化经济学的基本内容、关键议题及主要领域。IPCC第五次科学评估报告《气候变化的影响、适应与脆弱性》②设置"适应气候变化的经济学"专章，采用成本效益分析用以评估气候变化风险和制定适应决策。

世界经济论坛（World Economic Forum）自2005年开始关注气候变化议题，明确提出气候变化具有全球深远影响的重大风险。在其旗舰报告《2020全球风险报告》所列出的未来10年全球十大风险中，涉及五大环境风险，依次是：（1）极端气候事件；（2）气候变化减缓与适应措施的失败；（3）人为环境损害及灾难；（4）关键生物多样性损失及生态系统崩溃；（5）主要自然灾害。这些风险对于年青一代而言，意味着未来全球变化很可能给他们带来一个更具灾难性的地球。世界经济论坛对全球风险的展望，凸显出推进全球气候与环境治理的紧迫性。

专栏1-3 政府间气候变化专门委员会（IPCC）

1988年，世界气象组织和联合国环境规划署联合组建联合国政府间气候变化专门委员会（IPCC），针对气候变化的重大科学和决策实践问题，分列三个工作组：气候变化的科学基础，气候变化的影响、适应和脆弱性，减缓气候变化。在全面、客观、开放和透明的基础上，以科学问题为切入点，对全球有关气候变化及其影响，减缓和适应气候变化措施的科学、技术、社会、经济方面的信息进行科学评估，并根据需求为《联合国气候变化框架公约》（UNFCCC，简称气候公约）提供科学技术咨询。自1990年以来，IPCC组织全球相关领域学者，定期编撰并发布气候变化科学评估报告，对气候公约的谈判进程起到重要的科学支撑作用。IPCC评估报告在国际科学界具有气候变化及其应对问题的权威地位，为国际社会建立应对气候变化制度、采取应对气候变化行动提供了重要的科学基础和决策依据。鉴于IPCC这个科学团体在气候变化议题从科学到政策的过程中发挥的积极的推动作用，2007年获诺贝尔和平奖。

---

① Anil Markandya, Anil, Ibon Galarraga, Elisa Sainz de Murieta (eds), "Routledge Handbook of the Economics of Climate Change Adaptation", ISSC and UNESCO, 2014, Routledge.

② IPCC, *Climate Change 2014*: *Impacts, Adaptation, and Vulnerability*, Cambridge and New York: Cambridge University Press, 2014.

在我国，气候变化问题曾长期被界定为自然科学范畴。IPCC 和 UN-FCCC 谈判的协调工作，初期归口气象部门主管，1997 年联合国气候变化京都会议后，中国政府出于应对气候变化的国家战略和发展意义的视角，将国家应对气候变化的综合协调职能纳入具有宏观综合地位的国家计划和发展主管部门。2007 年成立国家应对气候变化及节能领导小组。2018 年国家机构改革，将气候变化纳入生态环境部统一管理。有关气候变化的社会经济问题分析，在国际社会和国内政策需求的推动下，正在引发国内学界越来越多的研究关注和兴趣。

二　国内发展迅速

气候变化经济学研究在中国起步较晚，作为全球第一大碳排放国及最大的发展中国家，中国在全球气候治理中扮演着日益重要的角色。国内的气候变化经济学也因此应运而生、与时俱进，正在形成具有中国问题意识的理论体系、研究方法和研究领域。

近年来，国内从事气候变化研究的机构不断涌现，各高等院校开始探索将气候变化经济学作为研究方向纳入学科建设。如中国社会科学院与中国气象局联合组建气候变化经济学模拟联合实验室，组织权威专家，自 2009 年以来每年发布年度《应对气候变化报告》，形成国内第一部气候变化系列皮书。清华大学公共管理学院自 2011 年以来发布年度《中国低碳发展研究报告》。中国人民大学气候变化与低碳经济研究所围绕低碳经济、气候政策及战略形成一系列研究成果。北京大学国际关系学院对气候安全问题进行了一系列研究。中国科学院科技战略咨询研究院也成立了气候变化相关研究的智库。

在学科设置方面，国内部分院校在已有的学科下将气候变化经济学相关内容作为研究方向。"气候变化经济学"被列为中国社会科学院优势学科给予重点支持，2018 年经中国社会科学院大学批准列为自主设置的二级学科并招收博士研究生。中国科学院科技战略咨询研究院等在人口、资源与环境经济学学科下招收低碳经济与模型方向的硕士博士研究生。北京理工大学能源与环境政策研究中心在管理科学与工程学科下招收气候经济与政策研究方向的硕博研究生。此外，一些地方院校设置

三 主要观点与流派

气候变化经济学在发展过程中由于理论观点、研究视角与方法的不同侧重，逐渐形成一些具有学术特点和影响的流派，产生了一些代表人物。这些理论流派也涉及适应气候变化的经济学研究。从影响与适应经济学的理论和方法来看，国际社会主要有以下几个理论视角。

其一是美国学者诺德豪斯（W. Nordhaus）为代表的主流气候变化经济学，可称之为"经济理性派"，基于经典的西方经济学理论与方法（包括成本效益方法、经济理性原则、环境价值评估方法等），主张以市场机制为主开展减排与适应行动，认为市场能够解决气候变化这种全球尺度的外部性问题。尽管信奉并采用西方经典的经济学理论与方法研究气候变化问题，诺德豪斯在其著作《气候赌场：全球变暖的风险、不确定性及经济学》中仍明确地指出传统经济学中的缺陷：经济学在我们最需要的领域贡献最小[1]。2018年，诺德豪斯以其将全球环境问题纳入宏观经济分析的突出贡献获得诺贝尔经济学奖，推动了国内外气候变化经济学的繁荣发展。

其二是英国学者尼古拉斯·斯特恩（Nicholas Stern）爵士为代表的气候政治经济学，可称之为"代际公平学派"，积极呼吁为了地球的未来和子孙后代而减排。作为英国伦敦政经学院（LSE）政治经济学教授、英国社会科学院主席、世界银行前首席经济学家，与学术派的诺德豪斯不同，斯特恩旨在通过其研究报告影响国际社会，推动各国政府深刻认识气候变化问题的紧迫性，并加大应对行动的决心和力度。斯特恩的代表作《斯特恩报告：气候变化经济学》系统探讨了气候变化中的经济学问题、减排行动的政策与经济因素以及全球合作应对气候变化等议题。斯特恩团队通过深入的经济评估表明及早采取温室气体减排可以较低成本避免未来出现高额的经济损失，这一结论在国际经济学界引发广泛关注和热烈讨论。

诺德豪斯与斯特恩爵士关于气候变化是否关涉公平伦理议题的争论体现了国际气候变化领域中始终存在的公平和效率两大理念的交锋。双方的主要分歧

---

[1] W. Nordhaus, *The Climate Casino: Risk, Uncertainty, and Economics for a Warming World*, Yale University Press, 2013.

围绕气候变化经济学的核心问题,即与代际公平密切相关的气候投资贴现率的设定。《斯特恩报告:气候变化经济学》中,基于对全球气候变化风险的损失评估,指出如果不采取及时的行动,未来(2050年)气候变化经济损失将占到全球 GDP 的 5%—20%,各国政府应每年花费 1% 的 GDP 用于适应行动[1]。诺德豪斯[2]对不同气候变化影响评估的研究结果表明:全球升温导致的全球 GDP 损失为 1%—5%。同时指出,气候变化的损失实际上是经济快速增长带来的副产品或负外部性,这一数字与预计的未来发展中国家 50—100 年间的人均 GDP 增长相比,实际上只占很小的比例,考虑到气候变化风险的不确定性,进行高额的气候投资并非经济理性的决策行为。诺德豪斯因而批评斯特恩气候变化经济学研究并非规范的经济学分析,因为公平性考量不是经济学家应该做的事,而是政治家的职责。

其三是发展中国家立场的中间派或务实派,强调发展权优先,可称之为"人文发展学派",体现在注重代内公平、关注当代人尤其是发展中国家的发展权益,强调基于国际机制设计和政府主导的气候行动,以提升全球应对气候变化的效率。在发达国家学者主导的气候变化经济学主流之外,发展中国家的一些学者强调应对气候变化的"共同但有区别的责任",指出发达国家学者过于强调基于市场化的机制设计忽略了气候变化问题的历史责任,为保障子孙后代气候安全的减排投资忽视了当代人的发展权益、挤占了有限而宝贵的发展投资,发达国家应当为其导致的发展中国家额外的发展成本进行补偿。中国社会科学院潘家华等[3]学者提出了"基于人文发展的碳预算""发展型适应与增量型适应""适应性排放""气候容量"等概念,强调发展中国家发展权优先于减排责任、基本需求优先于减排责任的人文发展理念。在巴西、南非、印度、中国等主要发展中国家的积极推动下,世界银行等[4]国际机构针对发展中国家的迫切适应需求,开展了适应气候变化的经济学分析,对发展中国家的适应成本进行了测算,为国际气候制度建立气候适应资金机制提供了依据。此外,发

---

[1] Stern, N., *The Economics of Climate Change The Stern Review*, Cambridge: Cambridge University PressCambridge, 2007.
[2] Nordhaus, W., *The Climate Casino: Risk, Uncertainty, and Economics for a Warming World*, Yale University Press, 2013.
[3] 潘家华:《气候变化经济学(全2卷)》,中国社会科学出版社2018年版。
[4] World Bank, "Economics of Adaptation to Climate Change (EACC): Synthesis Report", 2010, http://www.worldbank.org.

展中国家还积极推动了气候变化公约下的"损失与损害"议题,将减贫、公平、保险机制、移民等与发展中国家权益密切相关的诸多议题纳入谈判进程。

第三节 内容结构与逻辑框架

本书共包括三大部分,共计十章内容。

第一部分为绪论。介绍适应气候变化经济学的学科属性、研究内容及定位。

第二部分介绍适应气候变化经济学的理论、方法与应用。其中,理论篇主要是第二章,深入阐述了适应气候变化的科学基础及适应气候变化的经济学理论基础和研究范式。方法论篇包括第三、四章,主要讲授气候变化影响与适应的经济学方法,以及适应政策的研究方法。应用篇即理论及方法的应用,是第五、六、七章,分别从宏观经济、地区经济、重点行业等方面阐述气候变化的社会经济影响及适应的政策机制设计问题。

第三部分侧重于专题探讨。第八、九、十章分别讨论适应气候变化的协同管理、适应气候变化的全球治理、气候变化的科普教育与知识传播内容。

本书的主要逻辑结构如图1-2所示。

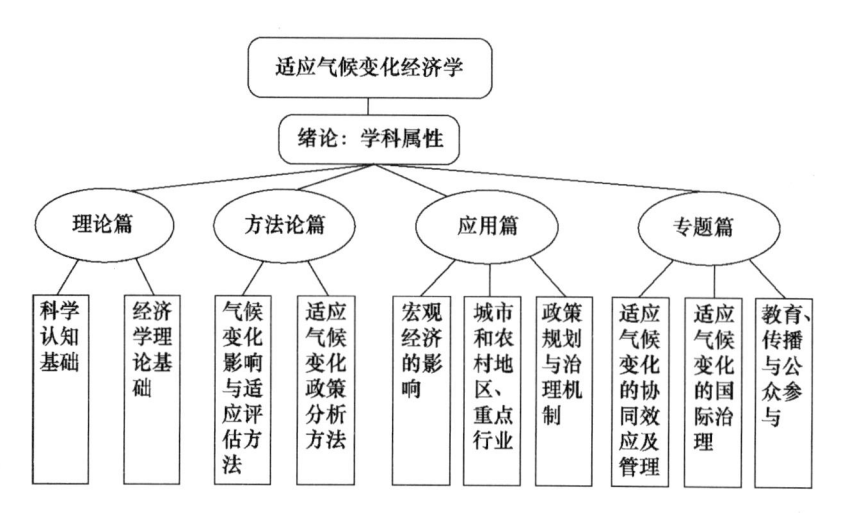

图1-2 《适应气候变化经济学》逻辑架构

延伸阅读

1. 潘家华等：《气候变化经济学导论》，社会科学文献出版社2021年版。

2. IPCC, *Climate Change 2014: Impacts, Adaptation, and Vulnerability*, Cambridge and New York: Cambridge University Press, 2014.

3. ［英］理查德·S. J. 托尔：《气候经济学：气候、气候变化与气候政策经济分析》，齐建国、王颖婕、齐海英译，东北财经大学出版社2016年版。

练习题

1. 对于"人类活动引发的气候变化"与自然的气候变化，请谈谈你的理解或感受。
2. 你会如何判断"可接受的/可容忍的"气候变化风险？
3. 请阐述你对气候变化经济学主流观点的认识。
4. 适应气候变化经济学的主要研究内容有哪些？
5. 请简述你对气候变化经济学中适应与减缓关系的认识。

第 二 章
适应气候变化经济学的理论基础

适应气候变化的核心概念：影响、脆弱性、风险、韧性等，是贯穿适应气候变化研究的主线，体现了国际社会对适应气候变化科学与决策议题的不断深入的认识过程。本章主要介绍适应气候变化经济学的科学认知基础及经济学理论基础。首先是气候变化的影响与风险；其次是与适应气候变化经济学密切相关的一些经济学分支学科，如资源与环境经济学、公共政策与制度经济学、可持续发展经济学、福利经济学、行为经济学等；最后是适应气候变化的理论分析方法，包括基于成本—效益分析的适应决策选择、基于气候公平目标的社会福利函数、适应决策的不同研究范式等。

第一节 气候变化的影响与脆弱性

一 气候变化的影响

根据 IPCC 第五次科学评估报告的结论，过去 100 多年全球平均温度升高了 0.85℃，平均海平面上升 19 厘米。20 世纪末全球升温幅度在 1.5℃以上；未来若全球平均温度升高 4℃（较工业革命以前），人类和社会生态系统将加速产生广泛的、严重的和不可逆的风险。2018 年 IPCC 发布"1.5℃特别评估报告"指出，全球平均温控值从 1.5℃上升到 2℃会对自然和人类产生重大的影响，带来灾难性的边际风险，造成巨大的、不可逆的经济损失。温控 1.5℃与温控 2℃的阈值论断，是全球气候变化处在"危险"和"极端危险"之间的分界线。

专栏 2-1 气候变化意味着什么？

全球升温意味着以"平均天气状态"作为衡量指标的气候系统将具有更大的不确定性，出现更多的极端天气气候事件及严重灾害。如图 1 所示，IPCC 把气候变化定义为气候状态的变化，这种变化可以通过其特征的平均值和/或变率的变化予以判别（如通过统计检验），这种变化将持续一段时间，通常为几十年或更长的时间。气候变化的幅度越大，气候状态的不稳定性、气候敏感性也将越大，尤其是气候变化引发的厚尾效应导致极端值增多。

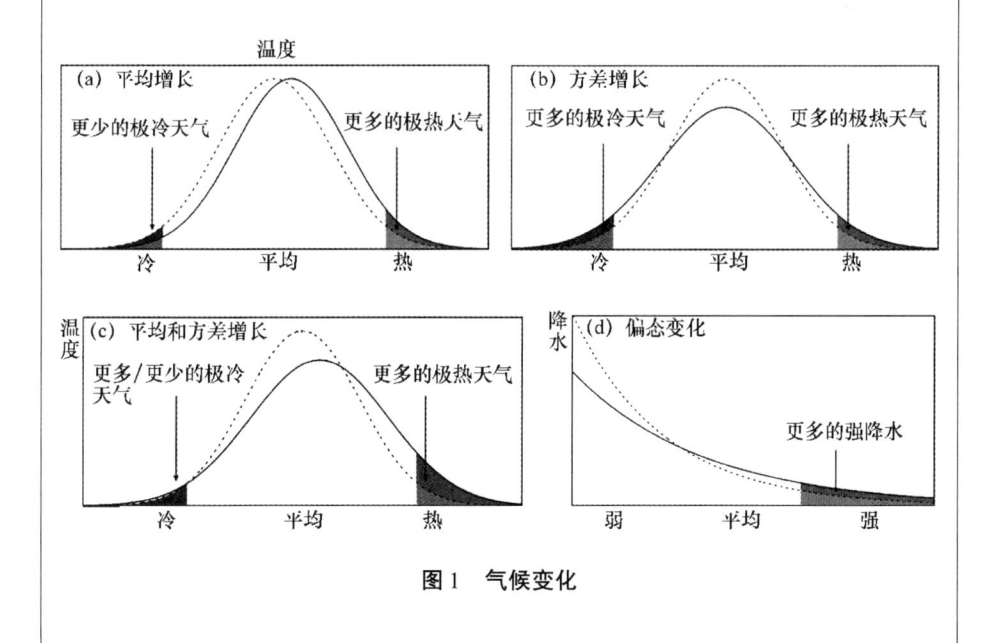

图 1 气候变化

资料来源：秦大河主编：《中国极端天气气候事件和灾害风险管理与适应国家评估报告》，科学出版社 2015 年版。

IPCC 报告指出，气候变化对不同地区、不同领域和不同群体之间的社会福利影响存在差异性，升温幅度越大，气候变化导致的损失和行动成本越高，其中遭受不利影响最大的是发展中国家和贫困群体。发展中国家居民面临的气候变化风险是发达国家的 79 倍，2000—2004 年间，发展中国家每年平均有 1/19 的人口受到气候灾害的影响，而在经济合作与发展组织（OECD）国家，这一比例只有 1/1500。由于贫困群体的市场参与度及其社会经济影响微乎其微，气候风险引发的社会福利影响（如贫困、移民和冲突等）常常难以量化体现在 GDP 等宏观经济指标的变化之中。世界银行报告《冲击波：管理气候变化对贫困的影响》指出，气候变化对于全球减贫努力将造成显著威胁，降雨减少、干旱化和极端气候事件对于绝对贫困人口的冲击最大，预计 2030 年将新增 1 亿多气候贫困人口[1]。目前，气候变化的影响评估大多针对发达国家和行业部门，气候变化对发展中国家的经济影响及其福利分配效应的研究尚且不足。

《中国极端天气气候事件和灾害风险管理与适应国家评估报告》[2]指出，在典型浓度路径 RCP4.5 情景下，21 世纪初期中国大部分地区 20 年一遇最高气温相比 1986—2005 年会有 1℃左右的升幅；21 世纪中期和后期，中国 20 年一遇最高气温维持升高趋势，其中长江中下游地区和黄河中下游地区有 3℃—4℃的升幅。全球升温对中国的不同地区、行业各有不同程度的影响，总体来看，利弊共存，负面影响大于有利因素。

(一) 气候灾害的经济损失

经济学家测算的是气候风险的经济成本，主要是未来气候变化及相关灾害带来的直接和间接经济损失，以及减排和适应的投资成本；其中，既包括市场价值的经济福利损失（如农作物、基础设施等），也包括非市场价值的社会福利要素（如健康和生命价值、生态系统服务等）。中国目前灾害损失统计以直接经济损失为主，例如《特别重大自然灾害损失统计制度》中的统计指标包括人员受灾、房屋受损及家庭财产、农业、工业、服务业、基础设施、公共服务系统、资源与环境损失等。气候灾害的损失可以参照图 2-1 的自然灾害损失分类。气候变化对全球及各国的可持续发展具有长期和不可估量的潜在影响。在全球升温 1℃—4℃的不同情景下，气候变化的总成本和风险相当于全

---

[1] World Bank, "Shock Waves: Managing the Impacts of Climate Change on Poverty", Climate Change and Development Series, Washington, D. C.: World Bank, 2015.

[2] 秦大河主编：《中国极端天气气候事件和灾害风险管理与适应国家评估报告》，科学出版社 2015 年版。

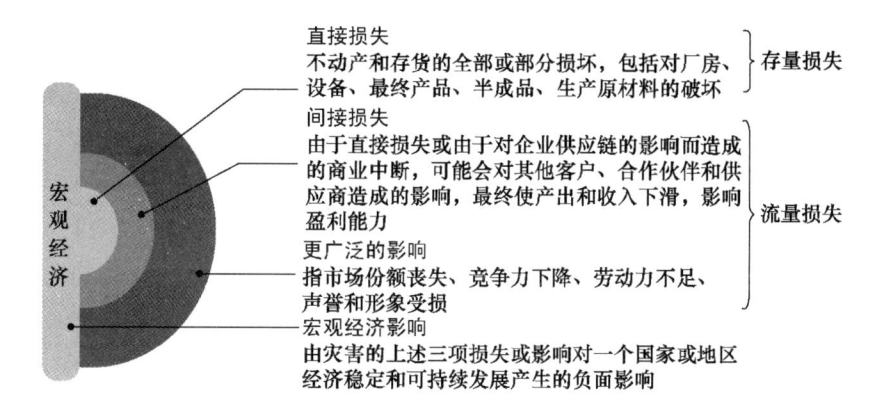

```
                  直接损失
                  不动产和存货的全部或部分损坏，包括对厂房、  ⎫
                  设备、最终产品、半成品、生产原材料的破坏    ⎬ 存量损失
                                                              ⎭
                  间接损失
                  由于直接损失或由于对企业供应链的影响而造成  ⎫
         宏观      的商业中断，可能会对其他客户、合作伙伴和供  │
         经济      应商造成的影响，最终使产出和收入下滑，影响  │
                  盈利能力                                    ⎬ 流量损失
                  更广泛的影响                                │
                  指市场份额丧失、竞争力下降、劳动力不足、    │
                  声誉和形象受损                              ⎭
                  宏观经济影响
                  由灾害的上述三项损失或影响对一个国家或地区
                  经济稳定和可持续发展产生的负面影响
```

图 2-1 灾害损失的分类

资料来源：吴吉东、何鑫、王菜林、叶梦琪：《自然灾害损失分类及评估研究评述》，《灾害学》2018年第4期。

球每年损失1%—5%的GDP（包括农林渔业、能源、海平面上升、健康等领域）[1]。如果把未来风险的时间尺度放得更长，利用更低的社会贴现率，未来气候变化给全球可能造成高达20%—35%的福利损失。成本收益的比较分析结果表明，如果要避免无比巨大的损失，各国每年需要花费1%的GDP用于适应行动[2]。极端天气气候影响的严重程度很大程度上取决于这些极端事件导致的人口和财富暴露程度和脆弱性。尽管发达国家的灾害和保险损失在绝对数额上数字巨大，在世界总量上占比很高，但发展中国家的死亡率和经济损失占GDP的比例则居于前列。在亚洲，导致较高人口死亡率和物质财富损失的洪水高风险的地理分布主要集中于印度、孟加拉国和中国[3]。孟加拉国是全球面对气候风险最脆弱的国家，全国大约2/3的土地仅高于海平面5米以下，且易受河水和雨水泛滥影响，一次典型严重飓风造成的损失可能使孟加拉国的发展

---

[1] Nordhaus, W. D., "A Review of the 'Stern Review on the Economics of Climate Change'", *Journal of Economic Literature*, Vol. 45, No. 3, 2007, pp. 686–702.

[2] Stern, N., *The Economics of Climate Change: The Stern Review*, Cambridge, UK: Cambridge University Press, 2007.

[3] IPCC, *Managing the Risks of Extreme Eventsand Disasters to Advance Climate Change Adaptation*, Cambridge and New York: Cambridge University Press, 2012, p. 254.

倒退 10 年[1]。

中国是气候变化影响的热点区域之一，超过 70% 的经济损失是由自然灾害中天气和气候相关灾害导致的，主要是洪水、干旱、台风等（见图 2-2）。气候灾害统计数据表明，1990—2014 年间，中国气象灾害导致的直接经济损失相当于 GDP 的 1%，远超过发达国家（如美国为 0.55%）和全球平均水平（约为 0.2%）。通过大力发展基础设施融资和灾害风险缩减，从 20 世纪 80 年代到 2010 年，中国与天气有关的灾害死亡率从年均 5000 人下降到 2000 人，经济损失占 GDP 比例由 2000 年以前的 3%—6% 大幅下降到近十年间的 1%—3%。如果将气候变化升温率、脆弱度和自然灾害影响规模等指标引入宏观经济评估气候变化对中国具有的显著的经济影响，温度升高的总体影响是负面的，而且极端高温、低温、强降水和干旱等气候因子对中国农业经济产出的区域差异存在显著的长期影响。从 1984—2006 年间中国 GDP 总值对气象条件变化的影响看，经济产出的气候敏感性表现为北部大于南部，西部大于东部。中国用于基础设施（如道路、交通、供排水、电力和通信、建筑等）气候防护的适应成本也将有较大程度的提升。

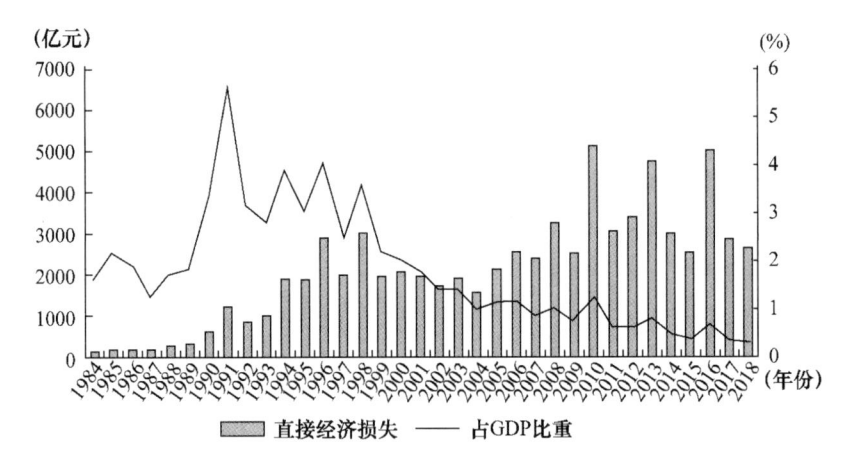

图 2-2 中国气象灾害导致的直接经济损失

资料来源：中国气象局国家气候中心。

---

[1] World Bank, "Economics of Adaptation to Climate Change (EACC): Synthesis Report", 2010, http://www.worldbank.org.

气候变化对中国的潜在影响主要表现在以下几个方面：（1）气候变化引发的极端灾害会削弱中国多年发展积累的成果，对国民的生命财产和生活质量产生严重影响，影响社会和地区稳定；（2）极端和长期气候变化所引发的海平面上升、荒漠化和水土流失、生态承载力退化、环境污染加剧等问题，将对中国的自然资源、国土面积和质量造成不利影响，影响国家发展的自然环境和物质基础，生态环境治理能力受到进一步挑战，可持续发展目标受到影响；（3）气候变化引发的极端灾害风险对重大国防和战略性工程的负面影响正在凸显，气候变化可能导致水资源争夺和跨国移民，引发中国与邻国之间的争端和冲突，未来海平面上升引发的海洋边界变化、地区冲突，有可能影响全球资源和能源格局，威胁中国领土主权及海洋权益。

（二）发展中国家的适应成本

适应成本与规划、风险预防、准备、应急救灾反应、恢复和重建、风险融资和实施适应措施等方面的适应和行动措施有关。由于气候变化的不确定性、暴露度和脆弱性的变化，以及风险评估方法工具的限制等原因，很难基于发展基线界定一个现实可行的适应成本或最佳适应水平。估算全球适应成本是为帮助建立国际融资协议和支持发展中国家的适应战略计划。一些国际金融机构（例如世界银行）采用不同气候变化情景及人口和GDP情景，测算2010—2050年全球发展中国家适应气候变化的总成本为每年700亿—1000亿美元（包括海岸带、供水、农业、渔业、林业、健康等主要领域的潜在受灾损失及适应基础设施投资），这一数字约占发达国家官方国际发展援助总额的80%。考虑到发展中国家面临的不断增大的气候风险和社会经济脆弱性加剧的实际情况，这些估算额度实际上是严重偏低的或保守的。

为填补巨大的适应资金缺口，国际社会提出在共同但有区别的责任原则下构建公平可持续的适应机制。世界银行估算的发展中国家和地区的适应成本总额，东亚及太平洋地区的快速发展中国家占据了较大的份额，其次是拉丁美洲和加勒比海地区、南亚地区等。与发展中国家面临的巨额适应成本相比，目前在《联合国气候变化框架公约》下的绿色气候基金，仅仅着重于最脆弱的发展中国家如小岛国联盟（AOSIS）和最不发达国家，远不能为大多数高风险、快速发展中国家的气候适应投资提供充足的支持。

二 气候变化的脆弱性

由于缺乏真实市场定价，气候变化导致的许多非经济影响难以货币化，例如对生态系统服务、人体健康、历史文化古迹的影响等。因此，气候变化脆弱性评估也被作为传统经济影响评估的替代方法。除了脆弱性指标体系评估方法之外，构建脆弱性曲线是定量评估气候变化风险的核心内容，方法主要基于历史灾情数据和模式模拟等。根据世界气象组织对"异常"的定义（即超过平均值的±2倍标准差），选择相对于平均值10%的损失作为"不能接受的影响"的参考。

中国各省区的综合脆弱性受到自然和人为两大驱动因素的影响，其中，超过1/3的脆弱性来自各省区的气候敏感性差异，主要体现为气候灾害对人口和经济的影响程度、气候敏感行业比重等；此外，人力资本、社会发展水平、环境治理能力、生态资本等也是影响地区福利水平和脆弱性的重要因子。

脆弱性与全球粮食安全密切相关。例如宏观层面，国际市场的风险和脆弱性指标包括：粮食储备率和进口依赖度。各国是否有自己的粮食储备、谷物进口依赖度是联合国粮农组织衡量粮食安全风险的指标。微观层面的家庭贫困与饥饿风险，以恩格尔系数衡量家庭消费中食品支出所占比例，可作为测度脆弱性的指标。目前全球所生产的食物已达到人均每天5000卡路里水平，低于1800卡路里是饥饿水平。各大洲家庭食品消费比重中贫困家庭多为50%—60%，许多贫困家庭常年位于饥饿的边缘。

第二节 适应研究范式：风险与韧性

一 风险范式

适应气候变化问题涉及诸多领域，具有典型的学科交叉属性。适应气候变化的理论和方法可以概括为两大研究范式：一是来自灾害科学、工程学等领域的风险范式；二是来自生态学、社会学等领域的韧性范式。

（一）气候变化风险

风险（Risk）是人类安全、灾害管理、气候变化政策领域的核心概念和理论基础，气候变化风险（以下简称气候风险）是指气候变化对自然系统和社会经济系统可能造成的潜在不利影响，主要体现为气候变化引发的极端天气/

气候事件（如高温、强降雨、台风等）和长期气候变率变化（干旱化、持续升温、冰川融化和海平面上升等）。

气候变化风险是第五次科学评估报告（第二工作组）最核心的关键词，不同于此前报告更偏重于对气候灾害因子（气候危险性）的预估和分析（见图2-3），强调了风险分析框架三要素的同等重要性，尤其强调了人类系统与气候系统相互作用所产生的关键风险，指出与气候变化相关的危害不仅包括极端天气气候事件，也包括其他气候自然变率或人类影响气候变化所带来的危害；风险不仅来自气候变化本身（升温、极端天气气候事件等），同时也来自人类社会发展和治理过程。近20年来，中国的气候风险在全球近200个国家和地区中处于高风险位置，多年位居全球前30位①。

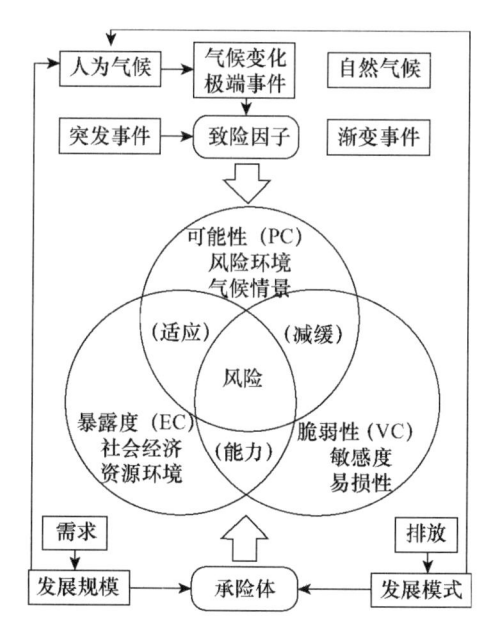

图2-3 气候变化风险机制及构成要素

资料来源：吴绍洪、高江波、邓浩宇、刘路路、潘韬：《气候变化风险及其定量评估方法》，《地理科学进展》2018年第37卷第1期。

---

① 依据全球气候风险指数（Global Climate risk index），包括死亡人口、10万人死亡率、经济损失及单位GDP损失比例等评估指标。

专栏 2-2　与风险有关的概念

复合风险（Compound Risk）：不同领域的影响在空间上的叠置可导致许多地区出现复合风险。如由于气候变化——温度升高导致的冰川融化，海平面上升、海冰消融、海洋酸化导致的对交通、基础设施、生态、文化传统等的威胁。

关键风险（Key Risks）：不利的气候变化和自然影响同暴露的社会生态系统的脆弱发生相互作用，从而对人类和社会生态系统造成潜在的不利后果。包括：独特及濒危系统（生态系统和文化）；（对升温敏感的）极端天气事件；影响分布，如弱势群体；全球综合影响（生物多样性，经济系统等）；大范围、影响大的事件（珊瑚礁，北极冰盖，海平面上升等）。判断标准：高强度、高概率或影响的不可逆性；影响时效性；风险的持续脆弱性或暴露度；适应或减缓的局限性等。

新兴或突现风险（Emergent Risks）：气候变化的间接影响，包括人类应对气候变化的行动、生态系统对局地气候变化的响应，会引发更大时空范围影响的新风险。例如：(1) 局地气候事件引发的全球粮食市场波动及粮食安全问题；(2) 特定时间地点的气候事件导致的移民及相关风险；(3) 气候变化与贫穷、经济波动叠加所引发的暴力冲突事件；(4) 物种迁移对生态系统功能与保护的影响；(5) 地方减缓行动（如生物能源）对其他地区（粮食、能源和土地利用）导致的不利影响。

资料来源：IPCC, *Climate Change 2014*: *Impacts, Adaptation, and Vulnerability*, Cambridge University Press, 2014；李莹、高歌、宋连春：《IPCC第五次评估报告对气候变化风险及风险管理的新认知》，《气候变化研究进展》2014年第10卷第4期。

（二）气候变化引发的系统性风险

气候变化的不确定性和复杂性提醒决策者和社会公众应当未雨绸缪、防微杜渐，站在历史时空长河的视角上，关注未来潜在的气候风险及其系统性影响。全球环境变化下的系统性风险（Systemic Risk）是各类单一性风险相互联系、动态发展中形成的整体性风险。系统性风险可能由某种直接风险触发，也可能由几种不同的风险并发而形成，根据潜伏时间和表现方式的不同，将系统性风险分为两种基本类型：突发性风险与渐进性风险。

1. 突发性风险

突发性风险也称"黑天鹅"风险，指难以预测、发生具有意外性但会产生重大负面影响的事件。这类风险的发生往往由极端天气气候事件所导致，如突破历史纪录的台风、强降雨、持续高温、干旱、寒流等往往引发大规模的社会经济影响。例如，2008 年初南方地区遭受 50 年罕见的低温雨雪冰冻极端天气，给电力、交通运输设施带来极大破坏，因灾直接经济损失 1516.5 亿元。20 世纪 70 年代和 2010 年发生在全球主要粮食生产地区（如北美、拉丁美洲、东欧、中亚、东亚和南亚等）的干旱引发全球粮食价格翻番，导致全球遭饥饿人口从 1.5 亿人增加到 10 亿人。

2. 渐进性风险

渐进性风险也称为"灰犀牛"风险，由于气候和环境变化的缓慢性，其不利后果需要很长时间才能显现，其潜在的巨大影响和产生的长期后果可能被严重低估。受到人类认识和科学技术水平的限制，这种渐进的变化造成的影响不断累积，直至超出环境系统自身恢复能力的阈值，最终以突变形式表现，并在相当一段时间内往往是不可逆的。近年来几乎覆盖我国中东部地区且持续不断、难以短期治理的雾霾事件，是典型的"环境蠕变"现象。

（三）气候变化风险评估框架

IPCC 将风险界定为不利影响出现的概率，风险评估的三要素一般包括：（1）致灾危险性（Hazard）：给社会经济系统带来危险的自然灾害；（2）风险暴露度（Exposure）：受到灾害潜在影响的人口和物质财富等；（3）脆弱性（Vulnerability）：系统在气候变化影响下的易损特征，包括敏感性和适应能力（见图 2-4）。因此气候变化中特指的风险可以表示为致灾危险性、暴露度和脆弱性的函数。

风险（R）= f {危险性（H）；暴露度（E）；脆弱性（V）}

气候变化经济学家采用成本—效益分析（CBA）等技术量化风险损失，但是这一方法依赖于灾害历史统计数据，且难以估算非货币化的间接风险（如生态系统服务、健康和生命损失等）、系统性风险和长期风险。对此，传统灾害风险评估采用指标体系评价、风险概率估算、借助遥感与地理信息系统的动态风险图示等方法描述风险的概率和可能性。气候变化经济学基于不同气

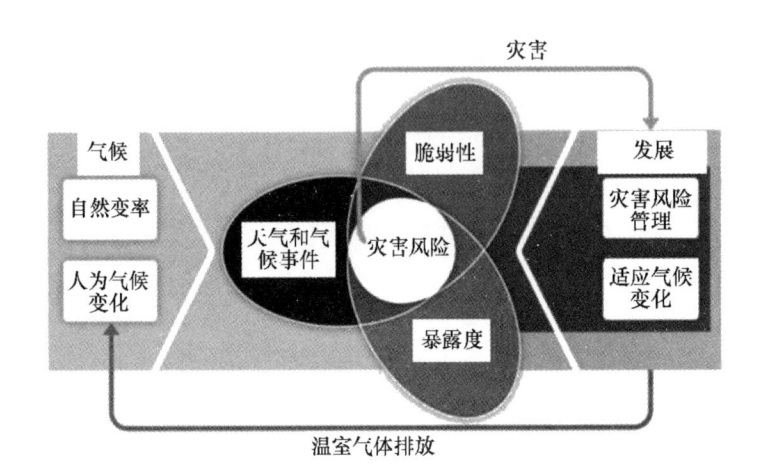

图 2-4 气候变化风险的概念分析框架

资料来源：IPCC, *Managing the Risks of Extreme Events and Disasters to Advance Climate Change Adaptation, A Special Report of Working Groups* Ⅰ *and* Ⅱ *of the Intergovernmental Panel on Climate Change*, Field, C. B. et al. (eds), Cambridge University Press, 2012.

候情景模式的预测，引入风险厌恶系数、公平福利加权、社会贴现率等方法，进行气候风险评估，以提高风险预测的准确度，并兼顾社会公平。

二 韧性范式

国际社会在减灾实践中逐渐认识到，风险不是发展带来的负面效应，而是社会和经济活动的固有属性。不同于传统的以减小灾害损失为目的的风险途径，韧性理念强调通过积极主动的前瞻性适应，将风险转化为机会，推动变革、创新与转型。

（一）韧性理论的内涵

韧性（Resilience），也称为恢复力，这一概念最早源于生态学领域的生态平衡理念，即生态系统具有维持系统功能和结构稳定性的内在反馈机制，能够通过自身调节作用尽可能减缓外来环境的冲击或变化，恢复到本来状态。

20世纪80年代末90年代初，韧性概念已发展成为一个广泛适用于自然科学、社会科学及多学科交叉研究领域的理论分析框架。其应用领域和研究对象，从传统的生态系统延伸到自然灾害和风险管理、气候变化适应、基础设施等工程建设、能源系统及城市规划等广泛领域。

韧性不仅指系统维持或回到原来状态的能力，它还涉及在不确定性的变化中适应和学习的能力。韧性（或称恢复力）有三个方面的内涵：（1）吸收能力，即能够应对并吸收外来冲击和胁迫影响的能力；（2）适应能力，即调整和适应外来的冲击或胁迫，并保持整个系统以大致相同的方式继续运作的能力；（3）转换能力（转型），当原有的结构或运作方式不再有效时，从根本上变革该系统属性的能力。20世纪50年代以来的系统科学，尤其是复杂适应系统（CAS）理论为韧性概念提供了分析基础。

相比传统的风险分析范式，韧性范式更能体现社会—生态复合系统的多稳态、自适应及动态变化特征，非常适用于气候变化和极端事件冲击之下的系统响应分析，并且这一概念所蕴含的丰富内涵能够内化并体现为社会发展目标。图2-5分析了在长期气候变化、突发的极端天气气候灾害冲击之下，从稳态变成非稳态的系统转换状态。但在现实世界中，系统稳态转换通常是气候变量的突变与渐变风险叠加发生作用的共同结果。在政策实践中，应对极端灾害事件可参考以下韧性原则，即系统性规划途径、关注超过设计能力的灾害、注重增强基础设施的功能性、提升社会和金融领域的灾害恢复力，确保韧性能力的持续性等。

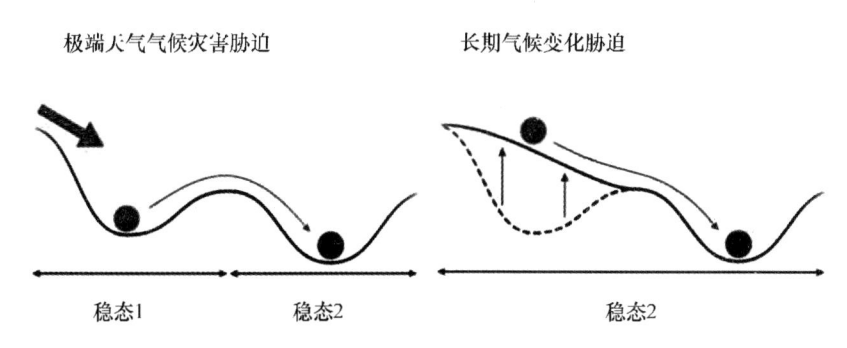

图2-5 气候风险冲击下的系统稳态转换

资料来源：陈德亮、秦大河、效存德、苏勃：《气候恢复力及其在极端天气气候灾害管理中的应用》，《气候变化研究进展》2019年第15期。

"适应性循环"［或自适应周期（Adaptive Cycle）］是韧性理论的核心概

念，源自生态学领域，认为生态系统或人类系统都具有自适应能力，在面对外部冲击时能够进行反馈和应对，实现系统再生和创新。适应性周期体现为四个相对稳定的发展阶段：k：成熟/保育阶段；Ω：孕育/释放阶段；α：更新/重建阶段；r：开发/成长阶段（图2-6）。"适应性周期"隐含着"转危为机、挑战即是机遇"的理念，其中的四个阶段，具有不同的韧性特征，系统处于哪个阶段、向哪个阶段演进，取决于影响该系统基本功能的关键指标及其阈值。四个象限分别表示系统相对稳定的四种不同的发展阶段，具有不同的韧性含义，这一自适应系统能够在部分阶段实现跨越式演进，也可以随着时间螺旋式上升。适应性周期分析可用于生态系统、企业、经济部门、城市、社区和国家等不同层级和属性的系统。

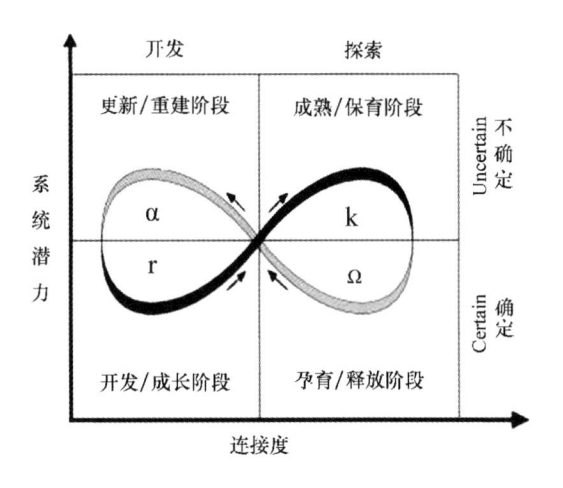

图 2-6 适应性周期

（二）韧性的评估方法

对韧性的评价包括综合韧性（Generic Resilience）、特定领域的韧性（Specific Resilience）两个视角，前者是指系统应对各种内外部未知风险冲击的综合适应能力，后者是指特定系统应对单一风险或复合风险的恢复能力。目前对于韧性的量化评估和阈值分析主要是针对基础设施、生态系统、经济系统、能源系统等特定领域；对于综合韧性或系统韧性的评估相对较少。原因在于，单一灾害或特定领域的韧性更容易甄别因果机制、提出量化的指标和阈值；而综合韧性或系统韧性涉及范围太广，因果链条非常复杂，通常与社会经济发展水平、制度和治理能力密切相关，难以定量化评估其阈值。

对气候韧性的评估仍处于从研究到决策应用的过渡阶段，例如，气候变化风险最关注的是"黑天鹅事件"即高影响—低概率的极端事件，以及"最坏情景"（或一系列次坏情景的叠加和放大），往往会引发系统性失灵甚至崩溃的危险。基于气候风险的韧性设计需要考虑影响系统运行的关键风险，例如突发性的极端天气气候事件（如台风、强降雨等），或缓发性的气候事件（如海平面上升、荒漠化等），并确定关键影响变量及其阈值。

目前常用的韧性评估技术包括：情景规划、关键阈值分析、代理人模型、社会网络模型、模糊认知图、蒙特卡洛模型、神经网络分析等方法。其中，模糊认知图分析是一种半定量的政策分析方法，是研究复杂系统和复杂因果问题的有效工具。近年来，国内外环境管理领域也开始关注和应用这一方法。由于社会—生态复合系统的复杂性、循环演进和动态变化特征，一些研究者建议综合采用多种不同类型的方法，以增强研究结果的科学性和准确性。

第三节　适应气候变化的经济学基础

一　学科源流

气候变化问题具有气候科学与经济学的复合属性，与规范的经济学理论和分析方法相比，适应气候变化经济学需要特别考虑气候变化对不同主体的效用及福利影响，以及相应的风险管理、公平伦理、适应治理、政策设计及机制选择等问题。适应气候变化经济学可以从不同学科中汲取概念、理论和方法以搭建其学科基础。

自然资源与环境经济学：环境经济学研究如何利用经济学的理论和方法实现自然资源的最有效及可持续利用。环境价值理论及其评估方法为量化气候变化的经济影响和风险提供了分析工具。环境经济学的外部性理论是指某个经济主体对另一个经济主体产生一种外部影响，而这种外部影响又不能通过市场价格进行交易。气候变化问题在时空尺度上超出了一般的外部性环境问题，是全球性的、影响长远且具有很大的不确定性。气候变化可能产生的潜在的、不可逆的、系统性的影响，例如全球变暖导致的海平面上升、贫困加剧、生物多样性损失等，这种尺度的"公地悲剧"超越了传统环境经济学的视野。由于这一特殊的外部性问题超出了主权国家治理的边界，需要各国政府及国际社会建立相应的政策机制以实现未来风险最小的适应行动。

公共经济学/制度经济学：公共物品具有消费的非竞争性与非排他性。基于公共经济学视角，政府主导的适应政策及投资具有公共产品属性，对此需要科学设计并评估适应政策的受惠方和受损方，例如基于公共政策选择的多中心治理、协作治理等新的理念，优化公共资源的投入和管理，避免"适应不良""搭便车"等问题，推进气候适应的制度设计。

福利经济学：适应的经济政策设计需要兼顾效率与公平，福利经济学中经典的成本—效益分析是适应气候变化经济学的理论和方法学基础。对于气候公平的考量通常借鉴福利经济学中的公平原则，如帕累托最优理论、希克斯—卡尔多补偿原理、罗尔斯"最大—最小"原则等。帕累托最优指资源配置的最优化状态，经济中没有任何一个人可以在不使他人境况变坏的同时使自己的情况变得更好，也就是无法不损害他人利益来提升自己的福利水平从而使社会福利得到整体提升，这是以效率的角度来衡量资源配置的理论框架；希克斯—卡尔多补偿原理要求社会选择的结果中，部分个体获得的收益完全可以对其他社会成员所受到的损失进行补偿；罗尔斯最大—最小原则要求按照选择对象可能产生的最坏结果来排列选择对象的次序，然后在最坏结果中选择最优的结果。

发展经济学：改革开放40多年来，中国取得了非凡的经济增长成就，同时也面临着环境风险集中出现的挑战。随着人口和社会财富的日益增长，应对气候灾害带来的风险也日益紧迫。气候变化问题因发展而产生，需要通过发展来提升适应能力，应对已经出现的气候贫困、气候移民、粮食安全和生态安全等问题。发展是最好的适应路径，发展与适应既存在互补性也可能有冲突，因此需要将适应需求纳入国家和地方的发展目标之中，实现不同政策之间的协同效益最大化。适应气候变化是为了确保不同群体的基本发展权益，尤其是发展中国家的脆弱群体、贫困群体，可持续发展经济学的视角更注重发展的代际议题，处理好各类发展资源（包括自然资本、物质资本、经济资本等）的代内与代际配置的公平与效率，实现可持续发展。

行为经济学：行为经济学家指出了人类决策行为中的非理性因素，例如，相比收入效益而言，人们具有更大的风险厌恶、不公平厌恶及损失厌恶，这使得气候变化决策中受益者对受损者、当代对后代的补偿更加困难。对此，气候变化的福利经济学分析所给出的解决方案是通过地区公平加权赋予贫穷国家和地区更大的全球福利份额，并采用最脆弱者优先原则来分配有限的国际适应资金。行为经济学的一些观点有助于指导适应决策，例如，增加消费并不意味着提升福利和效用水平；相对收入比绝对收入更能反映福利和效用水平；穷国的发展未必需要以增进人均消费为目标，提升个体能力和幸福感的社会发展政策比经济增长更有助于增进社会福利等等。

二 学科理论与方法学基础

（一）可持续发展理论

以经济增长为核心的传统发展模式及"经济增长等于发展"的发展观曾长期占据发展认知的主导地位，导致社会发展与自然环境之间的矛盾日益突出。

1. 可持续发展的基本思想

可持续发展鼓励经济增长。强调经济增长的必要性，通过经济增长提高当代人福利水平，增强国家实力和社会财富；不仅要重视经济增长的数量，更要追求经济增长的质量。

可持续发展的标志是资源的永续利用和良好的生态环境。强调经济和社会发展不能超越资源和环境的承载能力。可持续发展以自然资源为基础，同生态环境相协调，要求在严格控制人口增长、提高人口素质和保护环境、资源永续利用的条件下发展经济、保证以可持续的方式使用自然资源和环境资本，使人类的发展需求不超过地球的承载力。

可持续发展的目标是谋求社会的全面进步。可持续发展的观念认为，世界各国的发展阶段和发展目标可以不同，但发展的本质应当包括改善人类生活质量，提高人类健康水平，创造一个保障人们平等、自由、教育公平和免受暴力的社会环境，即在人类可持续发展系统中，经济发展是基础，自然生态保护是条件，社会进步才是目的。

可持续发展遵循公平性、可持续性与共同性的原则。其中，公平性是指兼顾当代人之间的公平和代际间的公平；可持续性原则强调可持续发展中的

"限制"因素,即可持续发展不应损害支持地球生命的自然系统,不能超越资源与环境的承载能力;共同性强调各国可持续发展的模式可不同,但公平性和持续性原则是共同的。

专栏 2-3　可持续发展理念

从20世纪80年代开始,联合国针对人类面临的三大挑战——南北问题、裁军与安全、环境与发展,成立了由当时的联邦德国总理勃兰特、瑞典首相帕尔梅和挪威首相布伦特兰为首的三个高级专家委员会。这个委员会发表了《共同的危机》、《共同的安全》和《共同的未来》三个纲领性文件。这三个文件都得出了世界各国必须组织实施新的持续发展战略的结论,强调可持续发展是20世纪末更是21世纪全世界的共同发展战略,是整个人类求得生存与发展的唯一可选择的途径。1987年,布伦特兰领导的高级专家委员会发表的《共同的未来》报告把"可持续发展"定义为:"既满足当代人的需要,又不危及后代人满足其需要的发展。"该定义包含两个基本要素,即"需要"和对需要的"限制";强调了两个基本观点:一是人类要发展,尤其是穷人要得到发展;二是发展有限度,特别是要考虑环境限度,不能危及后代人生存和发展的能力。在1992年巴西里约热内卢召开的联合国环境与发展大会上,可持续发展的主题得到了与会者的认可和共识,形成并通过了走向可持续发展的《21世纪议程》,并成为世界各国的共识。

---

2. 可持续发展的范式——弱可持续发展与强可持续发展

从经济学分析角度来看,可持续发展定义中的"需求"包括社会需求(用市场需求来表示)和对改善福利的公共物品的需求。因此,经济学家认为广义的可持续发展应是指随着时间的推移,人类的福利水平持续提高或至少保持稳定。影响人们福利水平的主要因素是社会财富状况,即总资本。而在总资本中,由于人力资本的供给会随着社会的发展而增加,故自然资本和人造资本的总存量便成为影响可持续发展的主要限制条件;可持续发展的核心问题——"不损害子孙后代满足其需求的能力",即可表述为:应给后代留下什么样的总资本存量(这决定着如何满足可持续发展中的"需求")。所以，从经济学观点出发，根据自然资本与人造资本之间的可替代性以及总资本存量的变化，可以定义两种资本变化情况：一是总资本存量（自然资本、人造资本等资本存量之和）不随时间而下降，在世代之间保持不减少，即弱可持续性（Weak Sustainability）；二是自然资本存量不随时间而下降，在世代之间保持或增加，即强可持续性（Strong Sustainability）[①]。这两种资本变化情况即为可持续发展的两种范式——弱可持续发展与强可持续发展，如图2-7所示。

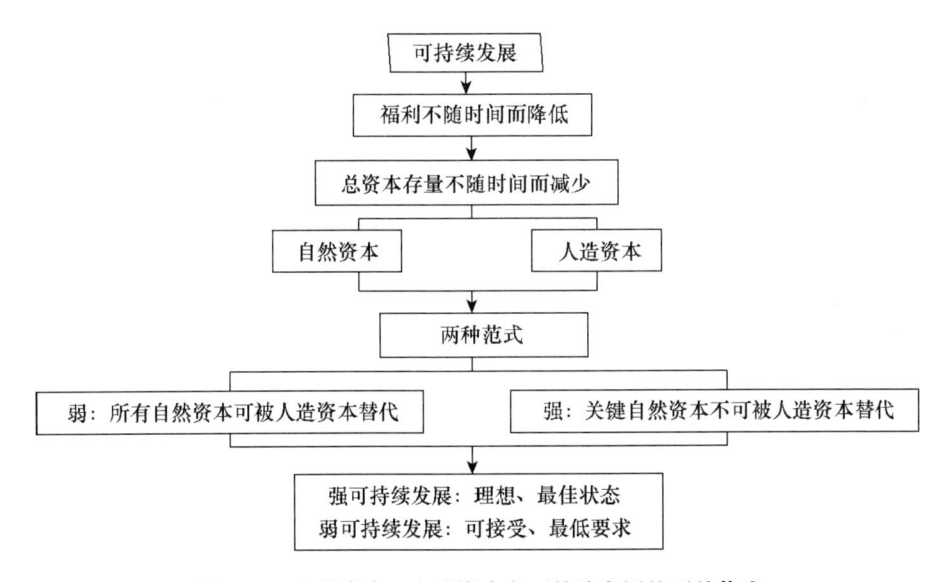

图2-7 自然资本、人造资本和可持续发展的两种范式

资料来源：张晓瑞：《主体功能区规划支持系统——基于强可持续发展范式》，东南大学出版社2012年版，第48页。

（二）复杂系统科学与协同理论

英国著名物理学家霍金称"21世纪将是复杂性科学的世纪"。复杂系统科学兴起于20世纪80年代，不仅在自然科学中引发学科范式的新变革，而且日益渗透到哲学、人文社会科学、生命科学等前沿领域。复杂系统的特性有：整体与部分紧密相连，系统结构、功能及演化机制具有复杂性和随机性；系统具

---

① Daly, H. E., *Beyond Growth the Economics of Sustainable Development*, Boston: Beacon Press, 1996.

有主体性和自主性，信息处理不依赖中央控制系统，经由简单规则产生复杂的集体行为；开放性、非均衡、不确定性是常态；具有路径依赖性，正反馈和负反馈机制并存，共同维持系统运动；等等。系统科学的思维基础是整体论（Holism），是指用系统、整体的观点看待世界，强调生命系统的组织化、目的性特征，反对机械论视角下无序的、粒子化的世界图景。

美国复杂性科学家霍兰（John Holland）提出复杂适应系统（Complex Adaptive Systems）理论。复杂系统（Complex System）是由多个子系统、多层次要素组成的有机整体，开放性、非均衡、不确定性是常态。社会—生态复合系统（Social-ecological Systems，SESs）的概念要求打破生态学、社会科学各自为政的学科边界，加强对这一复杂系统的机理认识，以提升公共资源的可持续管理能力。社会—生态系统是一个典型的复杂适应系统，社会、经济、自然三个子系统是组成这个复杂系统的适应性行动主体。社会—生态系统可以根据外界环境的变化做出调整，充分学习并适应环境，形成具有动态稳定性的系统结构。针对复杂系统的治理，一些学者提出了协同论和协同治理理论。适应性治理和协同治理正在成为适应决策的新模式。

图2-8显示了社会—生态复合系统的两个协同治理维度。其中一是自然生态子系统内部山水林田湖草各要素的小协同，旨在提升生态系统服务功能；二是自然生态子系统与社会、经济子系统不断融合与协调发展之后的大协同。自然生态子系统与社会、经济子系统的交集（N-S，N-E）包括人居环境的生态景观设计、生态城市规划、绿色基础设施、生态产业开发等，目标是培育自然资本、生态文化和生态经济。

（三）自然资本价值理论

环境经济学家将人类社会财富分为三个组成部分，即人造资本、自然资本和人力资本。1990年，Pearce和Turenr在《自然资源和环境经济学》中将经济学生产函数中的资本称为人造资本，进而提出了与之相对应的自然资本，开启了学术界对于自然资本的研究和关注。1994年，世界银行出版了《扩展衡量财富的手段》的研究报告，提出一个国家的财富分为：人造资本、人力资本、自然资本和社会资本，将土地、森林、湿地等作为自然资本的组成部分。自然资本指能够在现在或未来提供有用的产品或服务的自然资源及环境资产的存量，包括自然资源和生态系统服务两部分。从三类资本的变化趋势来看，人造资本和人力资本的总量总体上呈增长态势，而自然资本则呈下降趋势；不同

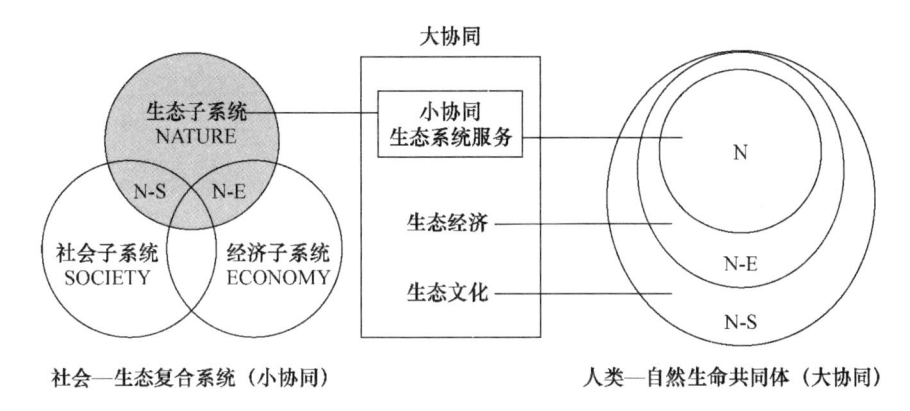

图 2-8　社会—生态系统复合的协同治理

资料来源：郑艳、庄贵阳：《山水林田湖草系统治理：理论内涵与实践路径探析》，《城市与环境研究》2020 年第 4 期。

的资本类型并不能相互替代，人造资本为人类提供的经济福利并不能完全替代自然资本所提供的生态福利。

依据社会—生态复合系统理论，自然生态系统是人类适应气候变化的重要组成部分。将自然生态系统纳入人类社会经济体系，有助于科学评估生态系统服务的功能与价值。进入 21 世纪以来，工业革命对环境的过度索取导致生态系统不断退化、全球环境问题日益突出。在自然资本日益稀缺的背景下，其重要性得到了重视，并成为引领绿色经济的重要物质基础。自然资本的构成要素主要包括：生态系统、物种及基因等。2011 年联合国环境规划署《迈向绿色经济：实现可持续发展和消除贫困的各种途径——联合国环境规划署面向政策制定者》报告第一次提出了绿色经济是基于自然资本增值的经济，认为自然资本是人类福祉的贡献者，是贫困家庭生计的提供者，是全新体面工作的来源。

气候变化对自然资本的经济影响评估一直是适应气候变化经济分析的一个难点。斯特恩报告等国际机构的适应经济学评估中都忽略了这一内容。一个原因是环境价值评估方法的缺失或不足，包括对生物多样性、沿海生态系统、海洋生态系统及淡水系统等的价值评价，很难有一个共同的标准，适用于不同的社会经济情景。

（四）成本—效益分析与社会福利函数

适应气候变化的经济学分析主要包括：（1）界定何为危险水平的影响

（高风险）；（2）对危险可能导致的社会福利影响进行评估；（3）确定最优或次优的适应政策以便避免和应对这种潜在风险。这些工作需要建立在适应气候变化的成本—效益分析之上。

1. 成本—效益分析（Cost-Benefit Analysis）

成本—效益分析是基于预防原则的环境风险评估技术的重要工具之一，其对风险、风险成本的估算及风险的不确定性都是决策需要考虑的主要因素。公共政策（或公共投资项目）的成本—效益分析是公共政策管理的研究热点与前沿领域之一。例如美国早在20世纪70年代就开始将成本—效益分析和风险评估引入环境政策和立法过程。然而适应气候变化的成本和效益评估具有一些理论和现实的困难，首先，难以清晰界定适应的内涵和边界，适应行动及其效果存在许多限制因素，例如不可逆的风险点，技术成本和预算限制等。其次，对于适应成本和收益的界定及其估算方法也存在许多不确定性。例如考虑到生态系统服务、生命健康损失、文化和自然遗产等非市场价值，软适应措施（如提升公众意识、科普教育和培训、学习成本等），及决策的不确定性、行政管理及市场扭曲等效率损失，适应的真实成本远被低估了。适应气候变化的政策设计也会进一步改变资源再分配，导致收入和福利效应。这些复杂因素加剧了适应决策中应用成本—效益分析的困难。

将气候变化引入传统的成本—效益分析面临诸多挑战，主要是来自气候变化的长期性、外部性、不确定性等问题。如适应成本与收益的不对等性（时间、空间、主体等）；损失和受益主体难以界定；一些外部性难以准确衡量、计算和补偿（如生态系统、文化价值和心理因素等）；没有完美的政策，但是可以提供"次优"或更具"满意度"的政策选项供决策者参考；适应常常缺乏专门的、有效的政策工具，需要在实践（例如政策试点）中进行创新、总结经验。图2-9表明了气候变化的经济损失评估的两种情形，"适应成本=最优适应水平+残余损失"，最优适应水平是指边际损失=边际适应收益的点A，但是这一理想概念在现实中很难实现，因此实际的适应水平通常位于次优点B。其政策含义在于政府和社会可以尽可能通过风险规划和管理手段（包括防灾减灾、风险转移、风险认知等），努力降低预期的残余损失。

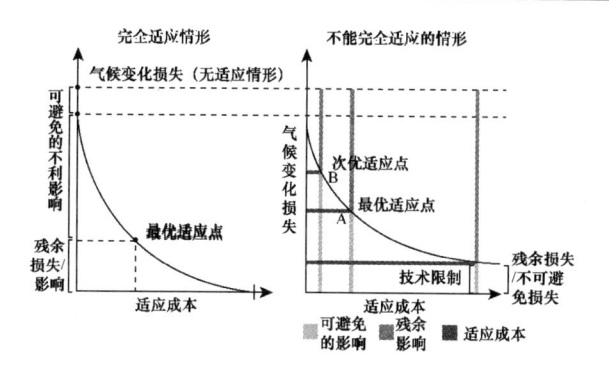

图 2-9 气候变化的损失及适应成本

资料来源:Olsson, L., M. Opondo, P. Tschakert, et al., "Livelihoods and Poverty", In: *Climate Change* 2014: *Impacts, Adaptation, and Vulnerability*, Part A: Global and Sectoral Aspects, Contribution of Working Group II to t heFift h Assessment Report of the IntergovernmentalPanel on Climate Change [Field, C. B., et al. (eds.)], Cambridge University Press, Cambridge, United Kingdom and New York, N. Y., USA, 2014。

2. 基于气候公平的社会福利函数

在公共投资项目或气候政策中,福利加权被引入成本—效益分析方法以实现帕累托最优的社会福利目标,其理论基础是希克斯—卡尔多效率原则,即:"如果 A 的境况由于这种变革而变得如此好,因而他能够补偿 B 的损失而且还有剩余,那么这种变革就是一种……(帕累托)改进。"鉴于该标准中的补偿只是一种理想假设,现实中往往很难确定损害的主体及补偿份额,因此切实可行的福利分配方案是仅对少数最严重的受害者进行补偿。作为一个政治和道德决策,政府主导的适应规划应该提出符合国情的、体现成本—效益原则的补偿设计。对气候政策进行成本—效益分析的核心是构建社会福利函数。

气候变化给经典的福利经济学提出了理论与实践层面的挑战,主要难点是对风险不确定性、风险偏好、时间偏好等关键变量的设定,这些问题往往超出了规范经济学的思考范畴。社会福利函数是对一系列个体效用函数的加总,柏格森—萨缪尔森社会福利函数(Bergson-Samuelson social welfare function)是气候—经济评估模型中最广为采用的基本形式。以气候灾害经济损失评估模型为例,福利函数的结构具有较大的不确定性,主要体现在如何确定气候敏感性系数和损失函数的形式。其中,是否考虑公平因素对气候变化经济损失的估算结果影响很大;可见,选择何种福利函数本质上是一个价值判断和政治考量。专栏 2-4 是一个中国案例。

专栏 2-4　基于气候公平的社会福利函数

在气候变化的福利经济学分析中，常设定一个不变相对风险厌恶函数（Constant Relative Risk Aversion，CRRA）来推算个体或地区的风险偏好，标准形式为：

$$U(C_i^t) = \frac{(C_i^t)^{1-\eta}}{1-\eta} \quad (\eta \neq 1)$$

$$\text{或 } U(C_i^t) = \ln(C_i^t) \quad \eta = 1$$

η 为边际效用的收入弹性或消费弹性，当 $\eta \geq 1$ 时，边际效用的消费弹性呈现递减变化。一般常用 $(1-\eta)$ 作为公平加权系数，表示随着时间或地区变化，个体或群体以消费弹性衡量的对气候变化风险的厌恶程度。气候变化经济学文献中的 η 取值一般在 1—3 之间。即，人们越是厌恶风险，越是会减小未来的消费。当 η 趋向于无穷大时，未来消费趋向于 0。

以 IPCC 的风险分析框架为基础，采用柏格森—萨缪尔森社会福利函数的基本形式构建气候变化背景下的中国社会福利函数，将中国的社会福利函数界定为各省区效用函数的总和。

$$W_t = \sum_{t=0}^{T} \sum_{i=1}^{n} \left[\frac{(C_i^t)^{1-\eta}}{(1-\eta)}\right](1+\delta)^{-t}$$

在气候变化背景下，全国总体的社会福利水平取决于各省区的气候变化特征、效用水平和人口规模等因素。其中 C_t 为特定气候变化情景下的消费水平。$i=1,\cdots,n$ 是指共有 n 个省份，N_i 为第 i 省的人口总数。δ 为反映时间偏好的贴现率，也就是反映代际公平的加权系数。δ 可以取不同的值以便反映当代人和后代人的风险分担，δ 越大意味着对现期或当代人的时间赋值越大，反之则对未来赋值越大。$\delta=0$ 意味着后代人与当代人在遭受同等大小的风险时，其经济损失估值也是同等的。η 反映的是一个地区对于其不同群体或地域的收入差距的容忍程度。$\eta \geq 0$，当 $\eta=0$ 时，全国的社会福利函数相当于各省份效用函数的直接加总，即功利主义福利函数；当 $\eta=1$ 时，采用对数函数则近似于 Bernoulli-Nash 福利函数。这两种函数下都是以社会平均水平作为最优福利水平。η 越大意味着越是重视最不发达地区的效用水平，即最大化最小福利函数（Maximin Function）。可知，如果某种气候变化情景对某个省份越有利，其效用水平越高（或灾害损失越小），则该省份对增进总体社会福利的贡献越大，反之则减小总体福利。

资料来源：郑艳等：《基于气候变化脆弱性的适应规划——一个福利经济学分析》，《经济研究》2016 年第 2 期。

（五）环境经济学中的外部性理论

外部性（Externality）是现代经济学中的一个重要理论，不仅是新古典经济学的重要内容，也是新制度经济学的重要研究对象。外部性理论在环境保护领域的广泛应用不断引发经济理论的创新。

1. 环境外部性理论

外部性概念起源于英国"剑桥学派"创始人、新古典经济学派的代表人物马歇尔于1890 年发表的《经济学原理》，考察外部经济等外部因素如何影响企业组织。庇古于1920 年出版的《福利经济学》系统研究了外部性问题，在马歇尔"外部经济"概念基础上扩充了"外部不经济"的含义，将外部性问题转向企业或居民对其他企业或居民的影响。

新制度经济学的奠基人科斯在1960 年发表的《社会成本问题》中指出，通过明确的产权界定，在交易费用为零的条件下，双方自愿协商就可以产生社会资源的最优配置，效果与庇古税是等价的；在交易费用不为零的条件下，需要权衡各种政策的成本效益才能确定，庇古税可能是有效的制度安排，也可能是低效的制度安排。这就是著名的"科斯定理"（Coase theorem）。20 世纪70 年代以后，环境问题的负外部性影响日益加剧，国际社会开始积极探索实现外部性内部化的具体途径，庇古税和科斯定理在环境保护领域得到了广泛运用，促进了环境经济学的产生和发展。例如，环境保护领域采取的"污染者付费原则"（Polluter Pays Principle，PPP）就是庇古税理论的一种应用，并由此衍生出"受益者付费原则"（Beneficiary Pays Principle，BPP），相继应用于排污收费、生态补偿等环境经济政策的实践。排污权交易制度则是科斯定理的一个具体运用，首先被美国国家环保局用于二氧化硫污染的治理，是国际社会最为关注的环境经济政策之一。

2. 适应气候变化的外部性

气候变化是一个典型的全球尺度的环境问题，外部性理论自然也能够提供可供选择的途径。减缓和适应被视为将气候变化负外部性内部化的两种重要手段，并且对于发展中国家而言，适应气候变化是更加优先的选择，原因在于适应气候变化不仅具有减缓气候变化的正外部性，还可以通过减少损失、创造经济、社会和环境效益带来"三重红利"（A Triple Dividend）。适应气候变化减少损失损害的经济学原理可以用图 2-10 进行阐述，主要包括三种情景：一是降低气候变化相关灾害的强度（ΔC），灾害损失从潜在损失点 1 移动到考虑适应之后恢复力增加的潜在损失点 2，损失减少幅度为 ΔD_1；二是降低承灾体的暴露度和脆弱性，从潜在损失点 1 移动到考虑恢复力增加的潜在损失点 3，损失减少幅度为 ΔD_2；三是同时考虑前两种情况，从潜在损失点 1 移动到韧性或恢复力提升的潜在损失点 4，损失减少幅度为 ΔD_3。损失值的差异反映了适应气候变化对降低气候变化损失损害的作用。

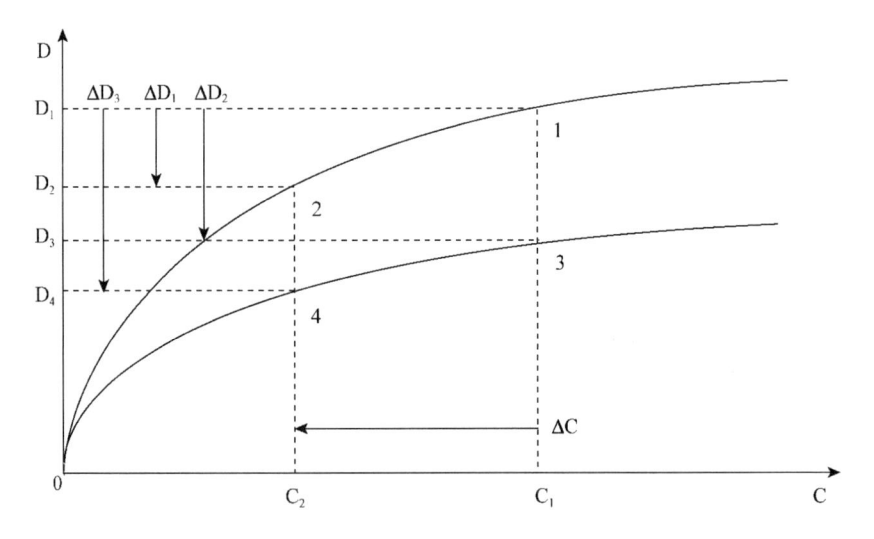

图 2-10　考虑韧性或恢复力提升后的损失曲线变化

如果按照图 2-10 的概念构架进行韧性或恢复力投资以减少损失的分析，提升全球气候恢复力投资的效益成本比在 2∶1 和 10∶1 之间，甚至可能更高；如果在 2020—2030 年对早期预警系统、气候适应型基础设施、旱地农业、红树林保护和水资源等领域投资 1.8 万亿美元，将产生 7.1 万亿美元的净效益。

此外，适应气候变化行动有助于保护和恢复自然环境，减少自然资产流失，提高妇女、儿童和贫困人口等弱势群体的适应能力，促进社会平等。由此可见，充分考虑适应气候变化的外部性，是科学、全面地定量评估气候变化经济损失的必要条件，也是开展减缓和适应协同效应研究的理论基础。

（六）行为经济学与风险认知

气候适应不仅是增加气候防护基础设施、改善生态环境、建立气候适应资金机制等物理及经济过程，更应是一种社会过程，气候适应措施的实施效果取决于微观层面的风险认知、沟通和行动。在风险决策中需要兼顾专家的科学评估和公众的心理认知，尤其是在信息不完备或充满不确定性的情况下，人们的行为方式往往依赖于他们对风险的认知和判断水平。然而，对风险的认知会受到人们的风险暴露水平、经验感受、信息获取、知识和受教育水平、社会文化等多种社会经济因素的影响。在适应气候变化决策领域，人们更多地关注物理、制度、经济等客观制约因素，而忽视气候适应主体的认知和行为研究。

认知的概念来源于心理学。环境心理学认为，认知是在感知基础上形成的对环境的识别和理解，是人与环境互动作用的结果。风险认知可以分为客观认知与主观认知，个体认知与群体认知等。客观认知一般来自历史灾害信息的统计、科学界的风险评估，主观认知一般来自个体或群体的经验和感受。对风险的个体认知因人而异，会受到人们的风险暴露水平、地理位置、经验感受、信息获取、知识和教育水平、年龄、性别、社会文化等多种社会经济因素的影响。气候风险认知是从一个方面或多个方面（暴露度、可能性、脆弱性、危害程度、风险信息源的可靠性等）对气候事件的理解。气候适应障碍主要来自人们的认知能力和价值观，即使发达国家也不例外。

近年来，随着国内外对气候变化问题日益重视，对气候变化及其风险认知的研究正在成为一个新的研究热点。国际社会科学理事会（The International Social Science Council, ISSC）为了推进全球社会科学领域对灾害风险的认知和行动，与联合国减灾署灾害风险综合研究计划（IRDR）共同发起了"风险理解与行动"（RIA）项目，注重多学科交叉研究，以及跨文化、国家和地区的比较研究，通过关注风险沟通的主体、内容和沟通方式，强调文化、价值、经验、信任等社会因素在风险解释（Risk Interpretation）和风险沟通（Risk Communication）中的作用，探讨如何从法律、规划、政策角度影响不同利益相关者，实现保护环境、减少灾害、提高适应能力等多重目标。

气候风险认知研究的主体涉及政府部门、社区居民、社会公众等不同的利益相关方，利益相关方认知分析是政策制定者进行决策的重要社会政治背景，有利于提高公众参与应对气候变化行动的积极性，改变公众的生产、生活模式。2015 年中国扶贫基金会发布的《中国公众防灾意识与减灾知识基础调研报告》指出，中国居民的防灾减灾意识相对发达国家非常薄弱，城市居民中，做好基本防灾准备的不到 4%。高风险厌恶与低防范意识的巨大差距，说明人们对气候变化风险还缺乏足够的认识。对此，应加强科普宣传和公众教育，提高公众参与，推动韧性城市中的社会文化韧性。近年来我国学者开始关注气候变化及其灾害风险的认知议题。例如，针对上海的一些相关研究表明，上海居民对气候变化灾害的影响评价偏低，与科学研究者、决策管理部门的气候风险认知差异较大，尤其是对长期海平面上升等潜在风险认知不足[1]；以应对台风灾害风险为例，外来流动人口的风险认知水平及适应能力显著低于常住居民，需要将外来群体作为灾害风险管理的脆弱群体给予支持。

延伸阅读

1. 秦大河等：《中国极端气候事件和灾害风险管理与适应国家评估报告》，科学出版社 2015 年版。

2. 谢伏瞻、刘雅鸣主编：《应对气候变化报告 2019：防范气候变化风险》，社会科学文献出版社 2019 年版。

3. 尼古拉斯·斯特恩：《尚待何时？——应对气候变化的逻辑、紧迫性与前景》，齐晔等译，东北财经大学出版社 2016 年版。

4. 钱易、唐孝炎编：《环境保护与可持续发展（第二版）》，高等教育出版社 2010 年版。

练习题

1. 斯特恩在其新著《尚待何时？——应对气候变化的逻辑、紧迫性与前景》（*Why Are We Waiting? The Logic, Urgency, and Promise of Tackling Climate Change*, 2015）中提到气候变化伦理与市场失灵问题，认为代际分配对气候

---

[1] 谢欣露、郑艳：《城市居民气候灾害风险及适应性认知分析——基于上海社会调查问卷》，《城市与环境研究》2014 年第 1 期。

变化政策很关键，代内问题也不容忽视。实现这种"让自身和后代都过得更好"的方法，是在气候变化的经济分析中纳入帕累托改进，这是"气候变化中最重要的事情"。请对此予以讨论和评价。

2. 举例说明你对"强可持续性"与"弱可持续性"的理解。

3. 不同学科对于气候变化问题或许有不同的看法，试着从你的专业或学科视角，谈谈你对气候变化问题的认识。

4. 尝试构建一个社会福利函数，分析如何通过政策设计提升个体层面的气候公平。

5. 阐述风险与韧性两种研究视角的异同，并举例论述你的理解。

第 三 章
气候变化影响与适应的经济分析方法

国内外学者在气候变化的初期研究中,更加强调气候变化的自然科学问题,但随着极端气候频发并造成高额的经济损失,经济学界也越发重视气候变化及其社会经济影响。从经济学理论出发,如何科学衡量气候变化的社会经济影响?又如何定量评价气候变化适应政策的成效?在本章中,第一节将介绍三种气候变化影响与适应评估主流方法,分别为计量经济学方法、可计算一般均衡模型以及气候变化综合评估模型。第二节将详细介绍气候变化综合评估模型的起源、类型及组成,第三节将分别介绍综合评估模型在气候变化影响、在构建共享社会经济发展路径中与适应中的应用。

第一节 微观与宏观方法

一 气候计量经济学

在对气候变化影响与适应的评估中,计量经济学方法(Econometric Methods)被广泛应用于观察气候与经济的关系。例如在农业方面,通过引入温度、降雨、二氧化碳等因素,来分析判断气候变化与农业经济产出或作物产量的关系。运用于气候变化影响与适应评估的计量经济学方法被称为气候计量经济学(Climate Econometrics),主要分为截面数据、面板数据以及混合分析方法(如双重差分法)等(表3-1)。

表 3-1 常见的气候计量学方法

计量分析方法	优点	缺点
截面数据分析方法： (1) 生产函数法 (2) 特征价格法 (3) 截面固定效应模型	直接估计气候变化效应而非天气效应；不需要高频天气数据（数据结构简单）	容易遭受遗漏变量偏误；不能评估天气波动的短期效应；不能评估适应能力变化
面板数据分析方法： (1) 面板固定效应模型 (2) 非线性效应 (3) 面板分布滞后模型 (4) 交互项方法	缓解截面模型中存在的遗漏变量偏误；直接有效地实现因果识别	系数估计天气波动效应而非气候变化效应；难以刻画长期中的适应行为
混合分析方法： (1) 长期平均方法 (2) 长期差分方法	综合了截面数据和面板数据分析方法各自的优点；探索气候响应的变化	对数据要求高（长时间跨度的面板数据）；截面数据和面板数据模型的缺陷不能完全避免

资料来源：李承政、李旭辉、顾海英：《气候变化计量经济学方法研究进展》，《城市与环境研究》2019 年第 1 期。

截面数据（Cross-Section）分析方法，以个体数据为基础，可对比同一时间下不同区域的情况，进而得出气候对经济的影响。由于气候变化是长期的过程，且对比的区域之间或许存在历史、文化等差异，这种方法在气候变化影响与适应分析中并非主流。截面数据分析方法由于缺少气候变化的时间序列信息，因此难以反映气候变化影响与适应的长期性。

面板数据（Panel Data）分析方法，数据同时包括了截面数据与时间序列数据，通过空间与时间数据的结合，可以从较大尺度来分析气候变化对经济造成的影响。多数对气候变化经济影响的计量分析使用的是面板数据方法，这种方法可以帮助人们判断所观察到的变化是长期以来的气候变化，还是短期的随机性天气冲击。相较于单一的截面数据或时间序列数据，面板数据可以揭示出更多的内在关系。

双重差分法（Difference-in-Difference，DID）也被称为倍差法、差分再差分方法，是 20 世纪 80 年代兴起于国外经济学界的一种专门用于分析政策效果的计量方法。该方法的基本原理是基于自然实验得到的数据，通过建模来有效控制研究对象间的事前差异，将政策影响的真正结果有效分离出来。所有的样本数据被分为两类：实验组和控制组。实验组在第一期没有受到政策影响，此后政策开始实施，第二期就是政策实施后的结果。控制组由于一直没有受政策干预，两次差分的效应就是政策效应（见图 3-1）。运用双重差分法定量评价城市和农村地区气候变化适应措施的效果具有广阔的应用空间。

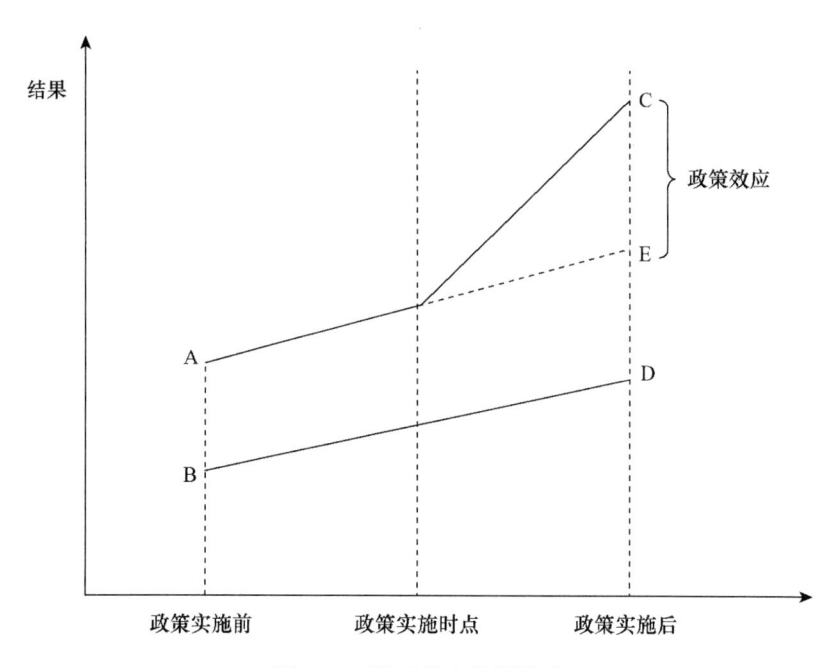

图 3-1 双重差分法的图示

总体看来，计量经济学方法的优势在于其使用了大量的真实数据，是提供经验证据（Empirical Evidence）的主流方法。国内外学界对气候变化的计量经济学研究方兴未艾，近年来气候计量学的发展具有以下特点：（1）不断改进实证计量方法：早期气候变化经济学研究大多采用截面回归方法（如生产函数法、特征价值模型等），后来许多研究采用（动态）面板数据模型和分布滞后模型方法来克服遗漏变量偏误和模型误设问题。（2）关注气候冲击的非线性效应：一些研究通过在计量经济模型中引入二项式、多项式，设置温度和降雨区间，构造极端气候强度指数（比如热指数、干旱指数）等方式考察气候冲击给社会经济造成的非线性影响。（3）评估适应气候变化的效益：适应政策的效果评估具有复杂性和不确定性，一些研究采用长期差分、长期平均方法，或通过在模型中引入交互项等方式开展了探索性研究，以评估人类适应气候变化的能力或适应政策效果。（4）多学科交叉融合研究：20世纪90年代以来的早期气候变化经济学研究主要集中在农业领域，随后逐渐拓展到经济增长、人类健康、劳动生产率、政治冲突、能源消费、工业生产、国际贸易、移民、贫困、城市发展等更广泛的领域。随着研究对象的不断扩展，研究方法与数据的来源也日趋多样，包括空间计量分析方法、网络大数据等探索性研究。

专栏 3-1　气候计量学进展

气候计量经济学（Climate Econometrics）包括气候变化经济学领域常用和新发展的一些计量经济方法。21世纪以来气候变化经济学研究取得长足发展，实证计量经济学家开始与气候学家合作，利用高分辨率的气象数据，建立计量经济模型来估计天气冲击（Weather Shocks）、长期气候变化对社会、经济和人类健康等领域的影响。针对气候变化的经济影响进行实证研究具有许多现实挑战，例如，气候数据与社会经济数据在时间和空间上的匹配性，以气候变化的短期效应（如极端天气对经济系统的冲击）评估并推断未来气候变化的影响（长期效应）的有效性，气候变化对成本效益分析带来的不确定性，等等。

气候计量经济学协会（Climate Econometrics Association）是由牛津大学纳菲尔德学院、维多利亚大学经济系与环境保护基金联合成立，致力于通过计量方法，试图理解人类行为与气候变化之间复杂的相互影响机制。自2016年起，该组织每年召开气候变化计量模型大会（Econometric Models of Climate Change Conference，EMCC），聚集气候变化计量学者们探讨最新的研究进展。

资料来源：气候计量经济学协会，http://www.climatee conometrics.org。

二　可计算一般均衡模型

可计算一般均衡模型（Computable General Equilibrium Models，CGE）是气候变化经济学分析中一类特定而有力的政策分析工具。相比计量经济学自下而上研究个体行为与适应气候变化，CGE 模型更注重自上而下研究宏观经济，通过投入产出数据和经济系统供需平衡来确定气候变化对整个经济的影响。

CGE 模型的基本原理是：生产者根据利润最大化和成本最小化原则，在资源约束下，进行最优投入决策，确定供给量。消费者根据效用最大化原则，在预算约束条件下，采取最优支出决策，确定需求量。均衡价格使最优供给量与需求量相等，经济达到稳定的均衡状态。CGE 模型用一组方程来描述经济系统中的供给、需求以及市场关系，定义需要分析的目标政策变量，在此基础上求解该方程组，得出各个市场在政策冲击下重新达到均衡时的一组数量和价格，最终达到对目标政策进行分析和评价的目的。

CGE 模型评估气候变化对经济的影响包括可能的损失与受益。如图 3-2 所示，输入联合国政府间气候变化专门委员会（IPCC）第五次科学评估报告（AR5）的四种气候变化情景，模型将根据气候情景得出气候变化（如气温、降水、自然灾害等）对农业、生态、能源、海平面等的自然影响。通过将气候变化的这些自然冲击引入 CGE 模型，测算出气候变化对社会经济的影响。

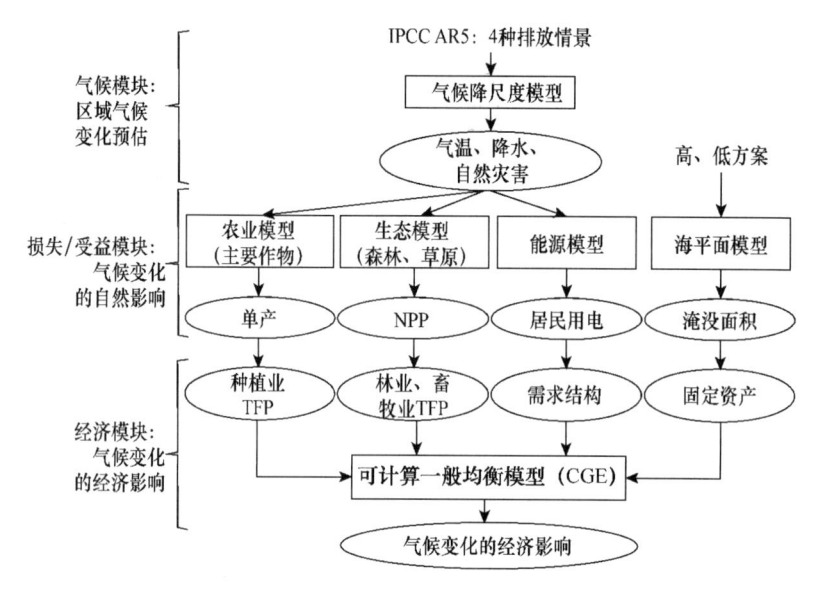

图 3-2　CGE 评估气候变化的经济影响流程

第三章 气候变化影响与适应的经济分析方法

专栏 3-2　基于 CGE 模型评估气候变化对经济的影响

采用跨期可计算一般均衡模型系统（Inter-temporal Compuable Equilibrium Systems, ICES）可评估气候变化在未来不同时间的影响。图 1 展示了世界各区域与各行业将受到的影响。这项研究表明，从全球尺度来看，气候变化将对全球总体经济产生负面的影响；从分行业来看，农业与旅游业将遭受最严重的影响，气候变化所造成的海平面上升也是影响较大的领域。但并非所有影响都是负面的，一些地区会因为气候变化带来的竞争力或贸易变化而受益。例如，冬天变暖使得供暖的能源需求降低。

影响	RoA1	JPN	EU	EEFSU	USA	CHIND	EEx	RoW	World
农业	+	+	−	−	−	−	−	−	−
能源需求	+	−	+[a]	+[a]	−	+	+	+	+[a]
健康支出	+	−	+	+	+[a]	+	−	−	+[a]
旅游客流量	+	+[a]	−	−	−	−	−	−	−
海平面上升	+	+	+	+	−	−	−	−	−
总体影响	+	+[a]	+	−	−	−	−	−	−

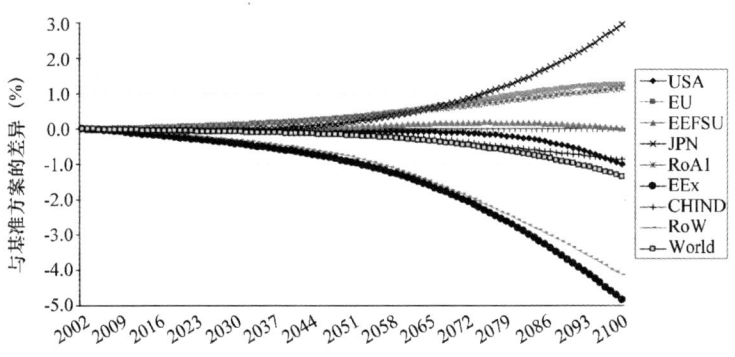

图 1　ICES 模型模拟 2100 年气候变化对各地区影响结果

资料来源：Eboli, Fabio, Ramiro Parrado, and Roberto Roson, "Climate-change Feedback on Economic Growth: Explorations with a Dynamic General Equilibrium Model", *Environment and Development Economics*, Vol. 15, No. 5, 2010, pp. 515–533。

三　气候变化综合评估模型

气候变化综合评估模型（Integrated Assessment Model, IAM）是用于评估

气候影响与模拟气候政策最常用的方法。人类活动会影响气候变化，气候变化又将反过来影响人类社会经济系统（见图3-3）。

这种自然与经济系统的交互影响，造就了气候变化影响的复杂性。因此，对气候变化的研究必须综合考虑自然与经济的互动关系，也促使IAM成为研究气候变化经济影响的常用方法。IAM的基本组成包括一个自然模型与一个经济模型，两个模型耦合后，这类计算机数学模型，能够以简单、可量化、动态的方式，演算出不同模型因素在不同假设下的变化结果，并同时综合各因素之间的相互影响。例如，在经济模型中，人类生产活动将排放温室气体；在自然模型中，温室气体排放造成海平面上升。回到经济模型，海平面上升将影响经济产出。IAM正是刻画了这种双向反馈循环的模型，它有助于模拟气候与经济在不同自然、市场、政策等因素变化下的演化，可以为全球或区域的气候政策做出最优选择。下一节将深入介绍IAM模型。

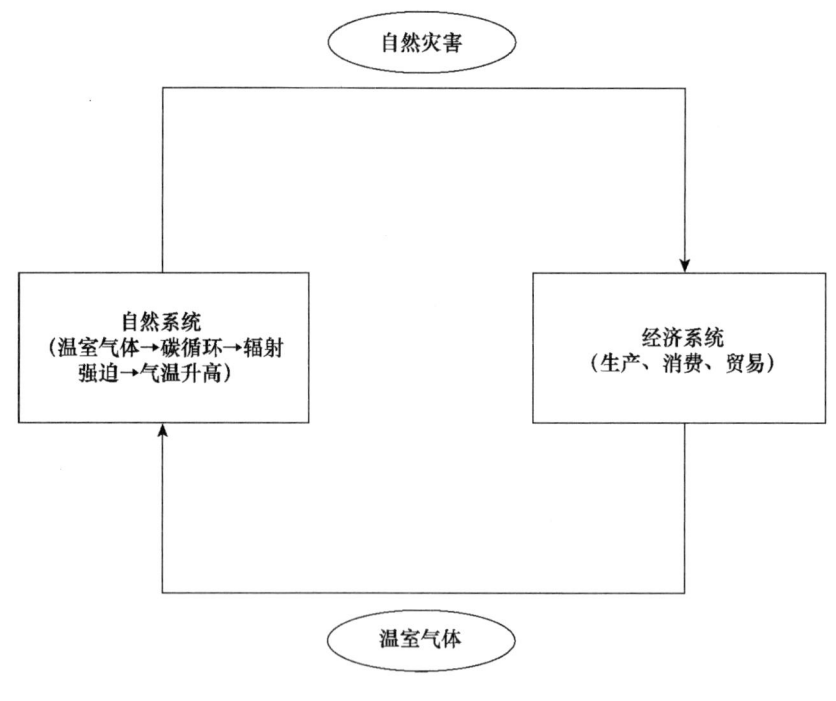

图3-3 气候—经济关系图示

第二节 综合评估模型与气候变化影响评估

一 综合评估模型的起源与分类

自哥伦比亚大学地质学教授布勒克在1975年第一次提出"全球变暖"（Global Warming）一词以来，气候变化在很长一个时期都被人们认为应归属于自然科学的研究领域，如地质、环境、生物等学科。但气候变化带来的影响却不止于此，例如，气温上引起能源消耗与价格升高，极端天气造成农作物大规模减产，海平面上升将导致沿海区域经济受损，等等。同时，人类经济行为正在加速气候变化。

由于全球环境复杂多变、涉及学科广泛、影响因素众多，学者们试图评估气候变化本身与应对气候变化政策可能带来的影响。由于自然系统与经济系统存在互动关系，对气候变化的研究必须综合考虑两者，这便催生出了整合自然科学与社会科学、气候与经济两大系统的综合评估模型。2018年诺贝尔经济学奖得主、气候变化经济学"开山鼻祖"威廉·诺德豪斯（William Nordhaus），最早于20世纪80年代，首创性地将经济系统与自然系统整合于同一模型框架之中，用于量化气候变化带来的经济影响。随着气候变化综合评估模型在研究中越发普及，逐渐成为评估气候影响、评价气候政策的主流分析工具。

简单来讲，构建综合评估模型，需要至少一个自然模型和一个经济模型。自然模型需要体现出气候变化及其引发的自然影响，包括海平面、气温、极端灾害频率、降雨量、洪水淹没面积、农作物产量、净初级生产力（Net Primary Productivity，NPP）等。而经济模型则需要体现出这些自然变化带来的经济后果（包括GDP、收入、价格等经济变量）。将这两个模型结合后，我们便可以得到一个气候变化的经济影响动态模型。

进入21世纪，越来越多的学者关注并开展气候变化经济学研究，文献统计表明有关气候变化综合评估模型的文献在2000年后呈高速增长（见图3-4），其中美国、英国、德国、荷兰、中国等对综合评估模型文献数量的贡献较大。

综合评估模型的发展为学界开展气候政策分析和政府制定决策提供了许多非常有价值的参考，在某些领域成为许多传统分析工具无法替代的有益工

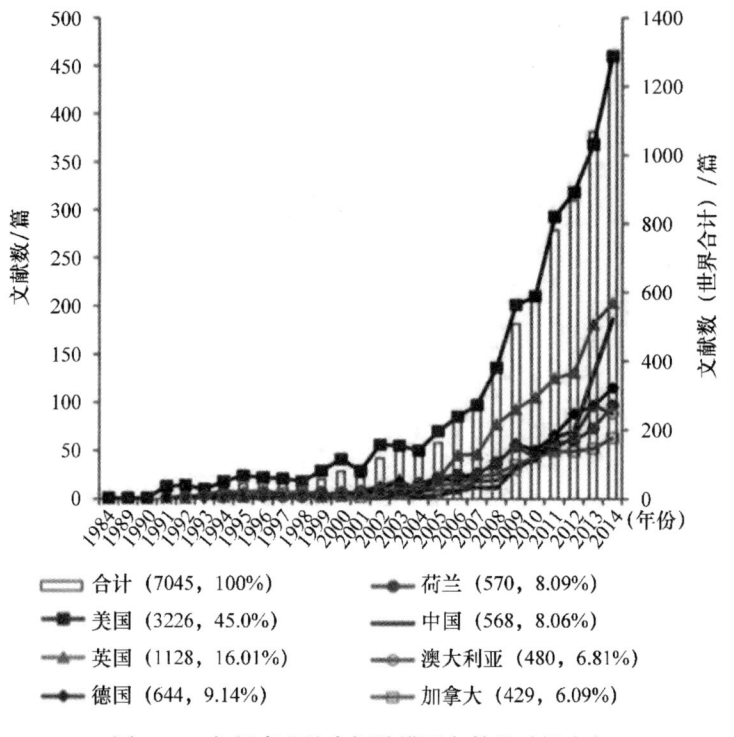

图 3-4 气候变化综合评估模型文献的时间分布

注：括号内数字为 2014 年世界或各国发文篇数，百分比为占世界的比例。

资料来源：米志付：《气候变化综合评估建模方法及其应用研究》，博士学位论文，北京理工大学，2015 年。

具。目前全球有超过 30 个综合评估模型可供研究者选择使用，每个模型都从不同的角度来探讨气候变化问题。研究者可以根据有待解决的问题来选择具体模型，对此需要充分理解各类模型的基本假设，选择最贴近于所研究问题、空间范围、研究领域与行业的模型，并兼顾研究所面向的服务对象。

专栏 3-3 综合评估模型联盟

IPCC 评估报告需要对各种模型的结构、参数、结果等进行系统性考察，确认其可比性，以便得出科学评估结论。为了适应这一需要，2007 年气候建模研究者成立了综合评估模型联盟（The Integrated Assessment Modeling

Consortium，IAMC)。IAMC 的首要任务是组织起研究者，模拟四种气候变化情景（典型浓度路径，Representative Concentration Pathways，RCPs)，其中包括温室气体的排放与浓度、土地利用与覆盖等，这些数据可被用于气候建模者发展近期与长期的模型。

根据不同学科背景，开发者使用了不同的方法与假设，开发出了针对不同问题的综合评估模型。本章的综合评估模型涵盖三个大类：经济与自然学科并重、以经济学科为核心、以自然学科为核心。表 3-2 总结了十余个较为常见的综合评估模型（根据首字母排序)。

综合评估模型从地理区域上来划分，分为全球模型与区域模型。从模型应用的目标考察，分为政策评价模型（如 RICE/DICE)、最优政策模型（如 FUND)。从技术特征上细分为六类：增长最大化模型、CGE 模型、非能量局部平衡模型、能量系统模型、宏观计量经济学模型以及其他综合评估模型。从研究者的角度来看，每种 IAM 模型的分类各有特点，但对于使用者而言，更需要在学习过程中，分清不同综合评估模型的研究焦点，因此本书的分类中更强调 IAM 建模中如何认识和区分自然或经济两大系统这一结构属性。

表 3-2　　　　常见的气候变化综合评估模型及对应类型

模型类别	模型名称 简称	模型名称 全称	开发机构	开发时间	主要影响
经济与自然并重	DEMETER	欧洲季度到年际预测多模型集合系统（Development of a European Multimodel Ensemble System for Seasonal to Interannual Prediction）	欧盟（European Union）	2000 年	
经济与自然并重	DICE/RICE	动态/区域气候经济综合评估模型（Dynamic/Regional Integrated Climate-Economy）	威廉·诺德豪斯（William Nordhaus）耶鲁大学（Yale University）	1980 年，最新版本 DICE-2016R；RICE-2010	IPCC 报告中的政策应用

续表

模型类别	模型名称简称	模型名称全称	开发机构	开发时间	主要影响
经济与自然并重	FUND	不确定性、谈判与分配气候框架模型（The Climate Framework for Uncertainty, Negotiation and Distribution）	理查德·托尔（Richard Tol）	1997年，最新版本FUND-3.9（2014年更新）	
	GCAM	全球变化评估模型（Global Change Assessment Model）	克里斯·霍普（Chris Hope）马里兰大学联合全球变化研究所（JGCRI, Joint Global Change Research Institute）	1985年，最新版本GCAM-5.1	
	TIAM-UCL	集成MARKAL-EFOM系统模型（The Integrated MARKAL-EFOM System IAM）	伦敦大学学院（University College London）英国能源研究中心（UK Energy Research Centre）	2010年	
	WITCH	世界技术变革混合模型（World Induced Technical Change Hybrid）	欧洲—地中海气候变化中心（CMCC, Centro Euro-Mediterraneo sui Cambiamenti Climatici）	2007年	WITCH模型政策模拟器
以自然为核心	DNE 21+	全球能量与气候变化减排模型（Dynamic New Earth 21+）	日本地球创新技术研究所（RITE, Research Institute of Innovative Technology for the Earth）	2000年	
	MESSAGE	能源供应系统与其环境影响模型（Model of Energy Supply Systems And their General Environmental Impact）	国际应用系统分析研究所（IIASA, International Institute for Applied Systems Analysis）	2000年	
	PAGE	温室效应政策分析模型（Policy Analysis of the Greenhouse Effect）	克里斯·霍普（Chris Hope）剑桥大学贾奇商学院（University of Cambridge Judge Business School）	1991年，最新版本PAGE-2002	斯特恩报告（Stern Review）美国环境保护署（USEPA）用于碳排放价格计算

续表

模型类别	模型名称 简称	模型名称 全称	开发机构	开发时间	主要影响
以经济为核心	EPPA	经济规划与政策分析模型（Economic Projection & Policy Analysis）	麻省理工学院全球变化科学与政策联合项目（MIT Joint Program on the Science and Policy of Global Change）	1990年	
	GTAP-E	全球贸易分析模型—能源（Global Trade Analysis Project-an Energy-Environmental Version）	Jean-MarcBurniaux & Truo-ng P. Tr-uong（2002年版）Robert McDougall & Alla Golub（2007修订版）普渡大学全球贸易分析模型项目（GTAP, Global Trade Analysis Project）	2002年，最新修订版本于2007年完成	用于IPCC报告中代表浓度路径（RCP）的制定
	MERGE	区域与全球温室气体减排政策影响评估模型（A Model for Evaluating the Regional and Global Effects of GHG Reduction Policies）	艾伦·曼恩（Alan Manne）斯坦福大学（Stanford University）	1995年，最新版本MERGE-5.1	

二 综合评估模型的组成：以 DICE 模型为例

在综合评估模型的构架中，我们将简略介绍组成综合评估模型的各模块。以 DICE 模型为例，如图 3-5 所示，模型共有气候、灾害、经济、能源四个主要模块。

（一）生产函数

$$Y_t = \frac{1-\Lambda_t}{D_t} A_t K_t^\gamma L_t^{1-\gamma}$$

柯布—道格拉斯生产函数：

—K_t 资本：作为模型的一部分计算（内生）；

—L_t 劳动力：从人口模型得到的外部因素估计（外生）；
—A_t 技术进步（随时间增加）：外部因素估计（外生）；
—D_t 损失：可表述为温度的二次方程：

$$D_t = \alpha_0 + \alpha_1 T_t + \alpha_2 T_t^2$$

—Λ_t 减排成本：估算方程为 $\Lambda_t(\mu_t)$，μ_t 是排放控制率。

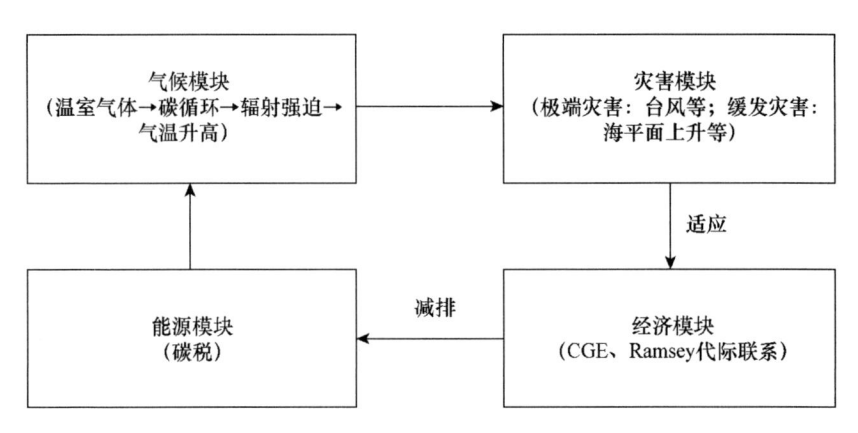

图 3-5 综合评估模型模块示意图

（二）资本函数

$$K_{t+1} = (1 - \delta_k) K_t + I_t$$

—δ_k 为折旧率
—I_t 为新增投资

$$I_t = Y_t - C_t$$

所有没有被消费产出的，被算作新增投资

（三）排放函数

$$E_t = \sigma_t (1 - \mu_t) A_t K_t^\gamma L_t^{1-\gamma}$$

—σ_t 为不可控工业排放与产出的比例
—μ_t 为排放控制率［当成本为 $\Lambda_t(\mu_t)$ 时，碳排放减少的比例］
—在 t 期内土地利用变化和林业的排放量为 $LUCF_t$（外部因素）
在 $t+1$ 期内的排放存量为

$$M_{t+1} = (1 - \delta_m) M_t + E_t + LUCF_t$$

—δ_m 为排放存量天然消耗（从大气中减少）

（四）温度函数

$$T_{t+1} = T_1 + \sigma(F_t - \lambda T_t)$$

气温的上升与 t 时期内辐射强迫的变化成正比。

—t 时间段内的辐射强度

—λF_t 为与 T_t 对应的均衡辐射强度

—σ 描述了温度升高的延迟（σ 越小，变化越慢）

$$F_t = \eta\left(\frac{\ln\left(\frac{M_t}{M_{preind}}\right)}{\ln(2)}\right) + OtherGHGs_t$$

—η 为强度参数

—M_{preind} 为前工业二氧化碳存量

—$OtherGHGs_t$ 为非二氧化碳温室气体

（五）福利函数

$$W = \sum_t \frac{1}{(1+\rho)^t} \mu(C_t, L_t)$$

—ρ：纯时间偏好率

$$\mu(C_t, L_t) = L_t \frac{\left(\frac{C_t}{L_t}\right)^{1-\theta}}{1-\theta}$$

—θ：边际效用的消费弹性

—$\frac{C_t}{L_t}$：人均消费

以上各个函数将耦合出一个较为完整的图案：它将生产、资本、排放、温度与福利函数相互融合，这便是一种综合评估模型的表达。

第三节 综合评估模型的应用

一 综合评估模型在气候变化影响中的应用

全球气候变化经济学领域的两大代表人物——美国学者诺德豪斯与英国学

者斯特恩——的学术之争体现出二者看待气候变化问题的不同视角，他们的思想集中反映在各自采用的综合评估模型中，尤其是对气候变化影响与风险的贴现率设置。

2006 年，世界银行前首席经济师、英国经济学家尼古拉斯·斯特恩教授主持完成并发布《斯特恩报告》。报告指出，不断加剧的温室效应将会严重影响全球经济发展，减少温室气体排放刻不容缓，若推迟减排或减排力度不足，长期看来全球将会每年付出巨大代价。《斯特恩报告》主张，在近期内就要对每吨碳排放征收 360 美元的碳税，且对发达国家与发展中国家一视同仁。而诺德豪斯等学者认为，短期内的减排强度可保持在较低的水平，而中远期再加大减排力度；同时发达国家应比发展中国家减排力度更大，这样有利于发展中国家的经济追赶。

同样是运用 IAM 演算出的结果，为何诺德豪斯等学者与《斯特恩报告》得出的结论却不一致？一个主要原因在于二者采用的 DICE 与 PAGE 模型不同，在关键变量如时间偏好率（ρ）的设置上有很大差异。《斯特恩报告》的 PAGE 模型将其设定为 0.1%，表明当时间偏好率越低时，人们将更重视未来，为了减轻未来的风险，则在当前就应付出相应较大的代价。诺德豪斯等学者则认为《斯特恩报告》的结论不符合经济学传统的参数设定，因为传统经济学文献通常将时间偏好率设定在 3%—5%。相对于《斯特恩报告》使用的 0.1%，DICE 模型相对淡化了人们对未来的重视程度，同时更加贴近实际，但是却在某种程度上忽视了气候变化长期风险对未来子孙后代可能带来的巨大不利影响。这一学术之争背后所体现的，实际上是气候变化这一问题的科学与伦理的双重属性，及其在各国政治决策上的立场与分歧。

二 综合评估模型在构建共享社会经济发展路径中的应用

共享社会经济发展路径（Shared Socioeconomic Pathways，SSPs）是 IPCC 评估采用的综合评估模型的基本假设情景，在减缓与适应气候变化的政策研究中得到了广泛应用。SSPs 是气候变化建模者们开发出来的一系列新的"政策路径"，其分析模拟了 21 世纪全球和区域层面在社会、人口统计学和经济方面的各种可能变化。因此，SSPs 情景分析有助于帮助决策者看清不同的发展路径选择对未来应对气候变化可能造成的影响，从而做出兼顾发展与环境、平衡当代人与后代人、个体与群体利益的理性选择。

SSPs 涵盖未来社会经济各领域的不确定性及相关范围。与其他全球情景不同，相关不确定性空间在 SSPs 中是由事物发展的结果（Outcome）来表征，而非事物发展的起因。SSPs 的设计过程是：先给出一个具体的经济社会发展结果，然后列出会导致该结果的社会经济关键要素，即 SSPs 设计使用了"回推"方法。尽管气候变化情景通常涉及诸多决策场景，其往往可以被归纳为"减缓"和"适应"两大类。SSPs 是人类对减缓、适应气候变化分别造成不同程度挑战的众多经济社会要素的不同情景组合。设置 SSPs 情景，是为了概括性地描述在未来导致减缓或适应气候变化行动效果（变得更难或更简单）的几种最可能的社会发展趋势，而不是预测气候变化本身。

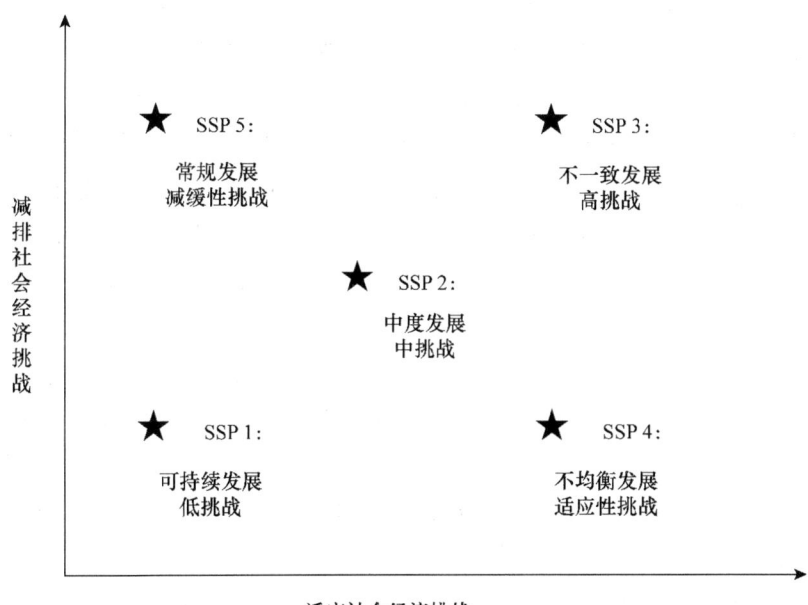

图 3-6　不同社会经济要素组合的 SSP 情景可能给减缓、适应气候变化分别带来不同程度的挑战

资料来源：O'Neill, et al., "The Roads Ahead: Narratives for Shared Socioeconomic Pathways Describing World Futures in the 21st Century", *Global Environmental Change*, Vol. 42, 2017, pp. 169-180。

图 3-6 所示的 SSPs 叙事包括了 5 个情景，意为能够给未来社会的适应和减缓造成不同程度挑战的组合情景。SSP 2 描述了适应与减缓挑战程度皆中等的情景；SSP 1 情景（低挑战）为可持续性、包容性、绿色发展与全球合作道路，因而其经济社会条件给人类减缓或适应气候变化带来的挑战程度较轻；SSP 4 情景（适应性挑战占主导地位）的关键特征为不平等、减缓与适应的分离路径，其经济社会条件较有利于减缓，但不利于适应；SSP 5（减缓性挑战占主导地位）情景高度依赖化石燃料，且经济高速发展。其相关经济社会条件不利于减缓，但有利于适应。SSP 3 情景（双高挑战）则是区域之间相互敌对、人类发展道路布满荆棘，给减缓和适应气候变化都带来高难度挑战。

SSPs 情景分析构建主要考虑三个方面：（1）气候变化情景下社会经济发展的总方向；（2）过去气候变化及相关情景为构建新的叙事情景提供的经验；（3）SSPs 叙事应具有高度的概括性，以便区分未来不同组合的经济社会条件给减缓、适应带来的不同挑战。SSPs 情景受到了其他全球环境问题情景叙事的启发，包括联合国政府间气候变化委员会（IPCC）排放情景特别报告（Special Report on Emission Scenarios）、千年生态系统评估（Millennium Ecosystem Assessment），以及联合国环境规划署（UNEP）的全球环境展望（Global Environment Outlook），等等。

以前的气候变化情景分析框架通常通过描述经济增长、区域整合、社会可持续性及环境可持续性等关键特征来描述未来发展特征，但局限性在于其情景构建方式几近"锁定"。SSPs 构建吸收融合了来自综合评估模型、影响、适应及脆弱性、发展学、未来学等专家意见，最终形成 SSPs 叙事中的六大类变量：人口学、人类发展、经济与生活方式、政策与制度（不包括气候政策）、技术，及环境与自然资源。例如，减缓气候变化的主要决定因素包括能源与土地利用、技术进步、国际政策制度等，适应气候变化的主要决定因素则包括制度因素、未来不平等、贫困，以及潜在的达到/不能达到的发展目标。

专栏 3-4　综合评估模型（IAM）应用 SSPs 案例

2017 年亚太综合评估模型/一般均衡 AIM 模型量化分析了"共同经济社会发展轨迹"SSP 3 情景。SSP 3 情景中，地区高度分化对立，且无论是减缓还是适应气候变化，世界都面临巨大挑战。在 SSPs 模型比较分析中，AIM 模型被选为 SSP 3 标识模型，其 SSP 3 模拟结果与 SSP 3 叙事设置一致。

SSP 3 情景的四个重要特征：

SSP 3 中的减排成本很高，主要原因是基线的排放量就很高，且减缓能力也弱；

2100 年的气候作用力与 SSP 2 近似，但 SSP 3 中的 CO_2 排放更高，这是由于 SSP 3 中的气溶胶排放；

高度依赖煤炭、空气质量管控松、空气污染物排放高；

森林面积持续下降，耕地与草原扩张。

构建 SSP 3 情景的主要用途：

SSP 3 可被用作 IAM 与 IAV 分析（影响、适应与脆弱性）中的最差情景。

在影响、适应、脆弱性分析中，通过比较 SSP 3（高挑战情景）与 SSP 2（中度发展情景），可以推导出在相似气候条件下社会经济因素对于减排和适应行动的不同作用。

高空气污染物排放情景可能有助于大气化学气候模型的分析工作。

除了气候变化研究，SSP 3 情景分析也可用于环境影响研究，例如大规模土地利用变化导致的环境后果。

资料来源：Fujimori, S., et al., "SSP 3: AIM Implementation of Shared Socioeconomic Pathways", *Global Environmental Change*, Vol. 42, 2017, pp. 268-283。

三　综合评估模型在气候变化适应中的应用

气候变化综合评估模型对评估气候变化的社会经济影响发挥了重要作用，也集中用于开发未来温室气体排放不同情景，并分析特定减排政策的经济影响

(见本系列教材其他书籍)。但以往的模型构建及分析较少考虑气候变化适应,近年的一些研究已经开始探索如何在综合评估模型中纳入气候变化适应及其经济学分析。

(一) 综合评估模型纳入气候适应的挑战

IAM 模型未能有效考虑气候适应的主要原因是多方面的,既包括气候变化本身及其成本效益的复杂性、长期性、地域及群体的特殊性,也包括气候和经济模型本身的技术障碍,归根结底,这是一种人类自身的有限理性所决定的。人类排放温室气体引起的辐射强迫如何影响气候变量?如何影响区域水平上各种生物物理过程?由此造成这些地区不同经济部门的损失有多大?目前气候变化学界对这些问题还缺乏科学完整统一的认识。虽然过去十年学术界已开始尝试将影响和适应同时纳入综合评估模型之中,但科学模拟气候适应仍旧面临许多系统性挑战,也因而阻碍了综合评估模型在气候适应决策中的进一步应用。

气候变化适应独有的一些特点使得综合评估模型开展气候适应模拟分析面临很大挑战(见图 3-7)。气候变化造成的生物物理影响具有异质性,即不同地区生物物理影响的属性和发生概率不同,对自然系统和人类社会造成的冲击表现为区域差异性。与此同时,气候变化造成的经济损失也存在部门差异性,特别是农业、沿海居民区更易遭受气候变化的不利影响。气候适应决策使保护或防御性资金支出流向气候暴露度高、脆弱性强的地区和部门,使这类适应投资也表现出显著的地区差异和部门差异。一个理想的综合评估模型需要充分考虑这些地区和部门差异,才能真实反映气候变化影响与适应的地区和部门差异。

针对气候变化影响的适应行为可以分为被动适应、反应适应和主动适应。例如,调整采暖和制冷的支出或者改变旅游目的地的选择属于被动适应;治疗媒介传播疾病的投资属于反应适应;强化脆弱性基础设施、开发早期预警系统以及气候相关灾害防御和应急能力建设等属于主动适应。当前仅有少数几个综合评估模型具备模拟被动适应的能力,具体方法是分析气候变化造成的价格变化如何导致内生性市场反应。例如,夏季高温热浪引起更高的居民和商业制冷需求,进一步造成发电量增加;降雨减少引起农业生产率波动,从而导致雨养型农作物产量降低。现有综合评估模型对气候适应的模拟需要将分地区和部门的气候影响纳入其中。

由于不确定条件下的跨时期决策模拟异常困难，现有综合评估模型尚未考虑沿海地区保护性投资等主动适应措施。决策者可以预期未来气候损失的时间和大小，从而影响主动适应决策。与反应适应不同，主动适应投资用于减缓未来气候影响，具有更高的不确定性和内在的跨时期决策特征。为了尽可能真实地反映主动适应投资的时间变化，综合评估模型需要权衡取舍当前主动适应投资的机会成本与避免未来气候损失的贴现收益。

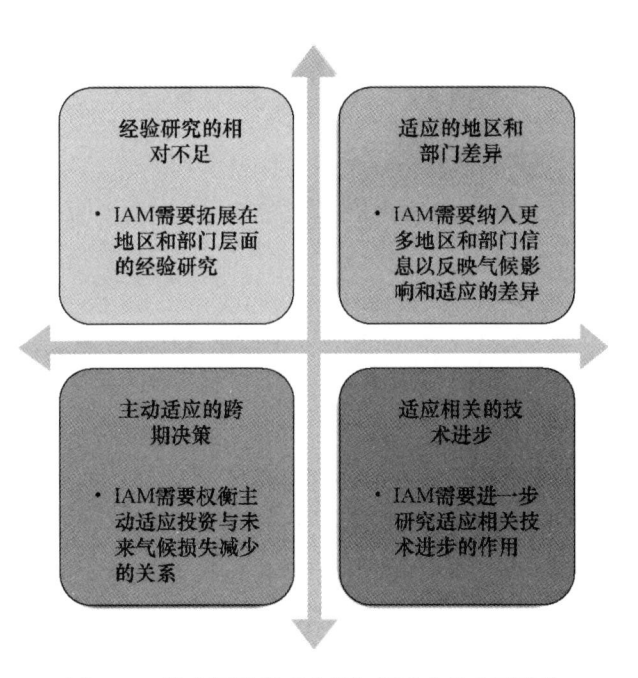

```
┌─────────────────────┬─────────────────────┐
│  经验研究的相        │  适应的地区和       │
│  对不足              │  部门差异           │
│                     │                     │
│ • IAM需要拓展在     │ • IAM需要纳入更    │
│   地区和部门层面    │   多地区和部门信   │
│   的经验研究        │   息以反映气候影   │
│                     │   响和适应的差异   │
├─────────────────────┼─────────────────────┤
│  主动适应的跨       │  适应相关的技       │
│  期决策             │  术进步             │
│                     │                     │
│ • IAM需要权衡主    │ • IAM需要进一步    │
│   动适应投资与未    │   研究适应相关技   │
│   来气候损失减少    │   术进步的作用     │
│   的关系            │                     │
└─────────────────────┴─────────────────────┘
```

图 3-7　综合评估模型分析气候适应的主要挑战

综合评估模型分析气候适应的另一个挑战来自经验研究证据不足。现有研究成果主要聚焦于一部分地区和部门，导致经验研究无法为综合评估模型的函数形式设定和参数取值提供更具普遍性的有价值的信息。此外，对于与适应相关的技术进步如何显著降低气候损失的实证研究也并不充分。因此，经验研究不仅需要进一步拓展到更多的地区和部门，也需要深入某一个特定地区或部门探究气候变量变化对经济影响的具体机制。

（二）气候适应的综合评估模型框架

将影响与适应纳入综合评估模型需要解决三个重要问题：什么样的函数关

系需要纳入综合评估模型以更加真实地代表各类气候适应相关决策,通过什么机制将这些函数关系引入模型,以及这种改变如何影响综合评估模型结果。作为一个概念分析框架(见图3-8)的分析思路是:(i)人类活动造成温室气体浓度变化;(ii)驱动区域层面温度和降水等气候变量的变化;(iii)气候变化造成物理影响;(iv)进一步影响区域经济的不同部门生产率,最终(v)产生经济损失。

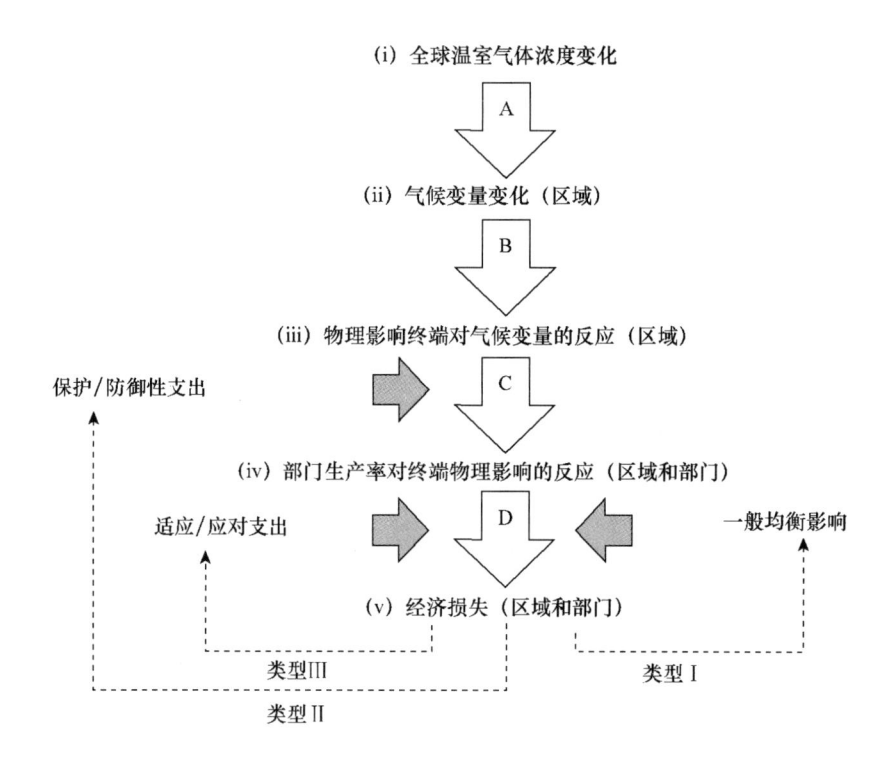

图3-8 气候适应综合评估模型的概念框架

资料来源:Wing 和 Fisher-Vanden 2013 年的工作论文 "Confronting the Challenge of Integrated Assessment of Climate Adaptation: A Conceptual Framework"。

气候适应行为可通过三种方式内生于该概念框架之中。第一,特定的保护/防御性支出可以减缓部门生产率对终端物理影响的反应,进而避免一定的部门生产率损失;这类适应活动包括沿海地区抵御海平面上升的基础设施建设、主要粮食作物耐旱和耐热品种的选育等,也被称为第Ⅱ类适应活动。第二，各种类型的适应措施可以减轻已发生的气候变化对经济部门生产率的不利影响，这类特定的适应投资被称为第Ⅲ类适应措施，主要包括保险和灾难准备，响应和恢复投资。第三，第Ⅱ类和第Ⅲ类适应已经确定的条件下，气候变化造成的最终经济损失还取决于不同市场之间商品价格变化和替代过程；这一类被动的一般均衡调整应该被视为一种适应类型，即第Ⅰ类适应。三种类型的气候适应措施相互关联，定量研究气候变化影响的经济损失必须首先厘清地区尺度下气候变量变化对关键物理终端的影响（步骤B），其次需要分析物理终端影响导致经济部门生产率波动的机制（步骤C）。

（三）经典综合评估模型对纳入气候适应的探索

现有气候变化综合评估模型尚未充分考虑气候适应的关键作用。一部分综合评估模型直接忽略了适应的作用，另一部分模型只是将适应隐含地作为气候损失估计的一部分。这样做的目的是可以更加专注于研究减缓气候变化等其他问题。不同种类的综合评估模型对适应作用分析存在很大区别，大多数综合评估模型没有考虑适应作用，少部分综合评估模型虽然已经纳入了气候适应，但仍存在继续改进的空间。

动态气候经济综合评估模型（DICE）从新古典经济理论出发研究与气候变化有关的经济和政策问题，其区域版本为区域气候经济综合模型（RICE）。在DICE和RICE模型中，假设适应最优且适应无成本，这会高估气候系统对生态系统的影响，如气温上升使与气温有关的疾病的发病率增加，但是如果人们已经适应了变化后的环境，发病率将会降低。

全球诱导技术变更混合模型（WITCH）是典型的多区域综合气候模型，它混合了自上而下和自下而上两种模型框架，将全球划分为12个区域，该模型不仅将多种能源技术引入能源部门，同时还内生考虑了各种替代能源的技术进步。此外，该模型将博弈思想引入建模中，视各个区域为单独的行为主体，允许各主体间就生产、投资以及碳排放等行为进行不合作博弈，从而使资本、能源资源等在整个经济体内进行动态最优分配。同样，WITCH模型也假设适应最优且无成本产生，也会高估气候损失。

区域与全球温室气体减排政策影响评估模型（MERGE）有三个子模型：即全球区域2200模型、气候模型以及损失评估模型，包含三个相关模块：减少相对重要气体排放的成本、自然系统对温室气体的响应、大气和气候系统变化对人类和自然系统的影响。该模型也假设适应最优且无成本产生。

不确定性、谈判与分配气候框架模型（FUND）将主要经济变量的外生情景作为输入变量，对其进行扰动后分析气候变化的影响。这是一个区域多种温室气体模型，包含16个区域和5个温室气体，并且考虑了适应问题。在可行的情况下，农业部门有最优适应以降低气候损失。

温室气体影响政策分析模型（PAGE）是评价气候变化影响、减排成本和适应政策的新模型。模型设计的目的是帮助政策制定者理解采取行动的成本和收益，它从气候、减排成本、适应成本、总影响和总成本五部分来研究全球范围内的气候变化影响。PAGE模型允许在无适应性和主动适应性之间进行二元选择，但对适应作用的效力估计过于乐观。

延伸阅读

1. 魏一鸣、米志付、张皓：《气候变化综合评估模型研究新进展》，《系统工程理论与实践》2013年第8期。

2. 向国成、李宾、田银华：《威廉·诺德豪斯与气候变化经济学——潜在诺贝尔经济学奖得主学术贡献评介系列》，《经济学动态》2011年第4期。

3. World Bank, "Economics of Adaptation to Climate Change-Synthesis Report" (English), Washington, D. C.: World Bank Group. http://documents.worldbank.org.

练习题

1. 针对气候变化影响与适应的评估，你认为计量经济学方法、CGE、IAM三种经济学方法分别有什么优势与劣势？

2. 你认为气候变化综合评估模型能帮助解答什么样的问题？

3. 观察身边发生的气候变化影响或适应实例，提出研究问题，并尝试用本章中的经济分析方法，简要设计一个研究方案。

第四章

气候变化对宏观经济的影响与适应效果评价

本章首先分析气候变化如何对全球、区域与主要国家的宏观经济造成影响，并且介绍气候变化对不同空间尺度宏观经济造成影响的程度。其次结合第三章中学习的影响与适应气候变化经济学分析方法，将选择农业、海平面、极端气候事件等典型案例，讨论各行业与地区对气候变化影响的适应行动及适应效果。

第一节 气候变化对全球宏观经济的影响

在第二章，我们了解到气候变化的表现形式包括气温升高、海平面上升、极端气候事件多发等，随之而来的社会影响也多种多样，如对贸易、贫困、性别平等都将产生负面的影响。气温升高带来的自然环境变化会传递至社会与经济系统，那么在经济方面，学界是如何衡量并预测气候变化所带来的影响，又得出了哪些结果？

在第三章中，我们学习了针对气候变化影响的三种主流方法：计量经济方法、可计算一般均衡模型以及综合评估模型。例如，世界银行通过运用气候变化综合评估模型，预测了未来气候变化对全球经济与各行业带来的影响。如图4-1所示，从左到右列举了经济受气候影响严重的国家乃至受益的国家。

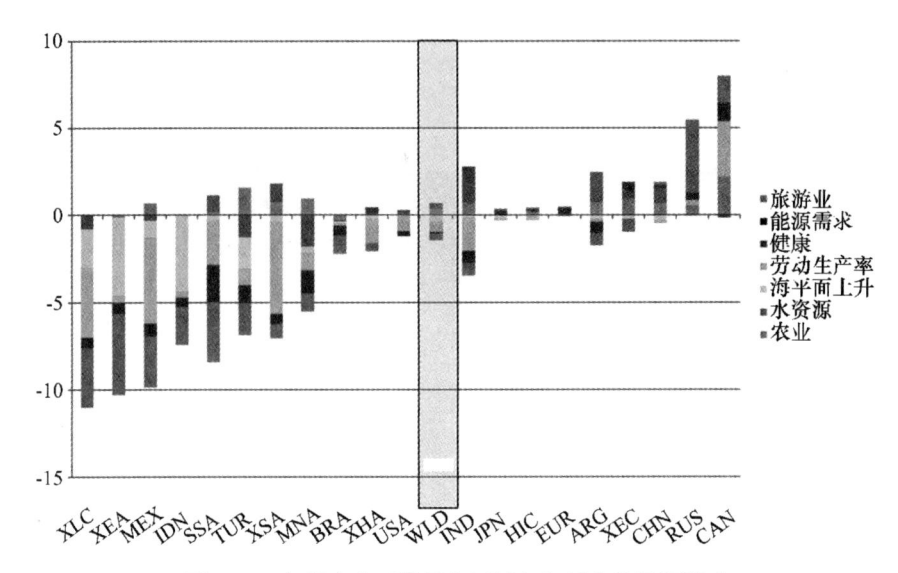

图 4-1 气候变化对世界各区域与各行业的经济影响

注：

XLC：拉丁美洲与加勒比　　XEA：东亚其他国家　　MEX：墨西哥　　IDN：印度尼西亚

SSA：泛撒哈拉非洲　　TUR：土耳其　　XSA：南亚其他国家

MNA：中东与北非　　BRA：巴西　　XHA：ANNEX 1 国家

USA：美国　　WLD：全球　　IND：印度　　JPN：日本

HIC：高收入国家　　EUR：欧盟　　ARG：阿根廷　　CHN：中国

RUS：俄罗斯　　CAN：加拿大　　XEC：欧洲与中亚其他国家

资料来源：van der Mensbrugghe, Dominique, "The Environmental Impact and Sustainability Applied General Equilibrium (ENVISAGE) Model", The World Bank, 2008。

从全球维度看，气候变化对经济的总体影响是损失略大于收益，即平均损失相对较小。从地区维度看，拉丁美洲、亚洲（中国、日本除外）、非洲与中东的大部分地区都将受到严重的经济影响，尤其是气候相对炎热的地区，气候变化将导致旅游业下滑与劳动生产力下降；同样受到严重影响的还有能源需求上升、海平面上升、健康等问题。而在气候较为寒冷的高纬度地区，如俄罗斯与加拿大，尤其是在农业、旅游业、劳动力方面则会受益于全球变暖。

如图 4-2 所示，气候变化造成 GDP 总量下降明显的地区为撒哈拉以南地区、拉丁美洲与加勒比地区、中东、北非地区。高收入地区、南亚、东亚及太平洋地区受影响较小，中亚、欧洲则呈现 GDP 小幅上升趋势。总体看来，气候变化带来的经济影响弊大于利。

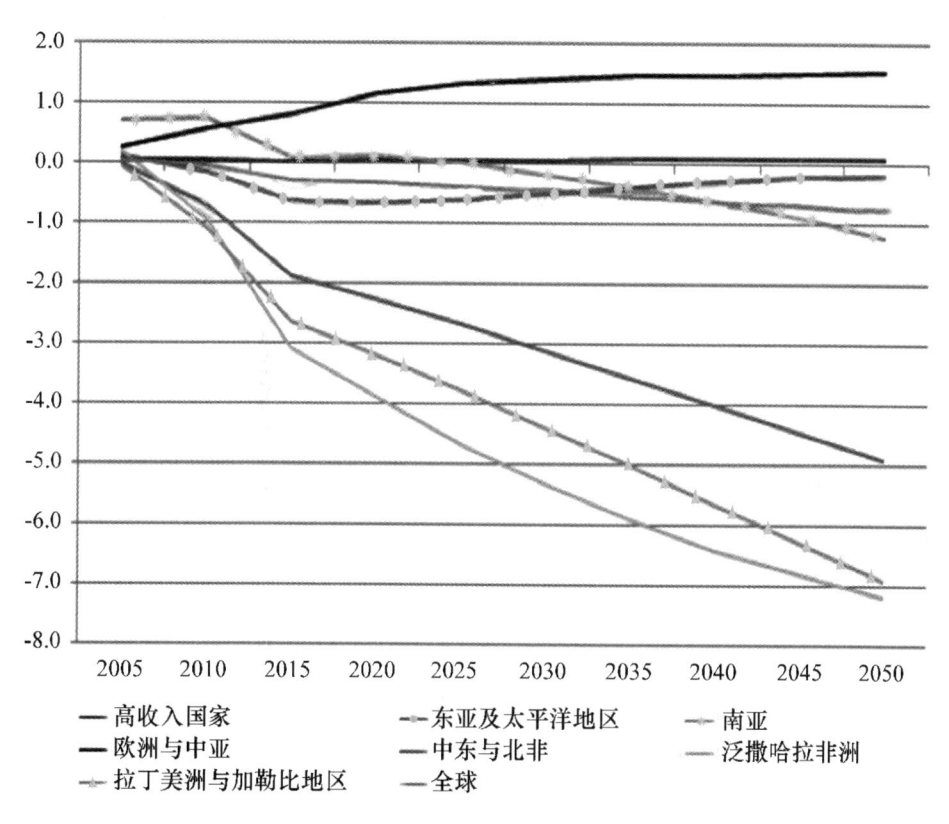

图 4-2 气候变化对世界各区域的经济影响

资料来源：van der Mensbrugghe, Dominique, "The Environmental Impact and Sustainability Applied General Equilibrium (ENVISAGE) Model", The World Bank, 2008。

IPCC 的第五次评估报告统计了第四次评估报告发表以来的研究结果。大多数研究表明气候变化对全球宏观经济增长的影响处于 -3%—0% 之间，有可能抵消全球每年经济的正增长。

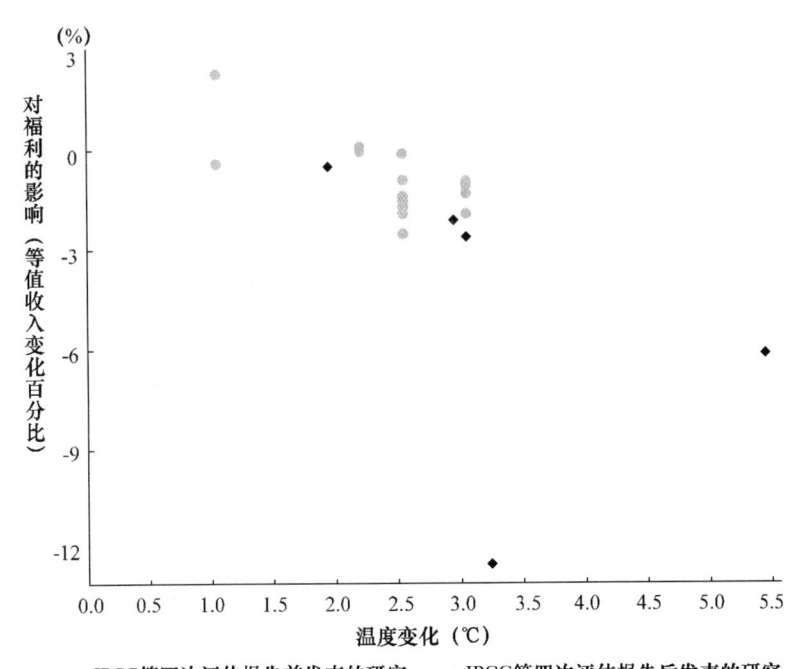

图4-3 气温上升对福利的影响

资料来源：IPCC, *Climate Change 2014: Impacts, Adaptation, and Vulnerability*, Cambridge University Press, 2014。

第二节 气候变化对主要国家与地区的宏观经济影响

一 气候变化对欧洲的经济影响

挪威国际气候与环境研究中心（CICERO）2012年的一项研究评估了气温上升2℃与4℃对欧洲的可能影响①。结果表明，平均气温上升2℃只会对欧洲产生微乎其微的经济影响，甚至有一些高纬度地区受益于气候变化。但当平均气温上升4℃时，南欧地区的GDP将每年下降0.7%，同时也会增加欧洲内部的收入差距，这可能导致人们为了适应气候变化向北欧国家移民。

---

① Asbjørn Aaheim, et al., "Impacts and Adaptation to Climate Change in European Economies", *Global Environmental Change*, Vol. 22, No. 4, 2012, pp. 959-968.

欧盟委员会联合研究中心（JRC）2018年的报告[①]也给出了相似的结论[②]，在高排放情景下，大欧盟区2050年每年将遭受196亿欧元损失，而21世纪末每年遭受的是370亿欧元的损失。尤其是地中海地区，除了经济影响外，气温升高将导致死亡率上升、水资源减少、栖息地丧失、能源需求上升和森林火灾概率上升等不利影响。初步证据表明，即使全球变暖仍在《巴黎协定》的2℃升温限制范围内，欧洲的高山苔原生态系统面积也会大幅收缩。

欧盟委员会的研究同时具体关注了极端天气对欧洲基础设施造成的破坏。研究者通过建立风险预测模型，结合气候灾害预测数据、各行业实物资产信息、对灾害的敏感性与气候极端事件损失记录，量化了气候灾害对欧洲能源行业、交通运输行业、工业和关键基础设施带来的损失，评估模型包括热浪、寒潮、河洪水、海岸洪水、干旱、山火和风暴等7种气候灾害。结果表明，到2100年，气候变化对欧洲基础设施的影响会急剧增加。由于气候变化，大欧盟区（欧盟28国加瑞士、挪威和冰岛）每年的预期损失为34亿欧元，到2050年将达到196亿欧元，到2080年将达到370亿欧元。

在适应气候变化方面，这项研究指出了哪些行业与地区的损失较大。例如交通业与能源业的损失将由现在的13亿欧元增至2100年的200多亿欧元；而南欧和东南欧国家受到的影响可能最严重。这些结果有助于确定未来投资的重点区域与行业，以解决欧洲各国气候影响和适应能力的差异问题。未来的基础设施项目可能需要大量额外的前期投资，提高对气候灾害的长期抵御能力。

[①] J. C. Ciscar, D. Ibarreta, A. Soria, A. Dosio, A. Toreti, A. Ceglar, D. Fumagalli, F. Dentener, R. Lecerf, A. Zucchini, L. Panarello, S. Niemeyer, I. Pérez–Domínguez, T. Fellmann, A. Kitous, J. Després, A. Christodoulou, H. Demirel, L. Alfieri, F. Dottori, M. I. Vousdoukas, L. Mentaschi, E. Voukouvalas, C. Cammalleri, P. Barbosa, F. Micale, J. V. Vogt, J. I. Barredo, G. Caudullo, A. Mauri, D. de Rigo, G. Libertà, T. Houston Durrant, T. Artés Vivancos, J. San–Miguel-Ayanz, S. N. Gosling, J. Zaherpour, A. De Roo, B. Bisselink, J. Bernhard, L., Bianchi, M. Rozsai, W. Szewczyk, I. Mongelli and L. Feyen, "Climate Impacts in Europe: Final Report of the JRC PESETA III Project", EUR 29427 EN, Publications Office of the European Union, Luxembourg, 2018, ISBN 978 – 92 – 79 – 97218 – 8, doi: 10.2760/93257, JRC112769.

[②] Forzieri, Giovanni, et al., "Escalating Impacts of Climate Extremes on Critical Infrastructures in Europe", *Global Environmental Change*, Vol. 48, 2018, pp. 97 – 107.

二 气候变化对亚洲的经济影响

亚太地区是全球城市化进程最快的地区，拥有全世界2/3的贫困人口。2017年7月，亚洲开发银行（Asian Development Bank，ADB，简称亚行）发布《面临风险的地区：亚太地区气候变化的人文因素》报告，指出亚太地区是最易受到气候变化影响的地区之一，气温升高、降水异常、台风加剧、洪灾风险、空气污染、粮食短缺、海洋生态系统破坏等正在威胁着亚太国家的发展与安全。若不采取任何措施应对逐渐升高的全球温度，21世纪全球变暖会影响亚洲地区的整个宏观经济，带来极为高昂的代价。联合国国际减灾战略报告预测，2005—2050年全球洪灾年损失增幅最大的20个城市中，有13个在亚太地区，其中包括中国的广州、深圳、天津、湛江和厦门。过去20年间遭受气候灾害影响的41亿人口中，有75%来自中国、印度等快速发展的发展中国家。

亚行报告估算了RCP 8.5与RCP 2.6情景下气候变化对亚洲各区域的GDP损失影响（见表4-1）。亚行报告预测，在RCP 8.5情景下，相较于基准情景（BAU，Business-as-usual），至2100年，预计亚洲人均收入会降低4.4%，而亚洲发展中国家这一指标降低幅度会达到至少11.0%。亚洲不同区域会受到不同的影响：温度升高对中亚地区有利，至2100年中亚地区人均收入会升高2.5%；东亚地区人均收入会降低约2.9%，南亚、东南亚和太平洋地区的人均收入降低程度分别为15.5%、13.0%和9.6%。

报告指出亚洲发展中国家可以从应对气候变化的行动中获益。为了减轻气候变化的不利影响，亚行提出了一些亚洲国家可以采取的适应行动，如普惠性金融政策（Financial Inclusion）、开展气候意识教育、发展农业保险、进入外国市场以确保食品供应的可获取性、利用农田多样化提高家庭在极端天气事件发生后的收入安全性等。将人口迁移纳入发展议程中，尤其是气候相关的人口迁移，要格外注意加强对移民的权益保护，等等。如果全球一起努力将升温幅度限制在1.5℃以内，至2100年全球人均收入会增加3.7%，亚洲发展中国家人均GDP会增加将近10%，南亚、东南亚和太平洋地区人均GDP增加幅度分别为12%、9.6%和7.5%。

表4-1 温度上升对亚洲各区域人均GDP的影响

根据RCP情景下估算的2100年损失（%）		
区域/情景	RCP 8.5	RCP 2.6
亚洲	-4.4	-0.6
亚洲发展中国家（包括以下）	-11.0	-2.4
中亚	2.5	1.0
东亚	-2.9	-0.1
南亚	-15.5	-3.4
东南亚	-13.0	-3.4
太平洋地区	-9.6	-2.2

资料来源：Asia Development Bank, "A Region at Risk: The Human Dimensions of Climate Change in Asia", https://www.adb.org/publications/region-at-risk-climate-change。

亚洲作为快速发展中国家集中地区，有大量的基础设施建设需求，至2030年，亚洲发展中国家需要每年投资1.7万亿美元，以保持其经济增长势头、解决贫困问题和应对气候变化。亚洲开发银行依据亚洲发展中国家在交通、电力、电信、供水等方面的基础设施建设情况，评估各地区在基建方面已投资数额以及到2030年所需数额如下。

（1）2030年，亚洲发展中国家需投资26万亿美元（约合每年1.7万亿美元），用以消除地区贫困以及应对气候变化。除去气候变化减缓和适应成本，至少需要投资22.6万亿美元（约合每年1.5万亿美元）。2016—2030年气候适应所需投资总额中，电力行业需要14.7万亿美元，交通行业需要8.4万亿美元，电信行业需要2.3万亿美元，水以及卫生设施方面需要8000亿美元。

（2）至2030年，东亚地区将占亚洲气候适应投资总额的61%。就气候适应投资占国内生产总值（GDP）比例而言，太平洋地区独占鳌头，约占9.1%，其次为南亚（8.8%）、中亚（7.8%）、东南亚（5.7%）和东亚（5.2%）。由于涉及对地区基础设施增长需求的预测及气候相关投资，每年1.7万亿美元的预算约为2009年亚行报告预测值的两倍多。

三 气候变化对中国的经济影响

根据IPCC AR5报告中由低到高的四种辐射强迫（RCP）气候情景（RCP 2.6、RCP 4.5、RCP 6.0和RCP 8.5），基准期为1981—2010年，基于降尺度方法，可预估中国未来四种情景三个时段的气温、降水变化（见表4-2）。笔者评估了气候变化对中国在 21 世纪不同期间的经济影响,包括气候变化通过农业、生产、能源和海平面上升四个主要领域对中国宏观经济和产业发展的影响。

表 4-2　　IPCC AR5 四种情景下的中国气温（℃）、降水变化（%）

	RCP 2.6	RCP 4.5	RCP 6.0	RCP 8.5
2011—2040 年			
气温	1.77	1.64	1.71	1.92
降水	2.36	3.24	3.00	2.00
2041—2070 年			
气温	2.23	2.64	2.60	3.72
降水	2.36	3.24	3.00	2.00
2071—2100 年			
气温	2.12	3.14	3.77	5.81
降水	5.49	9.13	8.22	11.90

资料来源：笔者整理。

基于气候变化的自然冲击,考虑经济系统内部产业的关联特性,可评估气候变化通过各类自然冲击对社会经济的影响。经济模块的核心是可计算一般均衡模型（CGE）,其中包括气候变化对农作物、生态、能源需求和海岸带淹没这四种冲击,考虑经济系统内部的关联性,评估各种冲击因素对 GDP、总产出和产业结构等的影响。例如气候变化对农作物单产的影响,将作为对该农作物全要素生产率（TFP）的冲击引入 CGE 模型；对森林生态系统 NPP 的影响,将作为对林业 TFP 的冲击引入 CGE 模型；对草原生态系统 NPP 的影响,将作为对畜牧业 TFP 的冲击引入 CGE 模型；对居民用电的需求,将直接改变居民的消费结构,从而引入 CGE 模型；对于海平面叠加风暴潮淹没面积,将通过资本破坏引入 CGE 模型。

气候变化对国内生产总值（GDP）的影响评估结果,很大程度上取决于未来经济发展情况的不同假设,采用"比较静态分析法",即假设未来经济状况与现在的经济状况完全一致,气候变化将对中国经济产生多大影响。评估结果表明：与 1981—2010 年比,气候变化通过农业、生态、能源三个领域的冲击,在 2011—2040 年、2041—2070 年、2071—2100 年不同时期,将导致中国年均 GDP 分别下降 0.1%、0.15%—0.25%、0.1%—0.25%。在 RCP 8.5 升温最大的最坏情景下,将导致 2071—2100 年均 GDP 下降约 0.45%。气候变化通过海平面上升、风暴潮将导致年均 GDP 下降大约 0.1%。总的来说，气候变化通过农业、生态、能源和海岸带淹没四类冲击将导致这些领域及上下游相关行业遭受产出损失，合计造成中国年均 GDP 下降大约 0.5%。如与发达国家 GDP 年均增长率 2%—3% 相比，气候变化对中国社会经济的影响是较为严重的。如考虑气候变化对风力、水力发电供应能力，水资源，旅游资源，自然灾害，人类健康等的影响，气候变化的社会经济影响将更大。而且上述数据只是气候变化导致的年均 GDP 损失率，如果考虑到不断增长的经济总量，累计总损失可能是一个巨大的数字。

气候变化对三大产业总产出和产业结构的影响幅度各不相同（见表 4-3）。总体而言，第一产业包括了农、林、牧、渔业，而气候变化通过气温、降水的变化，直接冲击的即是农业、草原、林业，因此，第一产业总产出下降比例最大，幅度为 -0.11%— -1.76%。第二产业减产的主要原因是沿海地区被淹没、居民对能源需求变化，同时第一产业农牧产品、木材减产也会影响到第二产业的食品加工业、木材加工业，总的来说，第二产业总产出的变化幅度大约为 0.01%；第三产业没有直接受到气候变化的影响，但是因为产业关联，也遭受一定的总产出变化，大体不超过 0.05%。

表 4-3　　　　　气候变化对各行业总产出的影响比较　　　　单位:%

IPCC 情景	年代	第一产业	第二产业	第三产业
RCP 2.6	2030s	-0.18	-0.01	-0.01
	2050s	-0.34	-0.02	0.00
	2080s	-0.11	0.01	-0.02
RCP 4.5	2030s	-0.13	0.01	-0.02
	2050s	-0.31	0.00	-0.02
	2080s	-0.45	-0.01	-0.02
RCP 6.0	2030s	-0.12	0.02	-0.03
	2050s	-0.36	0.00	-0.02
	2080s	-0.73	-0.02	-0.02
RCP 8.5	2030s	-0.24	0.02	-0.04
	2050s	-0.75	-0.01	-0.03
	2080s	-1.76	-0.09	0.00

资料来源：笔者整理。

四 气候变化对美国的经济影响

美国学者不仅对气候变化经济学的理论和方法贡献巨大，而且在研究领域的深度和广度上也多处于领先地位。在针对气候变化对美国的影响中，来自加州大学伯克利分校的研究者于2017年发表的一项研究备受关注。这项研究通过模型实证分析了气候变化对美国县级尺度的农业产量、死亡率、劳动力供应、犯罪率、电力需求、直接损失与海岸线损失等领域的影响。结果表明，美国东南部地区将受到最严重的气候灾害影响，部分地区直接损失甚至将超过20%。与大多数气候变化的研究类似，研究结果也表明了并非所有地区都会受到气候变化带来的损失。如美国的北部与西北部地区，气候变暖会提高农业产量、降低能源需求，总体上为北部地区带来了更多的福利。此外，模拟结果表明气候变暖将导致户外和室内劳动力供给下降、效率降低、财产犯罪与暴力犯罪上升。该研究也模拟了气候变化对美国的总体经济影响，在 RCP 2.6 与 RCP 4.5 情景下，2080—2099 年的美国 GDP 损失将小于4%；若达到 RCP 8.5 情景，则 GDP 损失有极大的可能性大幅度上升（见图4-4）。

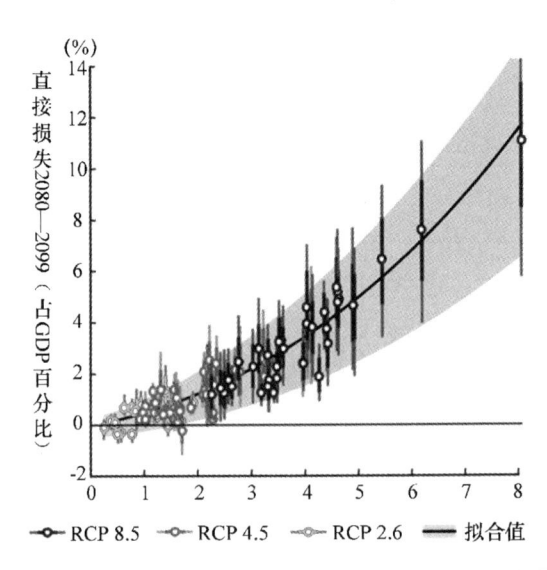

图4-4 不同 RCP 情景下美国 2080—2099 年平均 GDP 的直接损失分布

资料来源：Hsiang, Solomon, Robert Kopp, Amir Jina, James Rising, Michael Delgado, Shashank Mohan, D. J. Rasmussen, et al., "Estimating Economic Damage from Climate Change in the United States", *Science*, Vol. 356, No. 6345, 2017, pp. 1362-1369。

五 对岛屿国家的经济影响

岛屿国家四面环海,环境脆弱性高,气候变化导致的海平面上升对岛屿国家的威胁将远超内陆国家。IPCC统计了亚太地区小岛屿国家遭受的风暴潮经济影响,由表4-4可见,极端天气虽然对小岛屿国家的绝对人口、绝对GDP的影响不及沿海国家(如中国、印度等),但对小岛屿国家的相对影响则较大,如受影响最严重的北马里亚纳群岛,风暴影响人口占到了全岛的58.2%,相对GDP损失占到全岛的59.4%。尽管日本、菲律宾等岛屿国家并不属于IPCC小岛屿国家的范畴,但这些国家的绝对GDP损失、相对GDP损失也都较大。IPCC报告指出,岛屿国家适应气候变化的成本要远高于其余地区。例如,气候变化适应工程与基础设施通常需要大规模的建设,这些巨型工程对于岛屿国家而言是一个需要权衡的艰巨挑战。因为岛屿国家人口较少,从单位投资成本来看,其海岸线保护成本要高于一个人口众多的沿海国家。

表4-4 亚太地区受暴风雨影响最大的十个国家(或地区)(1998—2009)

排名	绝对人口影响(百万)	相对人口影响(占总人口百分比)	绝对GDP损失(十亿美元)	相对GDP损失(占GDP百分比)
1	日本(30.9)	北马里亚纳群岛(58.2)	*日本(1226.7)	北马里亚纳群岛(59.4)
2	*菲律宾(12.1)	纽埃(25.4)	*韩国(35.6)	瓦努阿图(27.1)
3	*中国内地(11.1)	*日本(24.2)	*中国内地(28.5)	纽埃(24.9)
4	*印度(10.7)	*菲律宾(23.6)	*菲律宾(24.3)	斐济(24.1)
5	*孟加拉国(7.5)	斐济(23.1)	*中国香港(13.3)	*日本(23.9)
6	*韩国(2.4)	萨摩亚(21.4)	*印度(8.0)	*菲律宾(23.9)
7	*缅甸(1.2)	新喀里多尼亚(20.7)	*孟加拉国(3.9)	新喀里多尼亚(22.4)
8	*越南(0.8)	瓦努阿图(18.3)	北马里亚纳群岛(1.5)	萨摩亚(19.2)
9	*中国香港(0.4)	汤加(18.1)	*澳大利亚(0.8)	汤加(17.4)
10	*巴基斯坦(0.3)	库克群岛(10.5)	新喀里多尼亚(0.7)	*孟加拉国(5.9)

注:*为参照国家,其余为小岛屿国家。

资料来源:Nurse, L. A., R. F. McLean, J. Agard, L. P. Briguglio, V. Duvat-Magnan, N. Pelesikoti, E. Tompkins, and A. Webb, "2014: Small islands", In: *Climate Change 2014: Impacts, Adaptation, and Vulnerability. Part B: Regional Aspects. Contribution of Working Group II to the Fifth Assessment Report of the Intergovernmental Panel on Climate Change* [Barros, V. R., et al. (eds.)]. Cambridge University Press, Cambridge, United Kingdom and New York, N. Y., USA, pp. 1613 – 1654。

第三节 宏观经济视角的气候变化适应策略及效果评估

一 农产品适应气候变化：国内市场一体化与国际自由贸易

农产品贸易也是农业适应气候变化的重要内容。基于气候变化对粮食单产的直接影响数据构建全球（GTAP）—国家（CAPSiM）连接均衡模型，图4-5评估了气候变化对中国粮食、供需和贸易影响，结果表明在最极端升温情景下（RCP 8.5），小麦价格上涨13%，大米价格上涨4%，玉米价格变动不明显；自给率降低幅度最大的作物是小麦，但也仅有0.90%；小麦产量下降1.33%，低于只考虑自然因素得出的预测结果3.20%，同样，水稻产量下降0.23%，低于只考虑自然因素得出的预测结果0.78%。这是由于农户在感受到农产品价格上涨后，通过自发性适应调整作物结构，从而降低了气候变化的不利影响。由此可见，在最极端情景下，长期的气候变化对全国农业和粮食安全存在一定的影响，不同作物差异显著。

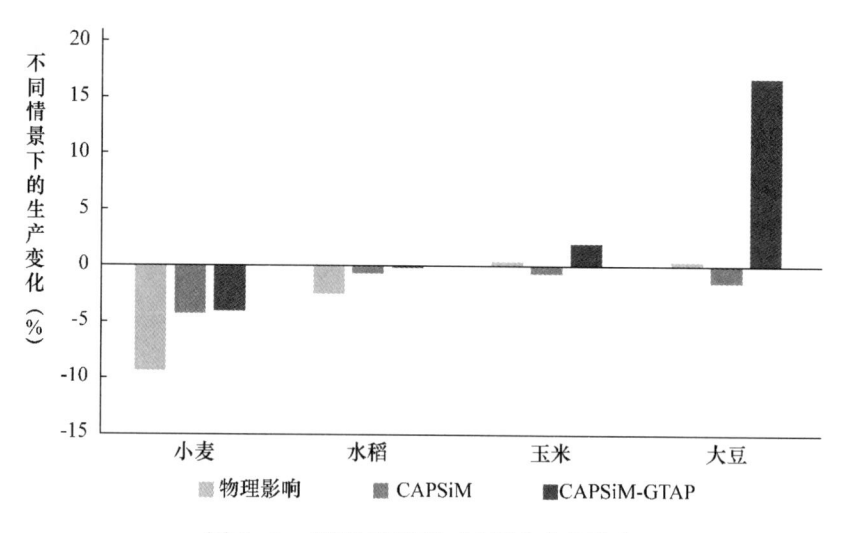

图4-5 不同气候情景对中国农业的影响

资料来源：Xie Wei, Huang Jikun, Wang Jinxia, Cui Qi, Robertson Ricky "Climate Change Impacts on China's Agriculture: The Responses from Market and Trade", *China Economic Review*, Vol. 62, NO. 101256, 2020。

市场和贸易对气候变化影响具有特定的响应机制。在最不利的气候变化情景下（温室气体排放最高情景，温度和降水变化最大情景，用气候变化科学领域的典型浓度路径衡量，即 RCP 8.5），在三大作物中，小麦生产受到的影响最大。与无气候变化情景相比，到 2050 年小麦单产下降达 9.4%。如果考虑市场的响应作用（如农户调整灌溉、化肥、劳动时间等投入，以应对单产下降和预期的价格上涨），粮食产量下降将减少，如小麦产量变化将从 9.4% 变为仅下降 4.3%。如果同时考虑市场和贸易形势的变化（如农户调整生产投入，以增加对受气候变化影响更严重国家或区域的出口，即各国因为气候变化而产生比较优势的变化），粮食产量下降将进一步减少。这一研究表明，有必要总结农民根据市场和贸易条件变化而采取的自发性适应行动，为国家和地方层面的适应策略提供参考。

农产品市场整合可以缓解气候变化带来的儿童营养不良的问题。如图 4-6 所示，到 2050 年，整合的农产品市场将大幅度减少儿童营养不良问题。尤其是在南亚地区，市场整合可以有效降低未来预测的营养不良人数，将由市场未整合时的最大涨幅 120% 减小到涨幅仅 40%。

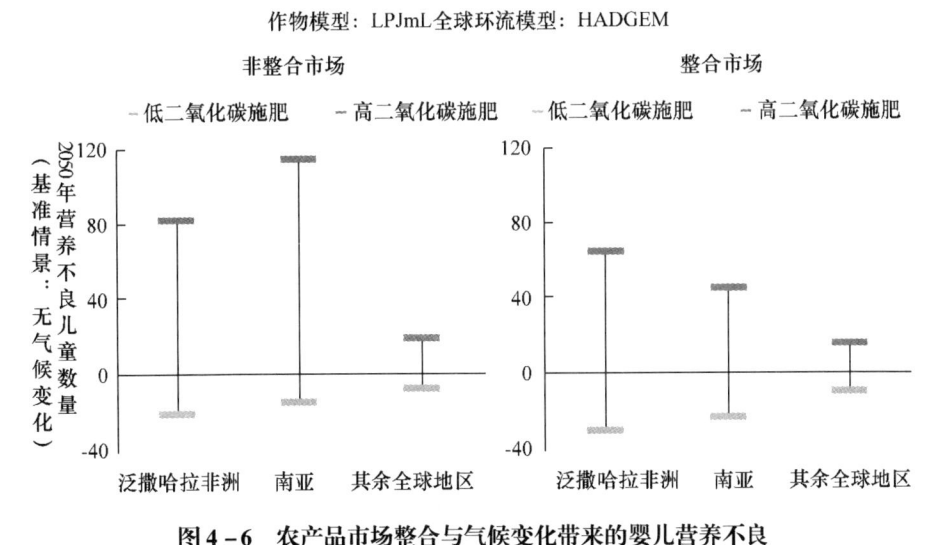

图 4-6 农产品市场整合与气候变化带来的婴儿营养不良

资料来源：Uris Lantz C Baldos, Thomas W. Hertel, "The Role of International Trade in Managing Food Security Risks from Climate Change", *Food Security*, Vol. 7, No. 2, 2015, pp. 275-290。

二 差异化投资：应对海平面上升造成的人口迁移

中国多数发达大城市位于沿海地区，海平面上升对这些地区可能影响巨大（见图4-7）。而气候变化对沿海地区的影响也可以通过贸易传递到内陆地区，从而影响地区差异。为了更好地制定减排和适应政策，则需评估海平面上升的经济影响。根据海平面上升后的淹没区域GIS数据，中国多区域一般均衡模型用来评估海平面上升的经济影响。模拟结果表明，如果海平面上升与突发性极端风暴潮一致，沿海地区的GDP损失将在2050年达到11%。天津、上海和江苏损失最为严重，在2050年或超过20%的GDP；从行业来看，这些地区的资本密集型行业损失更大。为了适应海平面的上升，人们在未来可能会去往内陆地区，甚至现有的一些特大城市将在未来转变为中等规模城市。

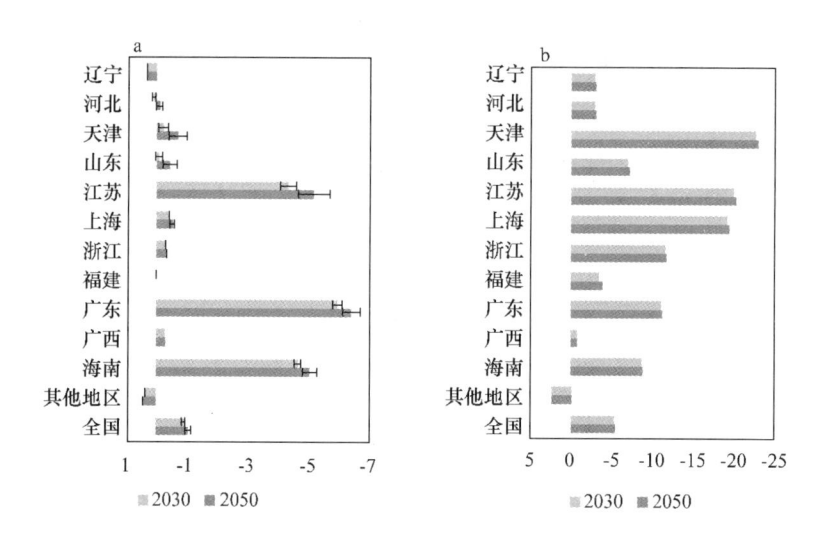

图4-7 两种情景下海平面上升对中国沿海各省份 GDP 的潜在影响（%）

资料来源：Qi Cui, Wei Xie, Yu Liu, "Effects of Sea Level Rise on Economic Development and Regional Disparity in China", *Journal of Cleaner Production*, Vol. 176, 2018, pp. 1245-1253。

专栏4-1　Waterlicht 景观项目

为了警示人们对气候变化将导致的海平面升高的认知，荷兰一家景观设计公司设计了 Waterlicht 项目，它通过 LED 灯，将蓝色波纹状的虚拟洪水投影在夜空之中，而这灯光的高度则反映出了"若人们现在不采取行动，未来的海平面高度"。这个项目在多个沿海城市（如阿姆斯特丹、迪拜、纽约等地）展出。不少参展的旅客在震惊之余，表达了对气候变化的思考与他们愿意付出力所能及的行动。

图 1　Waterlicht 投影出海平面升高后的位置

资料来源：https：//www. studioroosegaarde. net/project/waterlicht。

三　对极端天气的适应：灾前预防与灾后减灾

应对气候变化的措施大体来说有灾前预防措施和灾后减灾措施两类。灾前预防措施为了降低长期受灾风险，包括保护绿地和湿地、建立预警系统、建立雨水管理系统等。灾后减灾措施则是在灾害发生后为了降低损失而付出的努力，比如恢复被损坏的公共设施、清理废墟等。

一些国家政府通过公共援助和减灾专款为公众提供大量的针对灾害损失的财政援助。要获得减灾专款必须提供针对灾害的长期解决办法，而公共援助则侧重于灾后援助。减灾专款主要针对灾前预防，如改造现有的临海房屋从而降低飓风或海浪的损失、植被与土壤管理、基础设施保护、雨水管理与排水设施建设等。而公共援助主要针对灾后减灾，如海啸、飓风发生后再购置沙袋抵挡海浪，或者够买水泵抽出屋内积水。

从历史数据来看，在飓风降临之后再花钱救援基本上是美国应对飓风灾害的主要策略。一项美国得州农工大学的研究发现，美国联邦应急管理局（the U. S. Federal Emergency Management Agency，FEMA）的灾前预防性投资的效果要优于灾后减灾性支出。研究表明，灾前每增加1%的投资将减少0.21%的财产损失，而每增加1%灾后重建与清理的支出只会减少0.12%的财产损失；尽管FEMA现在的经费使用效率很高，但从长期来看，灾前投资的边际收益将约为灾后重建边际收益的2倍。

表4-5　　　　　　　　FEMA灾前灾后投资边际收益结果

	（1）	（2）
FEMA，灾前	-0.2071***	-0.1674***
FEMA，灾后	-0.1187**	-0.0960**

注：使用delta方法获得边际效应，并在所有回归变量的样本均估值。**表示5%显著，***表示1%显著。

资料来源：Meri Davlasheridze, Karen Fisher-Vanden, and H. Allen Klaiber, "The Effects of Adaptation Measures on Hurricane Induced Property Losses: Which FEMA Investments have the Highest Returns?", *Journal of Environmental Economics and Management*, Vol. 81, 2017, pp. 93-114。

四　恢复力对减轻极端气候事件经济影响的缓冲作用

极端气候事件是气候变化风险的典型特征，为了应对极端天气，除了加强灾前预防与灾后减灾，社会也应重视灾后重建的恢复力（Resilience）。

经济系统动态恢复力可以与政策领域的缩短恢复期、加快灾后恢复投入力度两个具体政策抓手联系起来。采用动态可计算一般均衡模型，以刻画灾后投入、灾后恢复轨迹等现象，对比加强灾后动态恢复能力与普通恢复之间的差异。研究表明采取加强版的动态恢复能力，其恢复轨迹更为陡峭，对研究的案例灾后损失能够减少47.4%，恢复期也能由原来的四年减少为三年。可见，增加灾后投入使恢复轨迹变得更为陡峭，让灾后损失减少非常明显，甚至比缩短恢复期更为重要。在两种情景下，恢复期只差1年，但是损失相去甚远。为此，灾后恢复政策的目标，不仅要关注恢复快慢（即恢复期长短），而且也要关注恢复路径（即恢复路径更为陡峭可以减少灾后损失）。如图4-8所示，

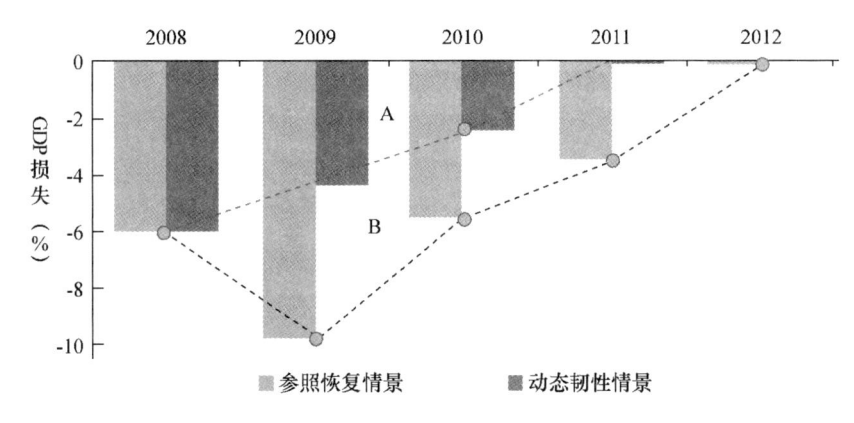

恢复路径 A 相对恢复路径 B 更加陡峭，GDP 损失也更少。

图 4-8 极端气候事件后的恢复路径

资料来源：Xie Wei, et al. , "Dynamic Economic Resilience and Economic Recovery from Disasters: A Quantitative Assessment", *Risk Analysis*, Vol. 38, No. 6, 2018, pp. 1306-1318。

五 气温升高对高附加值产品市场的影响

气候变化不仅影响粮食市场，也对下游高附加值农产品市场产生影响。在未来粮食等农产品需求逐渐下降，而肉、蛋、奶以及酒类等高附加值农产品需求逐渐上升的背景下，非常有必要关注未来气候变化对下游高附加值农产品市场的影响。

长久以来，清爽可口的啤酒一直是备受消费者青睐的酒精饮料之一，但人们可能不会想到，在未来的某一天，啤酒高昂的价格或许会让许多消费者望而却步。2018 年的一项研究（专栏 4-2）以全球最受欢迎的酒精饮料啤酒为例，采用评估模型模拟气候变化对全球大麦市场和下游啤酒市场的影响，并得出了对于啤酒爱好者来说并不乐观的结论。研究表明，气候变化与极端事件造成的大麦单产下降非常明显。从 RCP 2.6 到 RCP 8.5，全球大麦单产平均降低 3%—17%。就全球啤酒价格来说，在温度升高为最高的情景下，啤酒价格将会接近翻倍；在 RCP 2.6、温度升高较低的情景下，价格也将上涨 15%。

在之前的研究中，更多的学者关注了气候变化对全球粮食安全的危害，诸如小麦、水稻、玉米、大豆等主要作物的产量下降。这项研究引发了更深入的思考：除了对主要粮食作物的关注，也应该关注气候变化对肉、蛋、奶、饮料等消费品供给的影响。气候变化背景下粮食优先供给口粮、饲料还是下游加工品，也启示需要进一步评估气候变化对口粮、畜牧业和下游加工品哪个行业影响更加深远。

专栏 4-2　气候变化对消费者的影响

图 1　啤酒供应下降后人们的不同选择

资料来源：www.scientoon.com。

在为这项研究创作的漫画中，左侧的酒客提出气候变化将导致啤酒供应下降，酒店老板的观点类似于减排，而右侧的酒客则希望通过改喝香槟的方式来适应大麦减产带来的啤酒供应下降。当然，漫画仅是调侃啤酒供应下降这一现象，而事实上香槟的原材料——葡萄，也面临着气候变化带来的减产。在高附加值农产品市场里，消费者们需要做出选择，如购买啤酒还是购买香槟；生产者需要做出种植上的选择，如用现有的土地、水等资源种植大麦或是葡萄。由此可见，气候变化正在影响着社会经济与人类生活的方方面面，而适应气候变化则需要生产者、消费者等多方共同协作、做出选择。

资料来源：Xie Wei, et al., "Decreases in Global Beer Supply Due to Extreme Drought and Heat", *Nature Plants*, Vol. 4, No. 11, 2018, p. 964。

延伸阅读

1. 吴吉东、解伟、李宁：《自然灾害经济影响评估理论与实践》，科学出版社 2018 年出版。

2. 罗良文、茹雪、赵凡：《气候变化的经济影响研究进展》，《经济学动态》2018 年第 10 期。

3. Xie Wei, Huang Jikun, Wang Jinxia, Cui Qi, Robertson Ricky, "Climate Change Impacts on China's Agriculture: The Responses from Market and Trade", *China Economic Review*, Vol. 62, NO. 101256, 2020.

练习题

1. 你认为未来气候变化会引发大规模的气候移民吗？最可能发生在哪些地区？

2. 假如你生活在沿海地区，你认为有哪些应对海平面上升的办法？

3. 你认为灾前预防措施与灾后减灾措施，哪个更有效？哪些措施更应被人们重视？请结合你自己的经验举例说明。

4. 你最喜欢的食物是什么？在什么情况下这种食物会因为气候变化的直接或间接影响而涨价？你有什么方法去适应这种情况带来的涨价风险？

第五章

气候变化对城市、农村及重点行业的影响与适应

本章介绍了气候变化对不同地区、不同行业领域的影响与适应进展。气候变化对中国的水资源、冰冻圈、陆地和海洋生态系统、气象水文地质环境、人居环境都带来不同程度、有利有弊的影响。重点介绍了城市地区与农村地区受到的不同影响及适应案例。气候变化影响的主要行业和领域包括：水资源及水利和供排水行业、能源与电力行业、建筑行业、交通基础设施、重大工程（如三峡工程、南水北调工程）、生态系统服务与自然资本、生命健康与人力资本等。

第一节 气候变化对城市地区的影响与适应

一 城市地区的气候变化风险

城市地区是气候变化高风险地区，也是适应气候变化的热点区域。全球城市化进程最快的亚太地区也是最易受到气候变化影响的地区之一，气温升高、降水异常、台风加剧、洪灾风险、空气污染、粮食短缺、海洋生态系统破坏等正在威胁着亚太国家的发展与安全。2005—2050年全球洪灾年损失增幅最大的20个城市中，有13个在亚太地区，其中包括中国的广州、深圳、天津、湛江和厦门[1]。

中国地域广阔，发展水平差异很大，是全球自然灾害高发地区之一。中国70%以上的城市、50%以上的人口分布在气象、地质和海洋等自然灾害严重地区。1978—2018年，中国的常住人口城镇化水平从17.90%上升至59.58%，

---

[1] UNISDR, "The Human Cost of Weather-Related Disasters 1995 – 2015", 2016, http://www.unisdr.org/2015/docs/climatechange/COP21_ WeatherDisastersReport_ 2015_ FINAL.pdf.

城镇人口从 1.7 亿人增加到 8.3 亿人，风险暴露度不断增大。根据不同的气候、地质和地理区位条件，可将中国划分为东部、中部、西部三大城市灾害风险区，其灾害类型、风险属性及城镇化特征各具差异。

人为活动的影响，叠加气候变化的不确定性，使中国许多城市面临许多难以预料的新风险。其中既有突破时空尺度的极端天气事件，又有渐近性环境变化引发的可持续发展挑战（专栏 5-1）。2020 年中国人均 GDP 将突破 10000 美元，尽管仍低于世界银行划分的高收入国家线，但有望在 2030 年前达到高收入国家水平。从国内外发展经验来看，人均 GDP 5000 美元左右，环境问题进入高发阶段；达到 8000—10000 美元，政府和社会的风险意识快速提升，将加强对环境和灾害风险的重视和公共投入。随着中国城市化进程的加快，城市地区的人口和财富暴露度日益提升，灾害损失的绝对值也呈现持续增长趋势，但也更加重视对防灾减灾、气象预警等风险防范投入，城市地区的年平均气象灾害损失率已从 20 世纪 80 年代以来的 1% 左右下降到近年来的 0.2%（见图 5-1）。

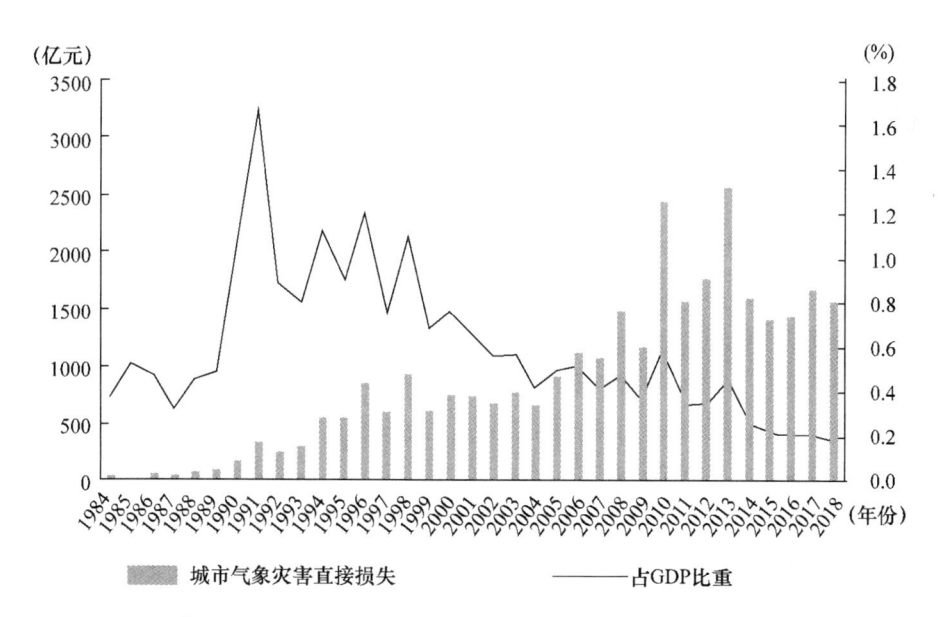

图 5-1 中国城市气象灾害直接经济损失及其占 GDP 比重（1984—2018 年）

资料来源：翟建青、谈科：中国气象灾害历史统计，载谢伏瞻、刘雅鸣主编《应对气候变化报告（2019）：防范气候风险》，社会科学文献出版社 2019 年版。

> **专栏 5-1　气候变化与中国城市的前世今生**
>
> 　　广州：2016 年 1 月，一次超级寒潮让中国南方 13 省区市出现雨雪冰冻天气，据历史记载，过去 800 年间广州共下过 10 次雪，唐柳宗元曾提到"粤犬吠雪"的说法。其中 15—19 世纪的"明清小冰期"，气候温暖的珠江三角洲遭遇降雪和寒流，冬季平均温度比现在低 2℃ 左右。寒冷气候引发的大范围灾荒、瘟疫和战乱，给中国农业生产和社会稳定带来巨大打击。与此同时，欧洲的寒冷和疫病导致粮食生产和人口急剧减少，黑死病消灭了欧洲 1/3 的人口，英格兰中部 1500—1650 年间冬天的温度比现今低约 1.5℃，17 世纪末的极寒天气导致英国泰晤士河冰冻。随着气候变化带来的极端气候加剧，广州等中国南方城市有可能遭遇更多的寒潮天气，给城市韧性提出更高考验。
>
> 　　北京：超过 2000 万人口的北京历史上曾是一个水资源非常丰沛的地区，北京市海淀区即以多湖沼而得名，明万历初年（16 世纪后期）北京湿地为 5200 平方公里，21 世纪初只剩下 526 平方公里，除了 20 世纪后期干旱少雨的气候影响，城市化导致的人口增加和开发建设是最主要的因素，例如取水打井、开挖山体破坏了山泉和地下水的正常存蓄。现在北京市人均水资源占有量不足 200 立方米，只有全国水平的 1/10，不到全球平均水平的 3%。2014 年以来南水北调工程为北京和周边城市地区提供了一条额外的供水生命线。

　　近年来，我国许多城市在气候变化和极端天气气候事件影响下，暴露出脆弱性突出、韧性缺失的一面。根据住房和城乡建设部的调研，2008—2010 年，全国 62% 的城市发生过内涝灾害，遭受内涝灾害超过三次以上的城市有 137 个。例如，2012 年 70 多年一遇的北京市"7·21"特大暴雨、2013 年百年不遇的浙江余姚水灾，突破历史纪录的极端事件超出了城市的应对能力，导致损失巨大。沿海地区是中国近十年来成长最快和最繁荣的地区，同时也遭受着台风、洪水、高温热浪、干旱和海平面上升等灾害风险的困扰。

专栏 5-2　极端天气气候事件与城市水灾

浙江余姚水灾：2013年10月7日，受台风"菲特"影响，浙江余姚遭遇严重水灾，24小时降雨量和警戒水位均创1949年以来最高纪录。尽管具有丰富的台风应急响应经验，百年不遇的强降水仍然令余姚措手不及，余姚21个乡镇、街道全部受灾，70%以上城区受淹，主城区城市交通瘫痪，受灾人口83.3万人，房屋受损较严重约2.6万间，转移人口6.2万人。水灾导致部分变电所、水厂、通信设备障碍，城市供电、供水、通信系统中断，直接经济损失超过200亿元。

北京"7·21"暴雨：2012年7月21日，北京市遭受了一场70年不遇的特大水灾。全市受灾人口160.2万人，因灾死亡79人，直接总损失116亿元，对城市交通、旅游、农林等产业链下游造成了一系列连锁影响。通过加强防汛预警预报的覆盖范围和传播途径、老旧社区排水防涝改造、改善城市排水系统，加强主要积水点和隐患排查、实施智能监测交通运行系统等举措，北京市提升了应对暴雨的韧性。2016年7月20日的一次类似强度和雨量的降雨过程，通过分区发布暴雨预警，预警命中率和提前量相比2012年都显著提高，不但未造成人员伤亡，而且通过雨洪利用实现了水库水资源补给的效果。

资料来源：中国国家气候变化专家委员会、英国气候变化委员会：《中—英合作气候变化风险评估——气候风险指标研究》，中国环境出版集团2019年版；宋巧云等：《提升城市韧性的案例与经验：以北京气象部门应对暴雨灾害为例》，载谢伏瞻、刘雅鸣等主编《应对气候变化报告（2019）：防范气候风险》，社会科学文献出版社2019年版。

专栏 5-3　中国大城市的气候变化脆弱性比较

中国四个直辖市（北京、天津、上海、重庆）都是人口超过1000万的超大型城市，从五个维度分析评估其气候变化脆弱性（见图1），可以发现这四个城市具有相近的社会发展水平，从综合脆弱度来看，上海和重庆相比北京和天津更高，主要表现在气候敏感性（如气象灾害损失率、气候敏感行业比重等)、人口脆弱性(如老龄人口比重、平均预期寿命、文盲率等)、生态脆弱性(如森林覆盖率、水资源等)及城市环境风险等方面。

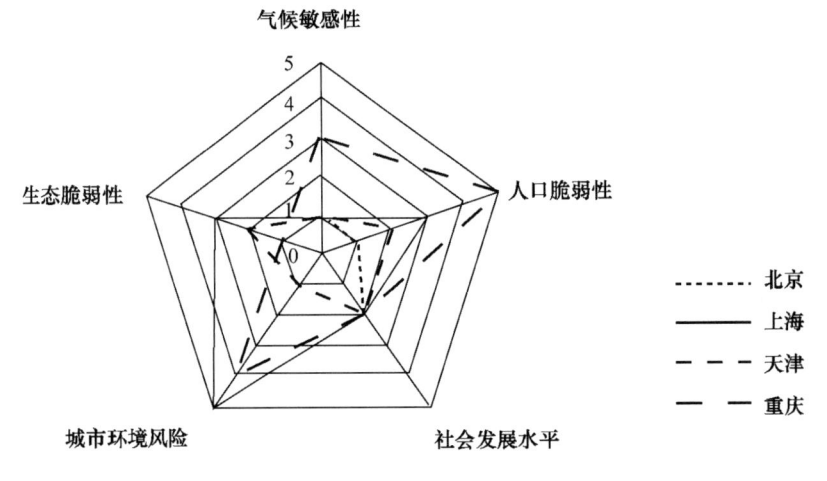

图1 中国四大城市的气候变化脆弱性

资料来源：Zheng, Y., Pan, J. H., "Fast Growing Countries and Adaptation", in ISSC and UNESCO, Anil Markandya et al. (eds.), *Handbook on Economics of Adaptation*, Routledge, 2014.

二 提升气候韧性的城市适应行动

(一) 韧性城市的内涵

韧性城市 (resilient cities) 是基于韧性理论、以可持续性为目标、具有前瞻性和系统性思维的城市发展理念。"建设包容、安全、有韧性的可持续城市和人类住区"是联合国《2030年可持续发展议程》中的重要目标之一。在全球气候变化的大背景下，雾霾、高温热浪、城市内涝等新型和复合型城市灾害加剧，许多城市的生命线屡遭威胁，城市的风险治理能力备受挑战，气候变化引发的城市安全问题日益突出。对此，国际社会提出了建设"韧性城市"、应对气候变化风险的理念。

专栏 5-4 基于适应性周期假说（Adaptive Cycle）的韧性城市分类

国内外学者近年来将适应性周期理论应用于城市这一社会—生态复合系统，分析了城市遭受自然灾害冲击后不同阶段的响应特征，及实现韧性转型的治理过程。

依据韧性理论中的适应性周期假说，选择全国 280 多个地级及以上城市，以暴雨致灾危险度和城市韧性指数两个指标，可将中国城市区分为韧性城市、低风险城市、脆弱性城市和高风险城市四类（见图1）。发现国家海绵城市、气候适应型城市试点案例在四类型中所占比重并不均衡，其中韧性城市和低风险城市占到海绵城市试点的 27%，属于"锦上添花"型试点；而脆弱性城市、高风险城市占到气候适应型试点总数的 93%，需要借助试点政策"雪中送炭"。

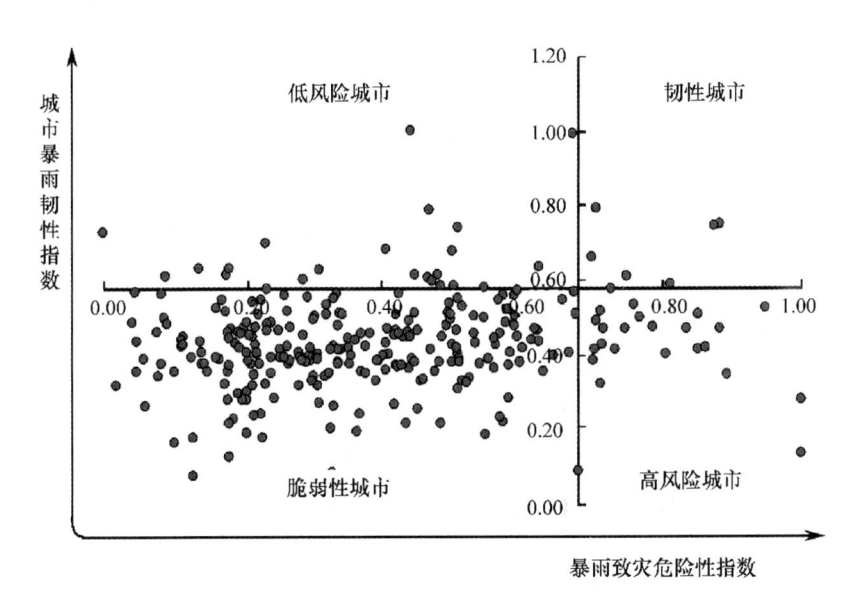

图 1 中国城市暴雨韧性分类

例如，发达的大城市大致处于第一象限，城市人口和经济规模趋近资源承载力的边界，各城市要素和子系统密切关联，成熟和高效以"锁定效应"

和韧性下降为代价,易于遭受内外部风险的冲击;第四象限代表城市遭受灾害冲击之后的混乱和应激状态,城市基础设施等系统功能被破坏、人才和资本流失,韧性降到最低;第二象限,随着系统不断恢复、创新和重组,韧性也不断提升;第三象限的成长&均衡阶段,韧性达到最大状态。第二、第四象限也可类比新建和发展阶段的中小城市,灵活性和塑造韧性的潜力较大。"全球100个韧性城市"项目在中国优先选择了中小城市试点,在于其更容易做出调整和改变。

资料来源:郑艳、翟建青、武占云、李莹、史巍娜:《基于适应性周期的韧性城市分类评价——以我国海绵城市与气候适应型城市试点为例》,《中国人口·资源与环境》2018年第3期。

(二) 韧性城市的政策实践

在全球韧性城市理念的推动下,一些城市以提升城市韧性为目标,制订城市适应计划。2013年纽约发布名为《建设一个更强大、更韧性的纽约》的城市适应计划,被称为投资力度最大最有深度的城市适应规划,让纽约被冠以"未来的韧性城市"之名。一些城市应用了新的"韧性"决策方法,取得了积极的进展,有些城市发现了传统决策过程和治理结构中制约创新和转型的一些问题。世界上大多数城市都将适应目标纳入了地方长期规划和部门规划,但是许多关键部门(如水务、废水处理、健康、建筑标准等)仍然处于城市适应行动的边缘地带;其他制度障碍包括:缺少资金和人员、各种优先事项彼此冲突、政府的短期目标、难以区分基础设施预算中的适应部分、决策管理者意识不足等。一项针对中国上海市相关决策管理者的调研也表明,资金和人力不足、部门之间缺乏信息沟通和协作机制、研究基础薄弱等,是提升城市综合适应能力的主要机制障碍。

建设韧性城市主要有三个途径:(1)改进基础设施和生态系统,减小气候变化的影响、脆弱性,避免连锁风险和系统失灵;(2)增强社会主体的适应能力,为其提供支持性的城市系统服务;(3)评估制度因素,减小容易诱发系统脆弱性的政策行动,增强决策参与和包容性。近年来,国际社会发布了一系列研究报告,对于城市地区的气候变化风险及其适应途径进行了深入分析(专栏5-5)。

专栏 5-5　国际社会对城市适应议题的最新认知

表1　　　　　　　　不机机构对城市适应议题的主要观点

机构	报告名称	主要观点
政府间气候变化专门委员会（IPCC）	《气候变化影响和适应：IPCC第五次气候变化评估报告》（"Climase Change 2014: Impacts, Adaptation, and Vulnerability", The Fifth Assessment Report of the Intergovernmental Panel on Climate Change）	●气候变化的许多全球性风险都集中在城市地区（中等信度）。提高恢复能力并采取可持续发展的措施可加速全球成功适应气候变化 ●改善住房、建设具有恢复能力的基础设施系统，可以显著减少城市地区的脆弱性和显露度 ●有效的多层次城市风险管理、将政策和激励措施相结合、加强地方政府和社区适应能力与私营部门的协同作用以及适当的融资和体制发展，有利于城市适应措施的实施（中等信度） ●提高低收入人群和脆弱群体的能力、权利和影响及其与地方政府的合作关系，也有利于城市适应气候变化能力的提高
联合国人居规划署（UN-HABTTA）	《全球人类居住报告：城市与气候变化：政策方向》（United Nations Human Settlements Programme, 2011）	●气候变化影响可能会对城市生活的诸多方面造成涟漪效应 ●气候变化对城市内不同居民造成的影响不同，性别、年龄、种族与财富均会影响不同个体与群体应对气候变化的能力 ●城市规划并未重点考虑未来区域划分和建筑标准的气候变化增量，这可能会限制基础设施适应气候变化的前景并危及居民的生命与财产安全 ●气候变化影响可能长期持续并波及全球
世界经济合作与发展组织（OECD）	《城市和气候变化 2010》（OECD, "Cities and Climate Change", 2010）	●城市有能力应对气候变化，而且可以作为研究应对气候变化创新方法的政策实验室 ●要将气候变化纳入城市政策制定过程的每个阶段，还可以运用金融工具、资助新的支出，提高城市应对气候变化的管理能力 ●通过制定制度，增加地方认知，加强行动的执行力，形成多层次管理框架，是应对气候变化城市管理中的另一项重要内容
世界银行（World Bank）	《城市与气候变化：一个亟待解决的议程》（World Bank, "Cities and Climate Change: Responding to an Urgent Agenda", 2010）	●完善的城市管理是实现可持续发展最重要的先决条件 ●目前发展中国家城市建筑与基础设施所进行的大量投资及其方式将决定未来几十年的城市形态与生活方式 ●世界上的许多重要城市已经在采取行动应对气候变化。比如，通过技术手段与区域规划来减缓、适应气候变化，并达到提供城市基本服务与减贫的目的

续表

机构	报告名称	主要观点
城市气候变化研究网络（UCCRN）	《城市气候变化研究网络第一次气候变化和城市评估报告》（"Framework for City Climate Risk Assesment", Urban Climate Change Research Network, 2009）	• 城市制定气候变化适应性方案需要考虑其所面临的主要气候风险，包括城市热岛、环境污染和气候极端事件等 • 报告预估到2050年雅典、伦敦、纽约、上海和东京等12个城市的温度将升高1℃—4℃。与以往相比，大多数城市将遭受更多、更长和更强的热浪影响 • 气候变化对城市的4个主要领域产生影响：区域能源系统、水供需和污水处理、交通和公共健康

资料来源：陈振林、吴蔚、田展、郑艳：《城市适应气候变化：上海市的实践与探索》，载王伟光、郑国光、巢清尘等主编《应对气候变化报告（2015）：巴黎的新起点和新希望》，社会科学文献出版社2015年版。

专栏5-6　国内的韧性城市政策试点

海绵城市试点：2015—2016年，住房和城乡建设部先后发布了30个国家级海绵城市试点，不少省市还开展了省级海绵城市试点。目前，全国已有130多个城市制定了"海绵城市"建设方案。海绵城市建设涉及诸多部门和领域，需要自然与人工相结合、蓝绿灰措施组合、大中小海绵统筹的系统治理措施。"蓝色"海绵技术包括河湖水系的保护、联通及调节，"绿色"海绵技术包括修建雨水花园、下沉式绿地及草沟等，"灰色"海绵技术包括雨水管网、泵站等。"大海绵"指的是对山水林田湖草的城市生态格局进行系统规划，小海绵是指绿色屋顶、透水铺装等源头控制及雨水管网的升级改造、调蓄设施建设等。"国家级海绵城市"试点工作由财政部、住房和城乡建设部、水利部共同实施，专项财政资金补助，加上地方政府的配套资金，投资规模为每平方公里1亿—1.5亿元，平均每个海绵城市将投入数十亿到数百亿元资金。

气候适应型城市试点：2013年国家发改委等9部门联合编制《国家适应气候变化战略》，要求地方省区市积极推动适应规划工作。2016年2月，国家发展改革委联合住房和城乡建设部出台了《城市适应气候变化行动方案》，并于2017—2020年开展了28个城市地区试点。

第二节 气候变化对农村地区的影响与适应

一 气候变化与农业经济

农业是深受气候变化影响的敏感行业,气候变化对农业经济的影响主要表现为对粮食系统的影响。气温波动、降水分布不均衡、极端天气气候事件频发不仅破坏农业生产,削弱农业人口的生计水平,还会通过市场影响到国家和地区的粮食安全。

(一) 长期气候变率对农业经济的影响

以温度和降水改变为主要特征的长期气候变化主要通过农业水热资源的时空分布变化、区域作物种植制度和生产结构改变以及农业病虫害加重等途径影响农业经济产出。

首先,气候变化显著改变农业经济生产活动直接依赖的光、热、水和土壤等自然资源要素。近50年来,以平均气温上升为主要特征的气候变暖加快了水文循环过程,加剧了降水量的季节、区域的不均匀分布。利用区域气候模式模拟的结果表明[1],中国农业气候资源在21世纪末期将发生显著变化,其中,黄河以南地区和西北地区≥10℃积温增加最明显,西北地区随着降水增加使干旱情况有所改善,而东南地区则因为降水增加不利于农作物生长。气温和降水的变化导致农业生产资源要素时空分布格局变化,进一步影响土壤含水量、矿物质和土壤有机质的含量,这些影响可能会降低土壤肥力,影响农作物的生长气候条件。

其次,长期气候变率对农业经济的影响还表现为区域作物种植制度和生产结构变化和农业病虫害危害。气候变暖导致热量资源增加,多熟制的农作物种植界线向高纬度、高海拔地区扩展;喜温作物和越冬作物的种植面积扩大;作物品种也向生育期更长、更耐高温的品种转变;大部分病虫发育历程缩短、危害期延长,粮食作物、蔬菜以及果树等园艺作物的病虫害都呈现加重态势。

(二) 极端天气气候事件对农业经济的影响

极端天气气候事件是发生在统计分布之外的小概率事件,通常分布在统计

---

[1] 汤绪等:《气候变化对中国农业气候资源的影响》,《资源科学》2011年第10期。

曲线两侧各10%的范围内，具有灾害性、突发性的特点。一些主要的极端天气气候事件，例如干旱、洪涝、低温冷害、高温、台风以及沙尘暴，每年都会造成一定程度的经济损失和人员伤亡，对于脆弱性较高的农业领域影响更大。极端天气气候事件有关的气象灾害占中国自然灾害的70%以上，其中旱灾、洪涝、低温冷害和台风等对农业的影响最大。

极端天气气候事件对农业经济的直接影响包括：农产品市场价值损失、人员伤亡和家庭财产损失以及农村地区社会福利方面的灾后救援投入和保险损失等。根据2004—2008年资料统计，中国每年因气象灾害导致的农作物受灾面积平均每年达到41×10^6公顷，直接经济损失平均约为2360亿元。基于柯布—道格拉斯（Cobb-Douglas）生产函数的气候经济模型分析表明，1994—2006年期间极端气候事件是影响中国农业经济产出变化的重要原因[①]，极端高温、极端低温、极端降水以及干旱的天数每增加1%，我国农业经济产出将分别下降0.112%、0.031%、0.033%以及0.047%。

间接经济影响是指极端天气气候事件对本地和其他地区相关产业部门在投入和产出方面的影响，其内在影响机制表现为直接经济影响通过地区产业部门之间的关联性进行传导和扩散，甚至可能进一步损害农业经济的长期增长（图5-2）。由于间接经济损失的评估需要借助投入产出模型、可计算一般均衡模型或者动态随机一般均衡模型等宏观经济学分析模型，计算结果存在一定程度的不确定性。以2012年北京市"7·21"暴雨为例[②]，暴雨灾害造成北京市直接经济损失高达116亿元人民币，农业部门经济损失近4.5亿元。直接经济损失通过经济系统内在的关联关系，导致企业生产力下降、居民收入减少，最终造成政府收入下降2.93%、政府储蓄减少14.03%以及投资总额减少380亿元。

二 气候变化与农业人口

（一）气候变化对农业人口的影响

气候变化将显著影响农业人口的生产生活水平，特别是位于偏远山区、

---

① 刘杰等：《极端天气气候事件影响我国农业经济产出的实证研究》，《中国科学：地球科学》2012年第7期。

② 吴先华：《恢复力减少了灾害的多少损失：基于改进CGE模型的实证研究》，《管理科学学报》2018年第7期。

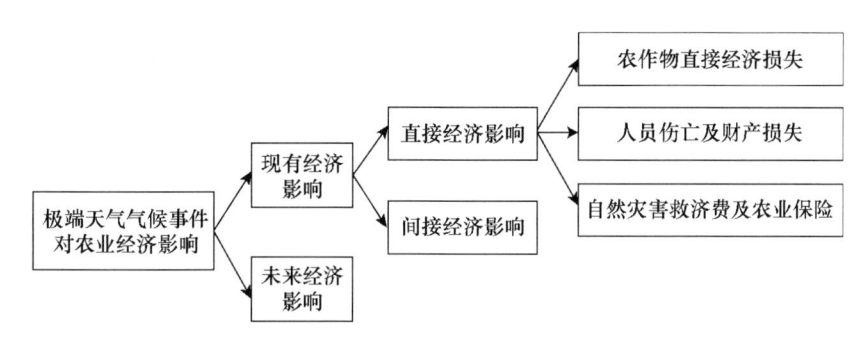

图 5-2 极端天气气候事件对农业经济影响

资料来源：冯相昭、邹骥、马珊、王雪臣：《极端气候事件对中国农村经济影响的评价》，《农业技术经济》2007 年第 2 期。

高寒地区、干旱半干旱和草原地区的农业人口更易遭受气候风险的直接冲击，降低这些地区人口的生计水平。气候变化的主要脆弱群体包括妇女、儿童、老人、务农为主的小农户以及长期患病人口，极易成为气候变化影响下的新增或返贫人口。气候变化导致农业人口致贫或返贫的作用机制可以分为宏观和微观两种影响途径。在宏观途径上，气候变化风险冲击往往导致全球性或区域性的粮食危机，引发食品消费支出和农业生产活动成本上升，损害农业人口的生计状况，进而催生出许多新的贫困人口。在微观途径上，气候变化主要影响农业人口的可持续生计水平，分别通过降低农村人口的物质资本、金融资本、自然资本、人力资本和社会资本水平，使其缺乏气候变化适应能力。

IPCC 第五次评估报告指出，在未来持续变暖的背景下世界许多地区气候灾害发生频率和强度都将增加，到 2030 年暴露在干旱影响下的世界人口将增加 9%—17%，暴露在河流洪水中的人口将增加 4%—15%，遭受疾病和健康风险影响的人数将增加 10%。世界银行研究报告《大冲击：管理气候变化对贫困的影响》的预测认为，如果采用有利于减贫的气候适应政策，则到 2030 年气候变化引发的新增贫困人口为 300 万—1600 万人，如果是消极和缺乏包容性的发展政策，则未来新增气候贫困人口将高达 3500 万—12200 万人[1]。

---

[1] World Bank, "Shock Waves: Managing the Impacts of Climate Change on Poverty", Climate Change and Development Series, Washington, D. C.: World Bank, 2015.

(二) 气候变化与中国农村贫困人口

中国集中连片特困区与生态脆弱区和气候变化敏感带高度耦合，气候变化高脆弱区域集中于农林牧交错区域、森林与石漠化过渡地带、森林与农地交错地带等生态脆弱区域。中国农村贫困人口的分布同样具有显著的地域性和集中分布特征，甘肃、云南、广西、重庆、宁夏、贵州、青海、安徽、西藏、广西、四川等省份是连片贫困集中地区，也是中西部地区自然生态环境脆弱和气候变化脆弱性最高的地区。

气候变化使中国农村地区存在两种类型的贫困：一是暴雨、洪涝、干旱等极端气候灾害导致粮食减产、农业收入减小引发的气候灾害型贫困；二是荒漠化、水土流失等长期气候和环境变化降低了气候要素的承载力导致的气候容量型贫困。世界银行的预测表明，在经济持续增长和气候持续变暖情景下，2030年中国新增贫困人口比例低于 0.01%；但在经济增长放缓情景下，气候变化将可能导致中国新增贫困人口的比例提高 0.01%—2%。

专栏 5-7　中国西部地区的绿洲荒漠化和气候移民

消失的楼兰古文明：罗布泊曾经是中国西北干旱地区最大的湖泊，湖面达 12000 平方公里，1800 年前，楼兰人在罗布泊边筑造了十多万平方米的楼兰古城，由于地质构造变化、全球气候干旱化，加之砍伐树木、填平湿地建造城市，使得楼兰古国逐渐变成戈壁沙漠，直至公元 4 世纪消亡。罗布泊在 20 世纪初面积仍达 500 平方公里，由于人类活动在上游塔里木河的过度开发，导致缺乏来水补给，最终于 1972 年干涸消失。

甘肃民勤县治沙行动：位于河西走廊石羊河流域和中国北方沙漠之间的一条狭长绿洲，在历史上曾经"湖泊涟漪、水草丰茂、可牧可渔"。20世纪 50 年代以来，农场开发、人口增多使得地表水日渐减少，干旱气候下打井抗旱进一步加剧了水资源恶化，沙进人退使昔日绿洲成为全国干旱和荒漠化最严重的地区之一。近 20 年来，民勤以治沙闻名于世。为了避免"第二个罗布泊"的命运，民勤实施了关闭机井、压减耕地、退耕还林还草及有计划地移民搬迁等措施，治沙初见成效。

三 农村地区适应气候变化

面对日益增长的气候变化风险,必须加强农村地区适应气候变化的能力,保持农业经济可持续发展。在未来社会经济情景中考虑气候适应有助于降低气候变化对农业经济的负面影响。基于20个全球气候模式和2类温室气体排放情景的预测显示(图5-3),如果以1976—2005年为参照标准,在仅考虑未来气候变化影响情景(CC)下2010—2099年农作物净收益和牲畜净收益将可能增加2%—4%,相当于每公顷增加大约2美元的净收益。在考虑未来气候变化和SPPs("CC+SSP1"到"CC+SSP5")情景下,农作物净收益和牲畜净收益的增长幅度分别达到38%和19%,相当于每公顷增加39美元和12美元的净收益。

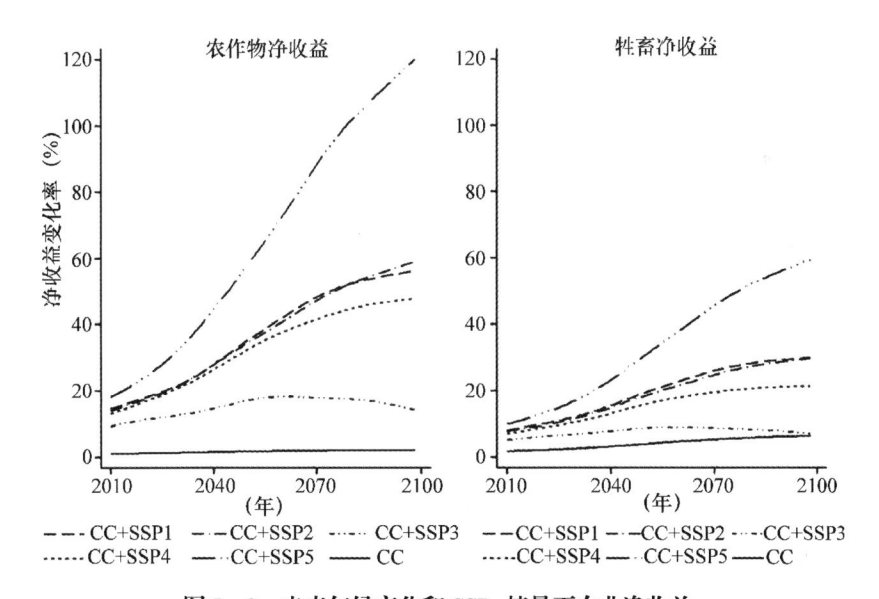

图5-3 未来气候变化和SSPs情景下农业净收益

资料来源:Mu et al., "Climate Impacts on Agricultural Land Use in the USA: The Role of Socio-economic Scenarios", *Climatic Change*, Vol. 144, 2017, pp. 329-345。

参照IPCC对适应的划分类型,农村地区适应气候变化可以划分为自主适应、主动适应和规划适应。基于对当地气候变化风险的感知,农业人口采取的自主适应包括：抢收抢种、增加灌溉、增加农业生产投入、家庭互助以及退出农业等措施；主动适应包括：调整耕作制度、选择农作物新品种、生计多样化、储蓄和信贷等措施；规划适应多由政府或国际组织负责实施，更加强调科学技术和基础设施建设等措施的重要性，主要包括：农业生产基础设施建设、农业保险制度、加强早期灾害预警系统、提高民众防灾减灾意识等。政府或市场提供的保险计划被世界银行和 UNFCCC 视为减少或分散气候变化风险和平抑消费波动的有效适应策略，可以帮助贫困家庭重新积累生计资产，减少落入贫困陷阱的可能性。

中国农村扶贫开发战略中尚未明确纳入适应气候变化内容，但越来越多的国内学者强调充分利用适应措施帮助农村脆弱人口应对气候变化风险的重要作用。例如"气候容量"或气候承载力等概念作为适应气候变化的核心测度指标，为中国西部农村地区由于生态环境承载力引发的气候移民提供了学理和决策支撑。通过辨析发展赤字与适应赤字、发展型适应与增量型适应等概念，可以为适应气候变化政策提供新的分析框架。其中"发展型适应"与国际上倡导的"以发展促适应"的概念和《中国农村扶贫开发纲要（2011—2020 年）》提倡的"开发式扶贫"的思想内涵具有一致性，突出了对农村地区加大发展型适应投入的重要性，以及协同推进适应与扶贫目标对于实现可持续发展战略的现实意义。总之，降低中国农村人口的气候变化脆弱性，需要将适应气候变化明确纳入地方经济发展或减贫计划，加强适应气候变化、灾害风险管理和农村减贫战略的协同政策设计，提升中国农村地区和农业人口的气候恢复力。

专栏 5-8　作为适应战略的宁夏气候移民

宁夏地处中国内陆半干旱与干旱区的过渡地带，干旱少雨，黄河水和地下水是宁夏的主要水源，水资源只有全国平均水平的 1/3，荒漠化面积占全区 44%，脆弱的生态环境对于气候变化尤其敏感。生存环境恶劣、极端灾害频发，"山大沟深、靠天吃饭、十年九旱、一方水土养不了一方人"是宁夏中南部地区的典型特征。长期贫困使中南部地区许多农村家庭不得不外出打工谋生，或者移民外乡。

> 20世纪80年代以来，宁夏政府有计划地实施了百万人的搬迁移民工程，政府主导的生态移民工程实现了多重效益，是一种主动的、有计划的适应行动。首先，通过异地搬迁和安置，有效地改善了中南部地区数十万贫困群体的生产条件和生活环境，成功地实现了扶贫目标；其次，南部山区移民搬迁之后实施的退耕还林和修建生态保护区，有效地改善了迁出地的生态环境，有助于防治荒漠化和水土流失；最后，生态移民也是适应气候变化的重要举措，通过将居住在山大沟深、交通不便、极端灾害频发的贫困山区人口搬迁到近水靠路的地区，有助于降低气候敏感地区的风险暴露度和农民群体的脆弱性。
>
> 未来气候变化影响下，移民新城依然面临着潜在的再移民风险。例如拥有19万人口的宁夏红寺堡是20世纪90年代为容纳生态移民而建的移民新城，这个荒漠绿洲完全依赖黄河引水工程，随着自发新移民不断涌入，人、地、水的矛盾日益突出。未来黄河径流的减少、极端干旱年份很有可能导致这些移民再次被迫迁移。在气候变化情景下，预测2020年红寺堡地区超出水资源承载力的人口将高达2.61万人。由于持续暖干化导致的沙漠化、盐碱化、水资源匮乏及人口增加，2020年宁夏中南部地区超载人口比重将达到67.2%，即使实施了生态移民工程，仍将有42万人的超载人口需要安置。因此，如何协同气候适应与减贫、城镇化和发展目标，将是中国许多西部欠发达地区的共同挑战。
>
> 资料来源：马忠玉：《宁夏应对全球气候变化战略研究》，黄河出版传媒集团、阳光出版社2012年版；潘家华、郑艳：《气候移民概念辨析及政策含义：兼论宁夏生态移民政策》，《中国软科学》2014年第1期。

第三节 气候变化对重点行业的社会经济影响与适应

气候变化对物质生产行业、水电与能源供给行业、重大工程及主要基础设施的影响已逐步显现并被观测到。对这些影响进行评价并选择合适的适应方法是必然之举。

一 水资源和供排水行业

(一) 影响

气候变化对水资源、水生态和水环境会在不同地区造成不同程度的影响。一方面是安全稳定的可供水量的减少,另一方面是人口和经济活动增加引发的需水量增大,会威胁到水安全。IPCC第五次评估报告指出:近80%的世界人口已经遭受严重的水资源安全威胁;未来平均气温升高1℃(相对于20世纪90年代),全球将有约8%的人口面临严重的水资源短缺;升高2℃,会影响全球约14%的人口;升高3℃,则影响约17%的人口。据未来中低碳排放(RCP 4.5)气候变化情景模拟的结果,中国水资源会减少近5%。

气候变化将减少许多地区水资源供给的总量和稳定性。气候变化预测显示,可再生地表水和地下水资源将显著减少,尤其在亚热带的大部分干旱地区和夏季。此外,高温、干旱、洪涝等极端天气引发灾害的风险增大,使水资源的利用率降低,加剧水资源短缺和供水能力的不稳定性;一些冷害天气还会加剧供水基础设施故障风险。例如,2008年1月,中国南方大范围地区出现极端低温天气,贵州省铜仁市的供水管网爆裂4700余处,制水设备冻坏452处,制水厂全部排泥装置被冻坏,城市供水管网几乎瘫痪。

气候变化对水资源需求的影响,主要表现为气温上升、降水减少及降水变率增大导致农业灌溉用水量、工业冷却用水量和居民生活用水量的增加,加剧行业间用水竞争。世界银行的研究表明,水资源缺乏使"全球GDP正受到严重冲击",如果现有水资源管理政策不出现根本性变革,水资源短缺预计将使中东地区的地区生产总值(GDP)减少14%,萨赫勒地带(位于撒哈拉沙漠南部和非洲中部的苏丹草原之间)的GDP减少近12%,中亚地区的GDP减少近11%,东亚地区减少约7%;如果将所有地区都纳入考虑范围,水资源匮乏将给全球GDP造成的整体损失大约为6%。

(二) 适应

水安全及水资源可持续利用是关涉生态安全与可持续发展的重大议题。气候变化给水资源利用及供排水行业带来机遇和挑战,需要加强水资源供给侧和用水需求侧的管理。以应对干旱的水资源适应需求为例,2010—2013年中国东北和华北地区对干旱的适应成本大约为1000亿元人民币,预计全中国的适应成本将达到5000亿元人民币,年均250亿元。这将要求我国在抗旱节水方面的投资比现有水平增加60%。

水资源供给侧的适应措施主要是通过采用工程和技术的手段来提高水资源的可供给量，以此来缓解水资源短缺的矛盾，如区域间调水工程或跨流域调水工程、兴修水利设施提高雨洪利用率、开发新水源（如海水淡化）、废水净化等。基于我国7省的实地调研显示，大型、中小型水库或者水塘的建设能显著减少农户受灾的概率和减产的程度，利用水泵提水在抗旱过程中也发挥了不可忽视的作用。此外，还可从丰水地区进口粮食等需水量大的产品来缓解本地的缺水问题。

水资源需求侧的适应措施主要是运用水资源政策、制度和管理的手段或采用节水技术来减少水资源的需求。例如，节水农业的发展使我国的亩均农业需水量持续下降，已从1997年的492立方米/亩降为2017年的377立方米/亩，20年下降了23.37%。

专栏5-9 应对气候变化的水资源适应性管理

在气候变化和城市化雨岛效应影响下，许多位于北方干旱和半干旱地区的城市因为强降水导致城市型水灾。对此引发城市管理者和水利专家反思水资源管理理念，提出量水发展理念、加强气候风险规划、提升雨洪水资源利用等建议。

"上善若水，水利万物而不争"，"水利"这个词凝聚了中国古人的智慧。暴雨洪涝既可以酿成巨灾，也能变灾为利，把雨洪资源加以利用。例如，近年来北京暴雨频发，日降雨量常高达70mm以上，重现期20年以上。北京市2012年、2016年先后发生了两次近百年不遇的强降雨过程，其中2012年7月21日暴雨总历时短、强度大，强降雨持续19小时，最大1小时雨量超过70mm的监测站达19个。2016年7月20日暴雨历时长、强度小，强降雨持续55小时，最大1小时雨量56.8mm，最大24小时雨量超过历时极值的达17个监测站。与"7·21"暴雨造成巨大的人员伤亡和经济损失相比，"7·20"暴雨由于预警及时、实施分区域精细化防御、启动了水资源调度预案，得以趋利避害、成功应对。由于"7·20"暴雨雨势稳定，累积雨量大，北京全市主要水库上游河道均出现洪峰，十三陵水库等多个水库实施了生态调度（即在满足城市基本需水要求之下，最大限度地保证生态系统的需水要求),通过为水库、河道补水,地下水位持续回升,有效利用了雨水资源。

资料来源:赵小伟、王亚娟、赵洪岩、安绍财:《北京市"2016-7-20"暴雨与"2012-7-21"暴雨对比分析》,《北京水务》2017年第4期。

二 能源活动及电力行业

(一) 气候变化对能源与电力行业的影响

气候变化对能源活动各个环节(从供给/生产到需求/消费)都会产生影响,但影响方式和影响程度大不相同,其中对火电生产和生活能源消耗的影响最大。

气候变暖及极端天气事件对能源生产、转换和运输的基础设施造成损坏,导致能源生产供应暂时受阻或中断,形成安全威胁。专栏5-10中的两个案例是极端低温和极端高温对能源生产和供应影响的典型事例。

专栏5-10 极端低温和极端高温对能源供应的影响及经济损失评估

2008年1月10日至2月初我国先后出现4次大范围持续雨雪冰冻天气,导致电力设施损毁严重,13个省(区、市)输配电系统受到影响,170个县(市)的供电被迫中断。中,受灾最严重的湖南、贵州电网,500千伏主网架大范围停运或基本瘫痪,西电东送通道中断。据不完全统计,这次冰雪灾害给湖南省电网造成的直接经济损失超过16亿元;电力供应故障42天造成湖南国民经济的间接损失达65.2亿多元。

2003年8月14日开始的长达10天的"美加大停电"事件,始于美国中西部高温天气地区。它导致美国东北部和加拿大东部互联电网发生大面积停电,约5000万人受灾,至少8人因此死亡;至少有263座发电厂(包括22座核电站)的531台机组在8月14日事故中停运,累计损失负荷6180万千瓦;美国估计经济损失高达300亿美元,加拿大估计仅安大略省的损失就达50亿加元。

资料来源：胡爱军、李宁、史培军等：《极端天气事件导致基础设施破坏间接经济损失评估》，《经济地理》2009年第4期；蓝毓俊：《2003年世界上几起大停电事件的经验、教训和启示》，《电力设备》2004年第12期。

气候变化对能源消费影响，以气温变化对能源需求的影响最显著。气温过高或过低都会影响能源消费需求，国内外气象和能源部门都做过量化的影响测算。以中国城镇居民电力消费为例，气温每升高1℃，南方城市降温耗能变化量一般为30%—70%，北方城市多在40%—120%之间，即居民为了降温，必须多支出30%—120%的能源开支。美国洛杉矶的气温每增加0.56°C，空调电能增加20%；美国为缓解城市热岛效应增加的温度每年要多支出高达100亿美元的能源成本。

（二）能源与电力行业对气候变化的适应

能源活动及电力行业对气候变化的适应主要从两方面进行，一是能源生产与供给侧对气候变化的适应，二是能源消费侧的适应。

能源生产、供给侧的适应对策包括：（1）调整供给能源的结构，提高能源供给的多样性，增加天然气、水电、风电等清洁能源的生产，提高其在能源消费中的比重。中国是能源生产大国，从中国的能源生产来看，自2000年以来，石油和煤的产量比重持续下降，而天然气、水电、核电、风电等清洁能源的产量比重已从2000年的10.2%上升为2018年的23.5%，其中，可再生清洁能源比重从7.7%上升为18.0%。（2）提高能源生产与供应的基础设施适应极端天气的能力。对于新建基础设施，尤其是寿命较长的大型电力基础设施，选址、设计以及运行等都要考虑到当前以及未来的气候状况；针对既有基础设施要加强维护或改造，提升这些设施的气候防护能力。例如，暴露在地面上的配电设施容易遭受暴雨、雷电、冰冻、雨、雪等极端天气事件的影响，可代之以铺设地下或海底电缆减少极端天气事件对供电设备的影响。

能源消费侧适应气候变化，重点在于降低气候变化对能源消费产生的限制与影响，主要措施是：（1）改善能源消费结构，提高清洁能源、可再生能源比重，改善能源消费的多样性。以中国这个世界能源消费大国为例，自2000

年以来，在能源消费中，清洁能源和可再生能源的比重持续上升，已分别从 2000 年的 9.5%、7.3% 提升至 2018 年的 22.1%、14.3%。截至 2010 年，欧盟可再生能源（包括水电、风能、太阳能和生物质能）占欧盟总能源消费的 12.4%，2010 年 11 月，欧盟发布《能源 2012：寻求具有竞争性、可持续性和安全性能源》，提出到 2020 年可再生能源将占欧盟能源消费的 20%。(2) 强化节能技术，降低经济增长对能源消费的依赖程度。节能技术的成效是显著的，如节能技术的使用使 2016 年中国的万元 GDP 能耗比 2000 年下降了 60%。(3) 开发清洁新能源，如发展核能、风能、太阳能等等。

三 建筑业

（一）气候变化对建筑业的影响

气候变化通过建筑材料、建筑结构、建筑施工环境和建筑能源消耗等方面对建筑的设计标准、建造技术、施工难度及建设成本产生影响。例如，降水增大、气温升高和强烈日照、二氧化碳浓度增大都会影响建筑材料的寿命、结构和安全性；气温变化可能会造成混凝土中水分蒸发过快或过慢，影响浇筑质量，大体积混凝土施工时可能出现温差裂缝；长时间的低温天气对施工的技术措施、工期和材料的运输储存、现场的安全、从业人员健康等都有很大影响，导致工程延期；大风会给大型设备的安装和使用带来安全隐患。

全球气候的变化必然会引起部分地区的采暖期缩短或制冷降温期延长，增加建筑物的能耗。据统计建筑物修建及维护所耗能源约占全球能源消耗总量的 1/3 以上。为了减少建筑能耗和污染物排放，可以改进建筑设计，采用新材料。气候变化还能影响建筑的基础，从而影响建筑物的安全。

（二）建筑行业对气候变化的适应

目前，建筑行业主要从施工环境管理、建筑材料、建筑结构三个方面的技术改进来适应气候变化带来的影响。例如，针对施工地区的气候及天气，合理调度及采取应急措施来规避气候影响。选择对气候变化敏感性小的建筑材料和建筑结构，如在沿海或洪涝多发区，需要选择防水性能好、耐浸泡、抗盐碱侵蚀的建筑材料；结构合理的建筑能较好地适应气候变化，如伯丁顿低碳社区的建筑结构。

专栏 5-11　伯丁顿低碳（零能源）社区案例

英国的伯丁顿社区位于伦敦南部萨顿市伯丁顿地区，整个项目占地 1.65 公顷，包括 82 套公寓和 2500 平方米的办公和商住面积，有办公场所、商店、咖啡屋、健康中心和幼儿园，2002 年完工的该社区在建筑设计中兼顾办公与住宅，通过一系列低碳设计实现了"零能源发展"，成为引领英国低碳城市建设的典范。

伯丁顿社区的建筑物所需的电力和热力供应不使用传统能源，采用的所有建筑材料均可循环使用。为尽可能减少建筑物能源使用量，建筑物的朝向、内部结构的设计都以能最大限度吸收太阳能量为目标；室内均安装能耗低、效率高的电器产品；通过绿化屋顶减少热辐射。社区垃圾在厨房里就开始分类，先进的生活垃圾焚烧和发电装置的使用，不但解决了小区内的垃圾处理问题，而且还能为小区居民提供热能（如蒸汽、热水等）并为这里的办公室和家庭供暖。高效的环保保温材料使得室内温度在不使用空调的情况下达到夏季为 20℃—25℃，冬季为 10℃—15℃。

水循环和过滤技术的使用，大大降低了小区居民对自来水的需求，小区内居民的用水量是普通住宅居民的 1/3。

为了减少交通能耗，社区离地铁仅 20 分钟的路程，居民可使用俱乐部的电动汽车到达地铁站（安装在建筑物上的太阳能电池板为 40 辆电动汽车充电）。此外，居民也可租借自行车短途出行。

由于采用了世界上最先进的太阳能技术，加上垃圾焚烧所产生的热能，使小区居民的用电基本可以做到自给自足。这些综合节能措施，使得这里建筑物的电力和热能需求只有普通建筑的 10%。

资料来源：秦爱丽：《英国伯丁顿社区零能源发展（ZED）模式》，《地理教育》2005 年第 5 期。

四　交通运输行业

（一）气候变化对交通运输业的影响

交通运输行业是包含人员、车辆、道路基础设施的复杂系统。气候变化将导致更频繁、更具有破坏性的灾害性天气事件出现，将对客运与货运对象、运行车辆和道路桥梁等基础设施产生直接或间接的影响。其中，直接影响主要是气象灾害及次生灾害直接损坏交通运输设备、基础设施等，危及水运、陆地交通、航空运输等的安全运行；间接影响包括对上下游行业的影响，如交通燃油、旅游业、物流等经济活动，以及通过人口和货物的流动产生灾害链效应，甚至通过适应气候变化的交通规划影响到城镇人口和产业的布局、农产品市场与贸易活动等。

交通基础设施通常设计寿命较长，如铁路桥一般为 100 年，故交通基础设施受气候变化的影响较大。例如，气候变暖会影响冻土区交通基础设施的稳定性和安全性，最直接的影响就是使铁路（公路）的路基开裂。俄罗斯的《气候变化评估报告》指出全球性气候变暖使中西伯利亚和西西伯利亚地区的冻土退化明显，该地区 50 年来平均地温升高了 0.4℃—0.7℃，严重影响了亚欧铁路路基的稳定性。气候变暖导致青藏高原的多年冻土退化，我国青藏铁路的地基承载力受到不利影响，每年出现数十次路基开裂，加剧青藏铁路运行风险。高速铁路的施工建设和运行也受到气候变化的影响。我国是世界上高速铁路投产运营里程最长、在建规模最大的国家，2019 年底高速铁路营运里程达到 3.5 万公里。气候变化导致极端天气增加，对我国高速铁路运行安全造成的威胁也相应增大，其中，大风和雷电是对我国高速铁路影响最大的天气类型，近年来受其影响出现晚点或事故等情况时有发生。例如，2013 年 4 月 6 日，从武汉出发的武广高铁列车遇上大风，车速降至每小时 250 公里，造成当日 19 趟高铁晚点；2011 年 "7·23" 甬温线特别重大铁路交通事故，则是由于暴雨雷击引起信号设备故障，导致两列高铁列车发生追尾，造成严重人员伤亡。

极端天气及由其引发的自然灾害对交通基础设施及交通运营有巨大影响，每年造成数以亿元计的直接和间接经济损失。其中，航空和水上运输常常因为极端天气导致交通延误或中断，铁路和公路交通所受影响相对较低。海平面上升、风暴潮、大雨等灾害毁损交通基础设施，加剧了港口和沿海军事设施的风险；一些大型机场也易遭受风暴潮影响。暴雨洪水是影响我国公路交通的最主要自然灾害；大风和沙尘暴常造成飞机不能正常起飞或降落，使汽车、火车停运或脱轨，机场关闭，引起交通混乱、事故频发。大雾天气下的事故发生率一般为正常天气下的 5—10 倍，尤其是高速公路，在大雾天发生事故危害性更大。

（二）交通运输业对气候变化的适应

为了适应气候变化，交通部门采取了大量的适应措施。例如，提高交通运输设施应对气候变化的能力，包括：强化沿海地区交通运输应对海平面上升的防护对策，提高沿海城市交通设施和重大工程设施的防护标准，提高港口码头设计标高；进行公路安全防汛、公路和铁路的安全养护，机场基础设施建设时考虑未来可能发生的极端天气，以提高机场基础设施适应未来气候变化的能力等；加强极端天气气候事件的监测和预警能力建设，建立相应的极端天气灾害及其次生灾害应急机制，积极完善预警管理机制，建立相应的气候与气候变化综合观测系统；制定新的交通运输建设标准，等等。

五 重大工程

全球气候变化，特别是升温、降水强度增加以及极端天气气候事件频发，会通过影响重大工程设施本身、重要辅助设备以及重大工程所依托的环境，从而进一步影响工程的安全性、稳定性、可靠性和耐久性，并对重大工程的运行效率和经济效益产生一定影响。

气候变化还对重大工程的技术标准和工程措施产生影响。以水库大坝为例，全球变暖背景下，由于暴雨、干旱、持续性高温、低温等极端天气事件会使大坝安全系数降低。国际大坝会议"关于水坝和水库恶化"小组委员会记录了1100座大坝失事事例，根据1950—1975年大坝失事概率和成因分析，认为30%左右的大坝失事事件是由遭遇超过预期的特大洪水、设计洪水偏低和泄洪设备失灵引起的。因此，水利工程的设计标准有待进一步提高。

专栏5-12 气候变化对重大工程的影响

案例1：气候变化对三峡水库运行的影响

三峡工程是关系国家社会经济发展的重大工程，是当今世界上最大水利枢纽工程之一，兼有防洪、发电、航运等功能。水库总库容达393亿立方米，可调节防洪库容221.5亿立方米，能有效拦截长江三峡以上河段来的洪水，大大削减洪峰流量，将使荆江河段防洪标准从"十年一遇"提高到"百年一遇"。

《三峡工程气候效应综合评估报告》指出：近50年三峡库区年平均气温呈上升趋势，降水减少，但三峡水库对区域气候的影响范围一般不超过20平方公里。气候变化对三峡工程以及三峡库区的影响涉及防洪减灾、能源安全、水资源管理、生态环境保护和区域经济发展各个方面。

未来气候情景下，三峡水库区域降水量变化不大，但径流量减少、蒸发量增加、极端气象干旱或强降水事件等将影响三峡库区的水资源时空分布及稳定性，增大库区突发泥石流、滑坡等地质灾害风险，危及水库大坝安全，加剧水库调蓄、防洪及运行风险。

气候变化还将改变库区的区域气候效应，并引起三峡水库库区及以下河段水生态环境的变化。例如，如果三峡库区及其上游地区降水量减少，导致三峡水库出水量减少，将会加剧下游输沙量的减少，加剧河岸侵蚀，使长江三角洲逐渐退化加速，影响三角洲海岸带生态系统。

面对未来各种不确定的气候变化风险，三峡水库从工程技术措施到政策管理和制度设计等方面进行全面考虑，以确定减小运行风险的方法。例如，借鉴国际水库的适应性管理技术，提高长江流域暴雨洪水的中长期预报的准确率，实现三峡水库与上中游干支流水库和中下游分蓄洪区的联合调度，协同水库发电、防洪、旅游、生态等综合效益等。

案例2：气候变化对南水北调中线工程的影响

南水北调工程是我国实现水资源南北调配、东西互济格局的重大工程，兼具水资源调配、蓄水、发电、改善沿岸生态环境、防灾抗旱等多种功能。气候变化会影响丹江口水库流域降水量和径流量，从而影响这一区域性水资源配置，包括与调水工程相关的防洪、蓄水标准都需要进行适应性调整。

中线调水工程设计是依据丹江口水库1954—1998年年均入库径流量387.8亿立方米制定。而1999—2007年丹江口水库实际年均入库径流量为316.0亿立方米，比规划时期减少了71.8亿立方米；考虑到汛期来水占总水量的80%，因此，这一变化可能会导致某些年份或某些干旱月份无水可调。未来气候变化对丹江口水库流域的影响预估有两种可能情景：一是南水北调中线工程水源区与基准期（1954—1998）相比，气温将持续增高，年降水量将增加，未来气候变化对南水北调中线工程水源区径流变化影响不大；二是汉江流域来水量减少、南水北调工程调水压力增加，平均入库径流量1990—2012年相对1954—1989年减少21.5%，可能导致南水北调中线工程在某些年份无水可调，从而对调水工程的基础设施和需水地区的经济造成巨大影响。

中线调水工程对气候变化的主要适应举措是：提高水资源利用效率和推广节水措施。例如，对南水北调工程进行实时调度和动态调水管理，加强汉江流域水生态和水环境保护、提高水资源调入区的水资源利用效率等。

资料来源：矫梅燕主编：《三峡工程气候效应综合评估报告》，气象出版社2014年版；第三次气候变化国家评估报告编写委员会主编：《第三次气候变化国家评估报告》，科学出版社2015年版；张利平、秦琳琳、胡志芳等：《南水北调中线工程水源区水文循环过程对气候变化的响应》，《水利学报》2010年第11期。

六 旅游业

（一）气候变化对旅游业的影响

气候资源及依赖特殊气候条件形成的景观、生态环境、农业是重要的旅游资源，例如，地中海地区的阳光、高纬度地区寒冷冬季的冰雪、热带雨林气候和热带雨林景观等都是优质的旅游资源。故气候变化对全球与区域旅游业会产生直接和间接的负面影响（图5-4），导致旅游业受损。

气候变化对旅游业的直接影响，首先表现为极端气候事件发生频率的增加、影响范围扩大、影响持续的时间延长，导致旅游活动中断或暂停。例如，受2008年雪灾影响，广东、江苏客流量损失分别达到11.7万人次和5.6万人次。其次，气候条件的改变会影响旅游季节的长短、客流量的年内变化和空间分布，从而影响旅游产品的品质、运行周期等。例如，2018年3月，日本多地气温异常升高导致樱花提前开放，影响了原定的各种赏樱旅游活动。最后，气候变化会影响出行的舒适度，从而影响人们对旅游产品、旅游地的选择。如气候变暖使海南岛等亚热带地区的夏季更加炎热，旅游舒适度下降。

气候变化对旅游业的间接影响，一是气候变化引起环境的连锁变化使旅游

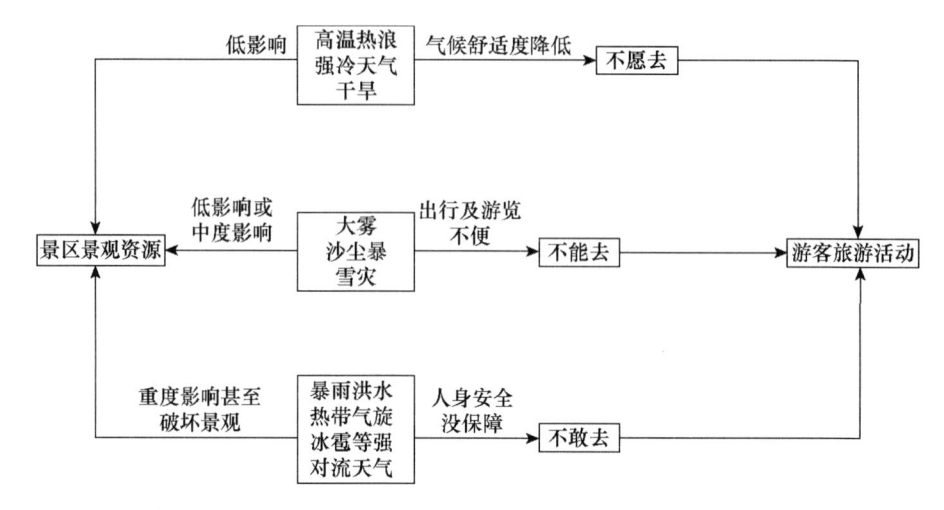

图 5-4 极端天气气候类型及其对旅游业的影响机制

资料来源：马丽君、孙根年、马耀峰等：《极端天气气候事件对旅游业的影响——以 2008 年雪灾为例》，《资源科学》2010 年第 1 期。

资源等级下降或完全丧失。如气候变暖及降雪减少，会影响山地滑雪场的质量，欧洲近十余年来屡屡遭遇"暖冬"，许多滑雪场受到影响；二是气候变化对当地动植物产生影响，导致某些特殊的观赏动植物的消失，或影响某些特色食物资源的数量、质量；三是极端气候事件导致景区关停。例如，黄山风景区因雨雪冰冻天气在 2018 年冬季临时关闭导致的损失达平均每天 450 万元。

气候变化对某些旅游资源和旅游活动也会带来有利影响。首先，气候变暖使一些地区的适宜旅游季增长。福建地区秋冬季是旅游淡季，但随着气候变暖，秋冬季气温上升，使湄洲岛 2014 年的冬季游客量创历史新高。其次，一些新的旅游项目因气候变化带来的影响应运而生。如在评选出因为全球变暖而即将消失的"世界十大即将消失的景点"后，一些旅行社开发了"末日旅游"产品来吸引游客，其中因全球变暖、海平面升高而逐渐缩小的南北极和马尔代夫的旅游项目最吸引游客。

（二）旅游业对气候变化的适应

旅游业在适应全球气候变化领域可以开展许多行动。例如，加强旅游行业应对气候变化影响的科普宣传与研究；针对重点旅游地加强防灾减灾规划和应急预案，重新评估一些旅游景区的气候风险与防护标准，增加旅游设施对极端天气的耐受程度；发掘气候变化给旅游业带来的新的资源和机会；鼓励游客出行时选择环境友好型交通工具和旅游活动，等等。

生态旅游对自然地理环境和气候资源的品质要求较高，基于气候要素、气候舒适度的气候区划可为开展生态旅游提供支持。因此，一些省市的气象部门推出了旅游地气候综合舒适度指数，包括温/湿度指数、风效指数和着衣指数等，为旅游者提供信息指南。一些研究划分了气候舒适区，开展了国家气候标志城市评定，有助于开发利用气候资源，推动旅游业的发展（专栏5-13）。

专栏5-13 国家气候标志

国家气候标志是由独特气候条件决定的气候宜居、气候生态、农产品气候品质标识。目前国家气候标志评定分为气候宜居类、气候生态类、农产品气候品质类。国家气候中心开展了气候标志城市的评定。2018年，浙江建德市、内蒙古阿尔山市分别被评定为首个中国气候宜居城市、中国气候生态市。中国气候宜居城市评价标准是在气候禀赋、生态环境、气候舒适度、气候景观、气候风险等方面的指标优良率超过90%。例如，建德的气候要素适宜，人体舒适时间长；气候风险较低，气象灾害损失少；空气质量优，气候生态环境好；气候景观丰富，旅游度假气候适宜期长；气候资源丰富，农产品气候品质高。

七 自然资本与生态系统服务价值

可持续发展经济学分析中所使用的自然资本是指能够在现在或未来提供有用的产品或服务的自然资源及环境资产的存量。自然资本包括自然资源产品和生态系统服务两大部分。其中，自然资源产品的价值在市场中是可见的，可直接进行估算；而生态系统服务的价值是外在于市场的，只能通过间接的环境价值评估方法估算。联合国《千年生态系统评估报告》（*The Millennium Ecosystem Assessment*）（2005）认为生态系统服务是人类从生态系统中获得的惠益，包括以下几类：（1）生态产品供给功能（Provisioning services）：指人们能够从生态系统中获得的食物、生物燃料、纤维、建筑材料、水源、药物和基因资源等；（2）生态环境调节功能（Regulating services）：指生态系统的空气净化、减灾防害、气候调节和水质净化等功能；（3）生态支持功能（Supporting services）：指形成初级生产力、制造土壤和氧气的功能；（4）生态文化功能：提供精神享受、娱乐、教育和美学功能；（5）生物多样性：包括特定生态系统及其生物结构和功能的组合。

自然资源产品与生态系统服务功能对气候变化有较高的敏感度。由于生态系统适应气候和环境变化的周期比较长，加之许多独特和敏感生态系统的脆弱性较高，目前研究结果大多认为气候变化对许多生态系统服务功能及其价值具有较为不利的影响；但也对一些地区有积极的影响。例如，中高纬度地区冻土层融化会增加可耕作土地面积、森林等植被覆盖范围也会因生长季节延长、气候带延展而增加。在全球气候和环境变化、人类活动加剧的叠加影响下，生态系统服务正在面临严峻威胁。联合国大会2019年3月初发布《2021—2030联合国生态系统恢复十年》决议，指出目前全球土地和海洋生态系统的生态服务功能正在退化，全球的自然资本正在减少，影响到32亿人的福祉。

（一）气候变化对生态系统服务及自然资本的负面影响

以全球变暖为主要特征的气候变化已导致某些区域的生态系统服务功能退化和生态系统服务供给水平呈下降趋势。全球退化生态系统的面积已占到全球陆地总面积的30%，威胁到30亿人口的生存环境，全球为此每年投入生态系统恢复的经济成本高达3000亿美元。而气候变化引发的极端天气气候事件加剧了生态系统价值的损失，影响自然资本的稳定性与生态资源的可持续利用。2013年7—8月间中国长江中下游地区有11个省市遭受百年一遇的干旱和高温热浪，导致该区域植被生产力下降约40%。

在气候变化与人类活动的共同影响下，荒漠化、水土流失、石漠化、盐渍化及冻土退化等生态风险加剧，成为未来人类可持续发展的主要挑战。中国40年的高速城市化和快速经济发展持续加剧了生态系统的退化，距离生态文明建设的"生态安全、环境友好、资源永续"的要求还有很大差距。中国的生态资源总量有限、脆弱性突出，草地、森林、农田、荒漠占陆地生态系统面积的82.8%，其中生态环境高度敏感区占全部国土面积的40.6%，生态环境脆弱区占全部国土面积的60%以上，导致我国生态系统的生态服务功能严重不足，优质生态产品匮乏。例如，中国人均森林覆盖率只有世界平均水平的

1/4，人均森林蓄积量仅有世界人均水平的1/7；国家林业局《2015年中国荒漠化和沙化状况公报》指出，中国荒漠化总面积约占国土面积的27%，主要分布于西部干旱和半干旱地区。

《2021—2030联合国生态系统恢复十年》的评估数据表明：生态系统中的特有物种及生态系统服务丧失的代价已占每年全球生产总值的10%；为农业生产尤其是粮食生产提供大量必要服务的关键生态系统（包括淡水供应以及为鱼类等物种提供栖息地的生态系统）正在迅速减少，地球上约20%的土地呈现生产力下降趋势，这与世界各地的土壤侵蚀、损耗和污染有关；到2050年，关键生态系统退化和气候变化将使全球作物产量减少10%，在某些区域可能减产50%。

专栏 5-14　气候变化对不同生态系统与生物多样性的影响

气候变化影响下，不同类型的生态系统具有不同程度的脆弱性表现。(1) 海洋：气候变化对海洋生态系统服务及海洋捕捞业的影响尤为显著，据研究，在 CO_2 高排放情景下，全球渔业收入可能下降35%。(2) 湿地：极端天气、气温和降水量的异常变化，会导致湿地生态系统的水环境遭到破坏，影响湿地生态系统的稳定性，导致湿地面积减少、生物多样性受到严重威胁，甚至脆弱湿地生态系统面临崩溃。(3) 森林：温度升高导致的干旱以及相关次生灾害（火灾、病虫害、生物多样性减少等）将降低森林生态系统生产力，极端降水和气温变化异常将增加病虫害发生频率，进而降低森林生态系统服务供给水平。(4) 草地：脆弱的草地生态系统极易受气候变化的影响，如1961—2016年青海共和塔拉滩草原因气候暖干化导致草原荒漠化进程加快，草地牧草产量持续下降，给当地畜牧业生产和牧民生计带来很大损失。(5) 农田：气候变化通过气象要素和气象灾害影响农业生态系统的稳定性，使粮食生产的不稳定性增大，影响人类的食物安全；如全球气候变暖使得亚热带半干旱地区降水愈加稀少，导致该区粮食生产能力的下降。

中国学者的研究表明，近50年来气候变化对两栖类、爬行类、鸟类、哺乳类物种影响的贡献率在5%左右；对中国2365个县的物种调查发现，从

1950年到2000年间，中国252种保护动物中有27.2%的物种已经消失，其中哺乳类、两栖和爬行类、鸟类，消失比重分别高达47.7%、28.8%、19.8%。在未来气候变化影响下，到2050年，将有5%—30%的动物物种面临较高濒危风险，面临较高濒危风险的野生植物则占评估植物数的10%—20%。例如，中国特有濒稀物种大熊猫、川金丝猴的适宜生境面积将分别减少1/3甚至1/2以上。

资料来源：第三次气候变化国家评估报告编写委员会主编：《第三次气候变化国家评估报告》，科学出版社2015年版；Lam V. W. Y., Cheung W. W. L., ReygondeauG., et al., "Projeeted Change in Global Fisheries Revenues under Climate Change", *Scientif Reports*, Vol. 7, No. 6, 2016, p. 32607；吴建国等：《气候变化影响与风险——气候变化对生物多样性影响与风险研究》，科学出版社2017年版。

（二）气候变化对生态系统服务及自然资本的积极影响

一般认为，全球变暖对生态系统服务功能的有利影响主要表现为二氧化碳的"化肥效应"，即二氧化碳浓度的升高能够提高多种植物的生物量，也使一些濒危物种的存活率有所升高。自20世纪80年代初以来，卫星观测数据表明全球植被覆盖率普遍增大，科学家推测至少部分原因是源于地球大气中二氧化碳浓度的增加。在未来升温情景下，我国森林生态系统服务总价值均呈增加趋势，且东部地区增幅大于西部地区，南部地区增幅高于北部地区。世界银行的《适应气候变化的经济学：生态系统服务》[①]指出：气候变化会在一定程度上减少发展中国家对木材与非木材生物质燃料的需求，从而相应减小森林生产力的压力及适应成本。一般情况下，农田生态系统的初级生产力在大气二氧化碳浓度增加条件下将有所增加，在不考虑极端气候灾害的情况下，气候变化对某些地区粮食作物的影响具有正效应，例如，气候变暖将有利于加拿大、俄罗斯、澳大利亚等寒冷地区的小麦产量增长。2018—2019年，俄罗斯粮食出口

---

① World Bank, "Economics of Adaptation to Climate Change: Ecosystem Services", the International Bank for Reconstruction and Development/The World Bank, 2010.

量为 4330 万吨，其中小麦的出口量为 3250 万吨，超过美国和加拿大成为世界上最大的小麦出口国。

（三）生态系统对气候变化的适应

生态系统有自我调节功能，对气候变化的自适应能力大小与生态系统的组成、结构和功能有关。一般地，生态系统的生物多样性越丰富，结构越复杂，生产力越高，抗干扰能力越强，系统越稳定，反之亦然。然而，气候变化导致极端气候事件的发生频率或强度增加，往往会超出生态系统的自适应能力。因此，需要采取一定的人为调整措施来增强和发挥自然生态系统适应气候变化的能力。这些措施包括：生态修复、土地和矿山整治、海岸带管理、濒危特物种栖息地保护、生态承载力限制、草畜平衡、保护性耕作技术、自然资源产权等。未来十年如果能恢复 3.5 亿公顷退化土地，全球可增加 9 万亿美元的生态系统服务价值。例如，西部水土流失严重的陕甘宁地区，通过政府主导的"退耕还林""精准扶贫""山水林田湖草生态修复"等工程，在脱贫和经济发展的同时，也实现了流域治理、荒山整治、水土保持和生态保护目标。

世界银行的《适应气候变化的经济学：生态系统服务》[1]还指出：气候变化引发的海平面上升将失去全球 20% 的沿海红树林，从而削弱红树林对海岸带防护的生态功能，为此需要通过主动适应，增加红树林植被的建设和养护投入。据估算，低纬度沿海地带的红树林大约每公顷可产生 400 美元的生态服务价值，保护、恢复红树林可提高低纬度沿海地区的生态服务功能，增加生态资本。例如，台湾台北市、海南海口市等沿海城市都通过海绵城市建设，增加了红树林湿地的面积，既能够防止海潮和洪水侵袭，也增加了城市绿化和自然景观。

2000 年《联合国气候变化框架公约》第五次缔约方会议提出绿色基础设施（Green Infrastructure）与生物多样性保护策略提倡的"生态系统适应方法"具有一致性，建议决策者将生态环境因素纳入土地利用和城市规划之中。美国环境保护署将绿色基础设施作为一种有效的雨洪管理技术和低影响开发措施，有助于利用土壤或植被实现自然水文循环过程，通过滞留、吸纳雨水降低市政水利设施投入，减小洪水灾害风险。欧洲将绿色基础设施作为"基于自然的解决方案"（专栏 5-15）。

---

[1] World Bank, "Economics of Adaptation to Climate Change: Ecosystem Services", the International Bank for Reconstruction and Development/The World Bank, 2010.

专栏 5-15　作为自然解决方案的绿色基础设施

2009 年《欧盟气候变化白皮书》正式提出将绿色基础设施作为适应气候变化的有效政策手段。欧洲环境署指出绿色基础设施已成为促进城市生态系统适应的综合工具，并总结了绿色基础设施的八项生态服务功能：生物多样性保护、气候变化适应、气候变化减缓、水资源管理、食物供应、土地保护与开发、休憩和文化效益。2014 年欧盟启动"地平线 2020"科技计划，明确指出绿色基础设施是一种"基于自然的解决方案"（Nature-based Solutions，NBS），力图打造泛欧洲的战略性绿色空间规划，实现加强生物多样性保护、恢复退化生态系统、适应气候变化、改善人类健康和居住环境、增强社会凝聚力等多重目标。

表 1　　　　　　　　自然生态系统与绿色基础设施的区别

	自然生态系统	绿色基础设施
形态	独立存在，布局分散	空间布局的系统性、连通性
管理方式	未经人为规划和治理的"野生自然"	以提升生态系统服务为导向，实施战略性的整体规划
功能	独立发挥生态系统功能，包括未经修复利用的荒野和废弃土地	通过生态建设、人工设施生态化改造，提供可满足人类需求的生态服务
效益	生态效益	生态、经济和社会综合效益
适应性	依靠生态系统自适应能力	通过整合、修复提升生态系统和工程设施的适应能力

资料来源：薄凡：《城市复合生态系统下绿色基础设施的福利效应分析》，博士学位论文，中国社会科学院研究生院，2019 年。

八　生命健康和人力资本

气候变化及其引起的生态环境改变对人类生命健康及人力资本已经产生了重要影响，这种影响可能还会随气候变化的持续而增强。

（一）气候变化对生命健康和人力资本的影响

气候变化通过多种途径影响人类生命和健康。气候变化往往会威胁到那些构成良好健康水平的关键要素——清洁水源、安全饮用水、食物和营养供给、安全的庇护所等,从而对人类健康造成持续和潜在的不良影响。预计2030—2050年间,仅仅气候变化诱发的营养不良、疟疾、腹泻和中暑事件,就可能导致每年25万例的超额死亡人口;2030年之前全球每年平均直接健康损失成本预计高达20—40亿美元。

气候变化对人类健康的影响关系到社会公共安全和可持续发展。根据世界卫生组织的结论,未来气候变化情景下针对人类健康的影响可能会更为频发和显著;气候变化对人类健康的影响范围广,预计消极影响超过积极影响。气候变化可通过直接暴露对传染病的发生频率、流行范围、强度、宿主,以及慢性非传染病的流行造成影响。IPCC在2007年的第四次评估报告中指出,气候变化背景下,预计将有数百万人的健康状况会受到以下影响:营养不良增加,因极端天气事件而造成死亡、疾病和身体损伤,疟疾及某些传染病空间分布的改变等。总体上气温持续上升会导致劳动生产力下降,登革热、疟疾、霍乱等疾病传播能力上升和食品安全风险上升,对公共健康造成复杂的负面影响。

极端天气事件对人体生命健康的直接影响最大。在气候变化的大背景下,极端天气事件在全球频频发生,威胁了人群健康并且造成了相当严重的健康经济损失。例如,热浪强度和持续时间的增加,直接导致死亡人数增加和劳动时间损失。2017年,全球约有1.57亿人口受到热浪事件的影响,因高温而损失的劳动时间达1530亿小时,较2000年增加了620亿小时(共32亿个工作周),其中,中国因为气温上升导致的劳动生产率下降,造成的劳动损失时间高达210亿小时,相当于全国1.4%的劳动人口一年的总劳动时间。2013年夏季中国中东部地区热浪造成16个省会城市超额死亡5000余人,其中约九成为65岁以上人群。

人体健康水平的下降,会提升人力资本的成本,降低劳动生产率,甚至造成生命损失。气候变化一般从人体健康、人的智能水平和技能水平三个方面影响人力资本,其影响途径如图5–5所示。有研究预计:中国在21世纪末的高温补贴总额可能高达GDP的3%,而2015年中国的医疗支出只占GDP的5%,因此,未来气温持续上升将加剧许多行业和企业的经济负担[1]。

---

[1] 《〈柳叶刀〉发布2018年健康与气候变化报告》,科学网,http://blog.sciencenet.cn/blog-1721-1153706.html。

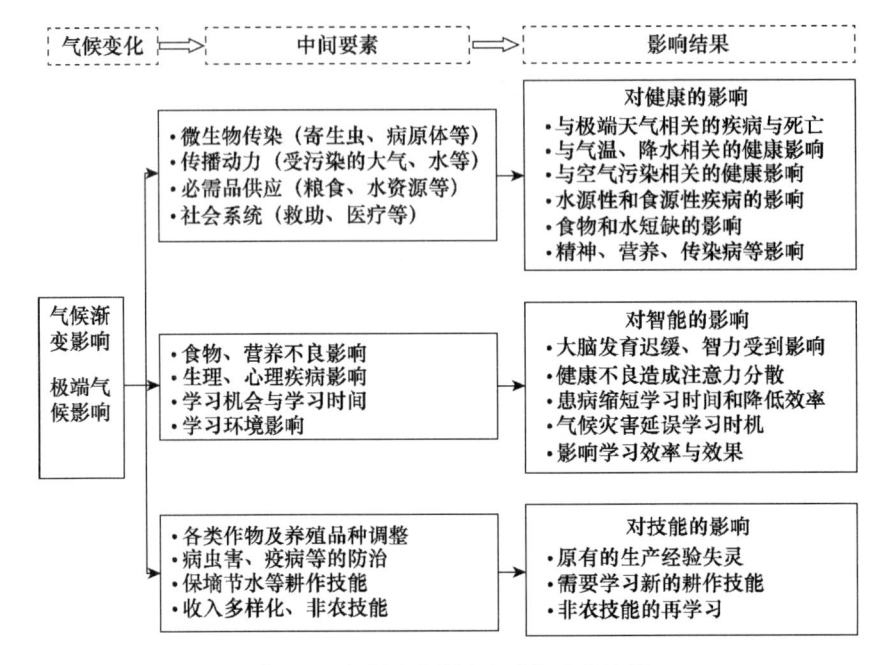

```
气候变化 ⟹ 中间要素 ⟹ 影响结果

                    ┌─────────────────────────┐   ┌─────────────────────────────┐
                    │ •微生物传染（寄生虫、病原体等）│   │ 对健康的影响                    │
                    │ •传播动力（受污染的大气、水等）│   │ •与极端天气相关的疾病与死亡       │
                    │ •必需品供应（粮食、水资源等）  │   │ •与气温、降水相关的健康影响       │
                    │ •社会系统（救助、医疗等）    │   │ •与空气污染相关的健康影响        │
                    └─────────────────────────┘   │ •水源性和食源性疾病的影响        │
                                                  │ •食物和水短缺的影响             │
 ┌──────┐                                         │ •精神、营养、传染病等影响        │
 │气候渐 │                                         └─────────────────────────────┘
 │变影响 │
 │      │         ┌─────────────────────────┐   ┌─────────────────────────────┐
 │极端气 │         │ •食物、营养不良影响          │   │ 对智能的影响                    │
 │候影响 │         │ •生理、心理疾病影响          │   │ •大脑发育迟缓、智力受到影响       │
 └──────┘         │ •学习机会与学习时间          │   │ •健康不良造成注意力分散          │
                    │ •学习环境影响              │   │ •患病缩短学习时间和降低效率       │
                    └─────────────────────────┘   │ •气候灾害延误学习时机            │
                                                  │ •影响学习效率与效果             │
                                                  └─────────────────────────────┘

                    ┌─────────────────────────┐   ┌─────────────────────────────┐
                    │ •各类作物及养殖品种调整      │   │ 对技能的影响                    │
                    │ •病虫害、疫病等的防治       │   │ •原有的生产经验失灵             │
                    │ •保墒节水等耕作技能         │   │ •需要学习新的耕作技能           │
                    │ •收入多样化、非农技能       │   │ •非农技能的再学习              │
                    └─────────────────────────┘   └─────────────────────────────┘
```

图 5-5　气候变化影响人力资本的途径

资料来源：何志扬、张梦佳：《气候变化影响下的气候移民人力资本损失与重构——以宁夏中南部干旱地区为例》，《中国人口·资源与环境》2014 年第 12 期。

（二）卫生健康领域对气候变化的适应

世界卫生组织提出健康适应（Health Adaptation）的概念，建议政府加强公共卫生领域的政策规划，加强对气候相关的健康风险的管理，减少个人、社区和卫生系统的脆弱性，提升应变能力。尤其是发展中国家脆弱的健康基础设施将难以应对未来的潜在风险。世界卫生组织从 2008 年开始关注气候变化与健康领域，倡议各国努力向健康环境转型，改变现有的生活、生产、消费和管理方式，应对环境健康风险挑战，提升人类生命与福祉（专栏 5-16）。2015 年制定了《建设气候韧性健康系统工作框架》，旨在帮助成员国加强公共卫生部门提升适应气候和环境变化的能力，保护和改善人类健康。该框架侧重于实践操作层面，帮助医疗卫生专业人员以及在食品、水、农业、能源、交通、城市规划等重点领域从事健康管理的人员，充分了解气候变化所造成的额外健康风险（图 5-6）。

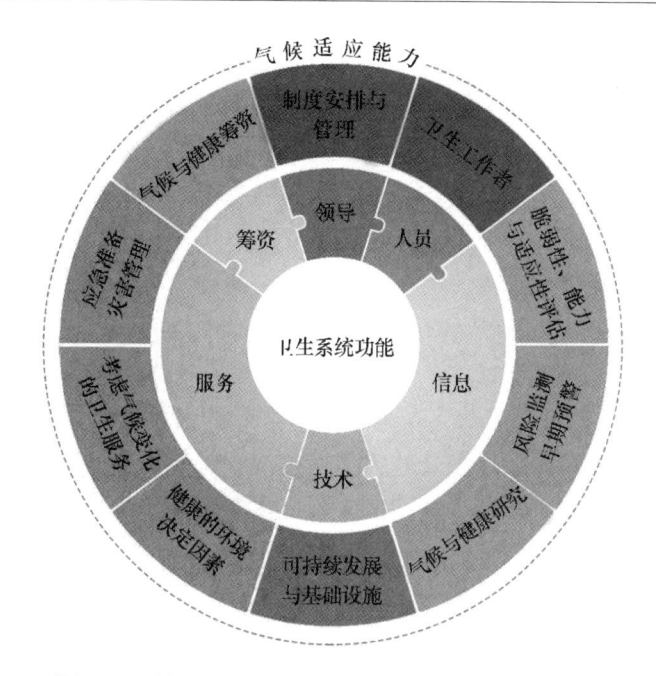

图 5-6 构建"气候韧性健康系统"的十大工作基础

资料来源：钟爽、黄存瑞：《气候变化的健康风险与卫生应对》，《科学通报》2019 年第 19 期。

我国是人口大国，应更加重视气候变化对人体健康、人力资本及劳动生产率的负面影响。健康适应需要有效的制度安排和社会动员，而我国目前仍然没有专门负责应对气候变化健康风险的牵头机构。2007 年，卫生部、国家环保总局等 18 个部门联合发布了《国家环境与健康行动计划（2007—2015）》，成为我国环境与健康领域的第一个纲领性文件，指出了我国环境与健康事业的发展方向和主要任务，但优先任务中并未包括应对气候变化引发的健康风险。随着"健康中国"战略的实施（专栏 5-17），近年来逐渐加强对公共卫生和健康领域适应气候变化的能力建设。例如，为进一步完善全国传染病监测、预警信息报告系统，由卫生计生委和中国疾控中心牵头，各省区市卫生医疗机构参与，建成了覆盖城乡的一体化监测网络，以便对突发性疾病做出快速反应。许多城市积极探索健康风险防控，如上海市建立了"上海城市热浪/健康监测预警系统"，开展了夏季高温热浪预警，对人群健康做出风险提示。通过修复自然生态、城乡环境治理，提升人居环境的宜居性，可减少因气候变化而增加的环境污染和疾病源。此外，加强公众的自我保护意识和环境健康教育，应对气候变化健康影响的适应行为研究及科普宣传等，都是必要的举措。

专栏 5-16　健康环境与健康城市

健康的环境对于人类健康和发展至关重要。环境健康风险是指能够影响个体及相关行为的各种物理、化学、生物性的环境要素，尤其是能够予以合理修正的那些不利因素。目前全球已知的所有疾病与死亡负担中，有1/4来自可避免的环境风险，每年至少导致1300万人死亡。例如，空气污染是最大的健康风险，每年导致700万人死亡；超过半数的全球人口仍然面临着不安全饮水、缺乏公共卫生设施的威胁，每年导致80万人死亡；疟疾等病媒传播疾病与排水、灌溉、水坝等设施的环境管理状况密切相关；超过100万的劳动力死于不安全的工作环境。

2019年4月，世界卫生组织发布《健康、环境和气候变化全球战略（2019—2023）》提出了协同健康、环境与气候变化的关键部门：健康、供水、农业和粮食系统、交通运输、土地利用规划、劳动力、住宅、工业与服务行业、能源等。应对气候变化与建设生态宜居城市具有协同效应，能够提升塑造健康良好的城市人居环境，例如：约30%具有中等林冠覆盖率的居住环境能使人压力舒缓效应提升约3倍；城市绿地能有效降低城市空气污染，从而降低呼吸道疾病发病率；城市绿化可缩小社区间由收入差距引起的健康差距（循环系统患病率及死亡率）；城市绿色空间能创造更多的户外活动、社会交往，增强邻里社会纽带（创造社会资本、社区共同体文化）。

世界卫生组织的健康城市（Healthy Cities）内涵："健康城市应该是一个不断开发、发展自然和社会环境，并不断扩大社会资源，使人们在享受生命和充分发挥潜能方面能够互相支持的城市。"世界卫生组织发起的"欧洲健康城市工程（1987—2018）"（European Healthy Cities Network）(1987—2018) 设定了不同阶段逐步推进的健康城市目标。

表1　　　　　　　　　　　欧洲健康城市工程

阶段划分	阶段特征	具体时间	核心内容
第一阶段	起步阶段	1987—1992年	引入城市健康发展的新理念和新途径（即健康城市模式）
第二阶段	组织阶段	1993—1997年	着重于健康公共政策的制定和实施，以及综合性的城市健康规划
第三阶段	行动阶段	1998—2002年	制定具有广泛合作基础的政策和健康发展规划，涉及卫生、贫困与健康方面的不平等，社会排斥和弱势群体的需求；注重健康公平、社会可持续发展和社区发展与重建；建立健康监测系统
第四阶段	健康关注阶段	2003—2008年	将健康理念融入城市规划过程中，从而为实施健康城市规划提供制度保证；核心主题是健康老龄化、健康城市系统规划、健康影响评估、身体活动和积极的生活
第五阶段	融合发展阶段	2009—2013年	强调健康城市规划的重点是总体规划、交通规划和社区规划；关注三个核心主题——构建包容性、关爱性和支持性的环境，健康生活方式，健康的城市环境与设计
第六阶段	人本理念阶段	2014—2018年	强调在地方一级政府实施"健康2020"计划，目标是改善人群健康，减少健康不平等和改善卫生领导和参与治理

资料来源：World Health Organization（WHO），"Health, Environment and Climate Change"，https://www.who.int/health-topics/climate-change#tab=tab_3；何莽、杜洁、沈山、方磊：《中国康养产业发展报告2017》，社会科学文献出版社2017年版。

专栏5-17　健康中国2030规划

世界卫生组织将"健康"定义为"身体无疾病或虚弱状态，具有健全的生理、心理状态与社会适应能力"。中国符合世界卫生组织健康人群的比重只占总人口数的15%，约70%的人处在"亚健康"状态。随着工业化、城镇化、人口老龄化进程加快，我国居民生产生活方式和疾病谱不断发生变化。心脑血管疾病、癌症、慢性呼吸系统疾病、糖尿病等慢性非传染性疾病导致的死亡人数占总死亡人数的88%，导致的疾病负担占疾病总负担的70%以上。居民健康知识知晓率偏低，吸烟、过量饮酒、缺乏锻炼、不合理膳食等不健康生活方式比较普遍，由此引起的疾病问题日益突出。《全球疾病负担2017》估计我国约有25万人死于与缺乏运动有关的疾病。上海的一项大型流行病学研究显示，骑自行车上下班的人在一年内的死亡率比使用其他交通工具上下班的人低21%—34%。

党的十九大报告提出：人民健康是民族昌盛和国家富强的重要标志。2016年、2019年国务院先后发布了《"健康中国2030"规划纲要》《健康中国行动（2019—2030年）》，提出预防是最经济最有效的健康策略，推动从以治病为中心转变为以人民健康为中心，培养健康的生活方式、生态环境和社会环境。"健康中国2030"提出了重点领域的建设目标（见表1）。《健康中国行动（2019—2030年）》提出实施全民健身行动。到2022年和2030年，经常参加体育锻炼人数比例达到37%及以上和40%及以上。

表1　　　　　　　　　　健康中国部分指标

领域	指标	2015	2020	2030
健康水平	人均预期寿命（岁）	76.34	77.3	79.0
	城乡居民达到《国民体质测定标准》合格以上的人数比例（%）	89.6（2014年）	90.6	92.2
健康生活	居民健康素养水平（%）	10	20	30
	经常参加体育锻炼人数（亿人）	3.6（2014年）	4.35	5.3
健康服务与保障	重大慢性病过早死亡率（%）	19.1（2013年）	比2015年降低10%	比2015年降低30%
	每千常住人口执业（助理）医师数（人）	2.2	2.5	3.0
	个人卫生支出占卫生总费用的比重（%）	29.3	28左右	25左右

续表

领域	指标	2015	2020	2030
健康环境	地级及以上城市空气质量优良天数比例（%）	76.7	>80	持续改善
健康环境	地表水质量达到或好于Ⅲ类水体比例（%）	66	>70	持续改善
健康产业	健康服务业总规模（万亿元）	—	>8	16

资料来源：《中共中央、国务院印发〈"健康中国2030"规划纲要〉》，2016年10月25日，中国政府网，http://www.gov.cn/zhengce/2016-10/25/content_5124174.htm。

延伸阅读

1. 尹仑：《气候人类学》，知识产权出版社2015年版。

2. 帕博罗、郑艳、金竞男：《中欧城市适应气候变化：政策与实践》，社会科学文献出版社2021年版。

3. 郑艳、林陈贞：《精准扶贫精准脱贫百村调研·老庄村卷：欠发达地区应对气候贫困挑战》，社会科学文献出版社2020年版。

4. 赵士洞、张永民、赖鹏飞：《千年生态系统评估报告集》，中国环境科学出版社2007年版。

5. World Bank, "Economics of Adaptation to Climate Change: Ecosystem Services", the International Bank for Reconstruction and Development/The World Bank, 2010.

练习题

1. 中国40年的高速城市化和经济发展加剧生态环境危机，气候变化背景下，如何兼顾长期与短期、发展与保护的要求，协同实现生态文明建设的"生态安全、环境友好、资源永续"目标？

2. 你所在城市是否有适应气候变化的具体举措（例如供水、园林绿化、电力、交通、建筑、学校等领域）？

3. 如何评估气候变化对自然资本或生态系统服务功能的影响？例如，你会如何界定一棵树的价值？你愿意为你的下一代留下一棵果树，还是一笔存款？

4. 请用具体实例，谈谈你如何理解这一论断："大自然是一个相互依存、相互影响的系统。比如，山水林田湖草是一个生命共同体，人的命脉在田，田的命脉在水，水的命脉在山，山的命脉在土，土的命脉在树。如果种树的只管种树、治水的只管治水、护田的单纯护田，很容易顾此失彼，最终造成生态的系统性破坏。"

5. 气候变化通过什么途径影响人力资本？如何来评估这种影响的经济损失？请简要分析2020年新冠肺炎疫情对中国人力资本的影响。

第 六 章

适应气候变化的政策分析方法

本章介绍了国内外在适应决策领域的一些方法,包括混合研究方法、多目标决策方法、情景规划方法。这些方法都具有定性与定量方法相结合的特点。适应政策研究常常面临多个利益相关方、涉及多种复杂议题,需要以问题为导向选择最适用的研究方法和评估技术。

第一节 混合研究方法

一 混合研究方法

对气候变化进行社会影响评估是气候政策研究的重要领域之一。然而这一工作在气候变化经济学研究中还处于滞后地位。社会评估(Social Assessment)的核心观点是"所有的环境问题最终都是社会问题",其理论基础来自环境伦理学、环境社会学、可持续发展等领域,强调社会系统和自然环境之间存在交互影响关系。社会科学领域的研究范式(Research Paradigm)包括三大流派,一是实证主义的,二是建构主义的,三是实用主义的(也称为混合范式)。实证主义研究范式注重探索事物之间的规律(因果联系),多采用定量研究方法验证理论和预设假说。建构主义研究范式意在对客观事实赋予某种价值判断和理论解释,多采用定性研究方法。20世纪90年代以来,人文社会科学领域兴起了混合研究范式,旨在整合双方的优点,在价值观和方法论层面注重实用主义和多元性。表6-1对比了三种研究范式的特点。

混合研究方法(Mixed Methods Research,MMR)是指研究者在单一研究中混合或整合定性与定量研究的技术、方法、路径和概念的研究范式。混合研究的主要目的是借助于多种方法和分析工具增强研究结果的解释力、互补性和一致性，实现交叉论证或三角验证（triangulation）[①] 的目的，或深化研究主题，发现新的研究问题。混合研究能够兼顾参与者和观察者的主客观视角，一个规范的、"好"的混合研究设计，应该能够掌控和运用不同性质类型的数据和分析方法，最有效率地解决研究问题。

表6-1 三种社会科学研究范式的比较

范式类型	质性研究	量化研究	混合研究
主要优势	过程导向，关注价值和理论构建（what，how） 注重微观，如不同制度背景下的地方性问题和个案研究 研究者主导的问题界定和分析评估过程 通过整体性的描述和解释，探究事件的过程、意义和内在关联 研究过程更具开放性和灵活性 研究者与研究对象能够深度沟通和互动	结果导向，擅长事实分析和理论验证（how，why） 长于宏观分析，如因果关系和规律性的论证 研究者秉承客观、中立的立场 研究结果更具推广性、概括性/一致性、可重复性 研究对象的标准化、可控性 可提供精确的、量化的大样本数据方法进行比较、复制和预测	问题导向，灵活应用不同的理论、方法和技术 弥补单一范式和分析技术的不足，增强研究效度 擅长解决复杂、动态、系统性问题，尤其是新兴或交叉学科领域 主观与客观双重视角，能够提供更全面、完整的信息和知识 证据性更强，研究结论更具解释效力和普适性
主要不足	小样本信息（个案研究） 难以体现异质性，代表性不足 研究者的主观偏见或选择偏误影响可靠性 研究发现未必具有普适性和推广性 结论很难用于量化预测 数据收集和研究过程往往耗时耗力 研究对象和环境的不可控性	先入为主的理论假设 理论建模和有限变量过于简化复杂的现实环境 存在虚假因果性和统计回归现象 往往忽略有意义的个案特例 概括性的研究结论对具体实践的指导性不足	要求研究人员具有不同研究技术的操作能力和理论素养；需要团队在知识、技术方面具有互补性与合作能力 需要更多的时间、精力和成本用于收集数据、分析问题和团队沟通

---

① 也称三角测量法、三点验证法，是指将多种资料数据、理论、文献来源结合起来，对同一种社会现象进行研究，以增强研究的可信度。

续表

范式类型	质性研究	量化研究	混合研究
分析逻辑	归纳的、脉络式的、解释性的、反思的（强调价值、理解、创造性）	演绎的、线性的（强调真实性、因果性、客观性）	归纳，演绎，推论；循环往复的（强调实用性、包容性、应用性）
主要方法	方法论的个体主义，包括：案例研究，民族志，扎根理论，访谈，文本分析，参与式调研等	方法论的集体主义，包括：理论建模，统计分析，社会调查问卷，多元变量分析等	实用性，多元性，三角验证法（质性方法＋量化方法），效度检验等
理论基础	相对主义，建构主义，价值观的多元论	实证主义，机械的二元论	吉登斯：双重阐释 哈贝马斯：共主体性 马克思：批判理论 社会生态复合系统（SES）
研究目的	探索性研究	验证性研究	探索性研究 验证性研究

资料来源：根据（[美]阿巴斯·塔沙克里、查尔斯·斯德英:《混合方法论：定性方法和定量方法的结合》，重庆大学出版社 2010 年版；[美]克雷斯威尔:《研究设计与写作指导：定性、定量与混合研究的路径》，崔延强主译，重庆大学出版社 2007 年版；Johnson R. Burke, Anthony J. Onwuegbuzie, "Mixed Methods Research: A Research Paradigm Whose Time has Come", *Educational Researcher*, Vol. 33, No. 7, 2004, pp. 14 – 26；陈向明:《质的研究方法与社会科学研究》，教育科学出版社 2000 年版）整理。

随着混合研究在理念、方法论与实践层面快速发展，学界对这一新范式的合理性正在取得共识，同时作为一个新的独立学科领域也正在形成之中。为了应对全球变化的复杂性和不确定性给现实决策带来的挑战，这一方法已经深入管理学和行为科学的许多前沿和交叉学科领域，如健康、教育、环境管理、发展研究和政策评估等。近几年，国内研究者也开始重视和引入混合研究。

二 混合研究设计的类型

作为一个独立的研究范式，混合研究强调在研究过程的多个阶段对两种传统范式进行有意义的整合。其优势在于：注重问题意识，多元方法的使用，开放的分析视角和研究推论的坚实性。混合研究可以按照数据收集过程、数据分析模式区分不同的类型。例如，从数据和方法上区分，可分为质性研究主导、量化研究主导、质性和量化研究并重三种混合研究类型[1][2]。然而，数据并非区分质性研究和量化研究的分界线，实际并非定性与定量要素的简单加总就可称之为"混合研究"。更重要的是，"混合研究"应该体现出研究者借助多种方法建立混合研究模式，以提升研究质量、拓展研究视野的自觉意识。按照研究目的及方法应用的不同侧重点，可以将混合研究设计分为以下几种常见类型。

一是并行设计，即（量化研究+质性研究）→结果比较。分别采用质性和量化方法收集信息开展平行研究，并将结果相互对照，当结论一致时可增强研究的可信性和说服力。

二是嵌套设计，即质性研究（定性+定量方法）→结果分析。例如在质性研究中采用量化研究方法获得某些辅助性的数据或信息，以弥补该方法的不足，这是传统混合研究方法中的常用策略。

三是顺序型设计，适用于两种方法结果不一致，或者研究结论及视角可以互补的情况，其一是"量化研究→质性研究→综合分析"，以质性研究（如案例）为初步获得的量化（预期或非预期的）分析结果提供更深入细致的解释；其二是"质性研究→量化研究→综合分析"，以量化研究的大样本数据和演绎方法对个案式质性研究结果进行拓展，目的是确定在总体样本中某种特定现象的分布情况。

三 混合研究方法示例

混合研究方法常用到的研究分析方法包括：（1）多元统计和经济计量分析，可以用于分析复杂的社会经济系统内部各种因素的交互影响作用，并基于历史数据揭示某些变量之间可能存在的因果关系；（2）案例研究方法，发掘典型案例的独特问题、共性问题，包括优势和不足等；（3）社会调查方法等。

开展适应政策研究可以有不同的切入点，考虑到政策研究的目的和研究的

---

[1] Johnson R. Burke, Anthony J. Onwuegbuzie, "Mixed Methods Research: A research Paradigm whose time has come", *Educational Researcher*, Vol. 33, No. 7, 2004, pp. 14–26.

[2] Small, Mario Luis, "How to Conduct a Mixed Methods Study: Recent Trends in a Rapidly Growing Literature", *The Annual Review of Sociology*, Vol. 37, 2011, pp. 57–86.

现实条件，具体的研究设计可以选择以下的分析路径。

一是基于气候危害的评估（Natural Hazards-based Approach）：传统的气候灾害评估大多采取这种基于气候危害的方法，例如评估农业气象灾害风险，评估沿海地区的台风风险等，主要是侧重于气候风险因子（如极端气候事件的发生概率），从自然科学的角度开展风险评估，并提出适应对策。

二是基于脆弱性的评估（Vulnerability-based Approach）：包括自然生态系统及社会经济脆弱性。单纯的脆弱性评估是假定气候危害水平不变，分析脆弱性各因子变化对风险水平的影响。

三是基于韧性或适应能力的评估（Resilience / Adaptive Capacity Approach）：适应能力评估是针对现状适应水平或应对能力，分析社会经济系统在适应方面存在的优势和不足之处，并对未来提升适应能力提出政策建议。

四是基于政策效果的评估（Policy-based Approach）：针对某个已经实施的适应政策，设计适应政策评估的基本原则（如公平原则，效率原则，可持续性原则，等等），评估其效果并提出改进措施。

上述研究路径可以因地制宜采用不同的混合研究设计来实现研究目的。

专栏 6-1　基于混合研究方法的韧性城市研究

城市韧性或气候适应能力评估是城市开展适应决策的基础。一些研究采用案例研究、专家评估和综合指标体系评估等混合研究设计，以北京市为例分析城市气候韧性或适应能力。例如，邀请不同部门或领域的专家开展群体评估，提出北京应对气候变化的总体战略目标为："增强适应气候风险（极端天气气候灾害）的能力，减少城市自然资源和社会经济脆弱性，建立韧性城市、宜居城市、健康城市，通过适应气候变化战略的实施推动城市生态文明建设和可持续发展。"根据专家评估结果，从经济韧性、社会韧性、生态韧性、基础设施韧性等几个维度提出城市韧性指标体系。采用探索性因子分析、灰色关联度分析等量化赋权方法，评估北京市分城区的适应能力或韧性差异。研究结果表明（见图1）：（1）北京各区在经济支撑能力、社会发展水平、自然资源禀赋、技术支撑能力和风险治理能力上都表现出较为显著的不均衡性。(2) 城区的功能定位对其发展和适应能力具有潜在影响。核心城区发展基础较好，综合适应能力优势明显；发展新区面临基础设施薄弱、自然资源短缺和环境治理要求不断提高等压力，综合适应能力最低。(3) 城市韧性可分为一般韧性与气候韧性，前者与社会经济发展水平密切相关，后者与气候和地理环境因素、城市综合风险管理能力和城市公共服务能力等特定的气候适应能力有关。因此，发展并不能必然提升城市韧性，必须结合城市发展目标和气候变化情景，制定前瞻性的适应规划。

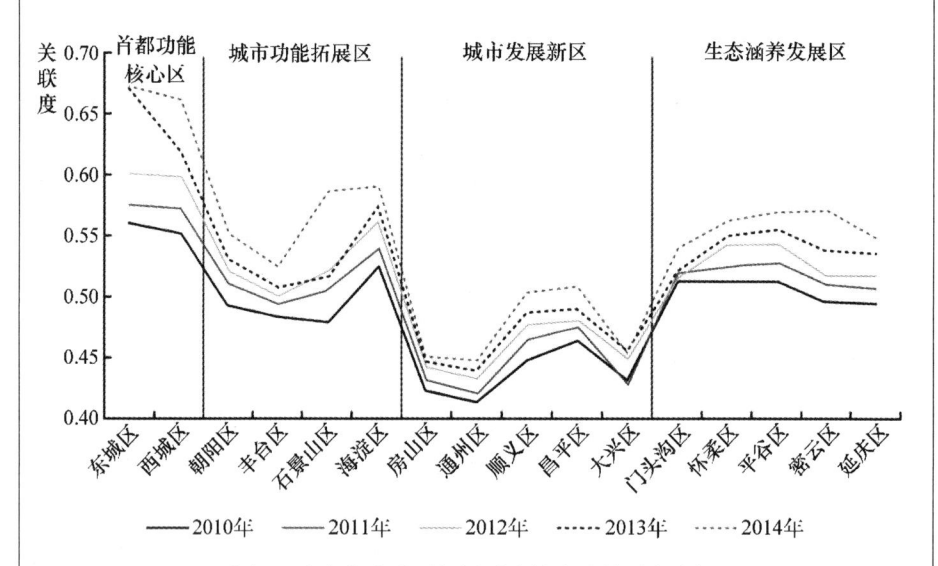

图1 北京市分城区气候适应能力的关联度分析

资料来源：谢欣露、郑艳：《气候适应型城市评价指标研究——以北京市为例》，《城市与环境研究》2016年第4期；Zheng, Y., Xie, X. L., Lin, C. Z., et al., "Development as Adaptation: Framing and Measuring Urban Resilience in Beijing", *Advances in Climate Change Research*, Vol.9, 2018, pp. 234 – 242.

第二节　参与式研究方法

一　参与式适应规划

参与式调查方法是目前国内外在发展规划和政策评估中广泛采用的研究方法。参与式发展规划（participatory development planning）注重将利益相关方参与纳入发展政策设计的全过程，强调问题和行动导向、自下而上的信息收集、重视地方知识和社区诉求、通过沟通和对话促进群体学习能力和凝聚力等。为了响应城市治理的需要，联合国人居环境署开发了"参与式城市决策支持工具"，包括四个步骤：（1）明确决策议题及利益相关方；（2）针对问题优先次序，建立合作与共识；（3）形成策略并协调利益和矛盾；（4）实施、监督与反馈。[①] 受到传统集中决策方式的制约，参与式方法尚未在我国城市决策中得到充分应用。

气候变化的影响、风险认知及适应决策涉及众多主体和领域，需要广泛收集方方面面的知识和信息，参与式调查方法有助于研究复杂系统和具有不确定性的决策议题。参与式适应规划是一种基于参与式发展规划理念的适应决策方法，在适应气候变化规划和政策研究中广泛采用多种参与式技术工具[②]。以下是几种常见的参与式适应规划的研究方法：利益相关方分析、成本—效益分析与成本—有效性分析、SWOT战略规划分析。

二　利益相关方分析

利益相关方分析（Stakeholder Analysis）是目前国内外在发展规划和政策评估中广泛流行的参与式发展研究方法。利益相关方调研方法包括：文献分析、案例研究、德尔菲法（专家咨询）、利益相关方研讨会、参与式调研、半结构式问卷等方法。

[①] 本节可参阅叶敬忠、刘燕丽、王伊欢编著《参与式发展规划》，社会科学文献出版社2005年版；李鸥编著《参与式发展研究与实践方法》，社会科学文献出版社2010年版。

[②] 潘家华、郑艳、田展等：《长三角城市密集区气候变化适应性及管理对策研究》，中国社会科学出版社2018年版。

利益相关方调研能够为适应规划提供基本信息，具体可根据需要采取不同方法，例如：(1) 座谈和研讨会，请访谈对象介绍部门工作情况，可进行群体访谈、焦点小组访谈、个体访谈等。群体访谈可采用文氏图、问题树、决策树、因果关联表、打分排序法等分析工具。(2) 拜访相关部门和机构，进行个体访谈。(3) 填写问卷或打分表：如适应政策评估的打分表。

在利益相关方调研中，可以重点了解各方在适应气候变化决策中的角色、问题及需求，包括：(1) 与适应气候变化相关的部门、管理机构、利益相关方有哪些；(2) 适应气候变化的优先工作有哪些？如重点行业、脆弱群体、高风险区域；(3) 对未来气候风险进行管理，现有的政策、机制、信息和资源有哪些，建立一个良好的适应决策机制还有哪些薄弱环节；(4) 适应气候变化的主要需求有哪些，如政策立法、发展规划、信息分享、公众参与、技术支持等；(5) 不同利益相关方（决策者、专家、社会公众）对于适应决策机制的建议和对策等。

三 成本—效益分析（CBA）与成本—有效性分析（CEA）

成本—效益分析（Cost-benefit Analysis）被广泛应用于私人企业和公共部门的决策分析之中。成本—效益分析是指某一政策方案或项目从经济效果或经济可行性方面来考虑，只有利益超过成本或至少利益等于成本时，才是经济可行的。成本—有效性分析（Cost-Effective Analysis）主要针对那些无法确定和量化收益的决策对象。许多公共政策的成本可以估算，但是往往很难估算政策的收益，例如生态移民的各项成本是可计算的，收益则涉及生态效益、社会公平、减贫、社区发展、教育和健康改进等多方面，难以简单进行评估。这种情况下，可以通过分析政策达成某一种或几种目标的有效性来进行评判。政策有效性可以采用高、中、低等不同的定性评估方式来进行。

适应气候变化是典型的公共部门决策，既需要考虑直接的成本、效益，还需要考虑各种间接的成本与收益。此外，除了能够用货币度量的成本收益，还存在大量难以货币化度量的成本收益，比如环境污染、生态服务、健康和生命价值、文化遗产等。由于存在许多显性、隐形的正外部性或负的外部性效应，很难穷尽一项特定政策所有的成本和收益，并将其量化。通常对于可在竞争性市场上交易的产品或投入要素可直接通过市场价格来确定适应对策的成本和收益，一般采取下列假设前提：(1) 一个政策方案的社会价值是该政策方案对社会各成员的价值总和;(2)该方案对于每个人的价值必须是基于信息完全情况下的个体支付意愿及偏好的充分表达。由于现实世界通常不能满足完全自由市场的假设,即存在垄断、管制、税收或补贴而导致的市场价格扭曲,或者某些产品和服务无法进行市场估价,因此对于环境物品的公共投资决策一般多采用影子价格法、替代市场法、环境价值评估等方法确定。

四 适应战略规划的 SWOT 分析

SWOT 分析也称为优劣势分析,是管理学中广为应用的一种战略规划分析工具,将与研究对象密切相关的各种主要内外部因素区分为:优势(Strength)、弱点(Weakness)、机会(Opportunity)和威胁(Threat),通过社会调查梳理出各典型要素,运用系统分析的思想,将各种因素相互匹配加以分析,从中得出相应的策略。SWOT 分析通过对组织所处情境进行全面、系统、准确的分析评估,能够简化复杂海量的信息,使决策过程更加科学化和前瞻性,有助于制定宏观政策、发展战略及相应的行动计划。SWOT 对策矩阵示例如表 6-2 所示:

表 6-2　　　　　　　　　　SWOT 对策矩阵

	内部优势(S)Strength	内部劣势(W)Weakness
外部机会(O)Opportunity	SO 战略:充分发挥内部优势,充分利用外部机会	WO 战略:充分利用外部机会,避开内部劣势
外部威胁(T)Threat	ST 战略:利用内部优势,尽量减小来自外部的风险和威胁	WT 战略:将劣势最小化,同时尽量避免风险发生

由于 SWOT 分析偏重于主观判断的定性评估,因此又开发出将定量与定性相结合的适用于多目标环境管理决策的 SWOT-AHP 方法。SWOT-AHP 模型是在 SWOT 优劣势分析的基础上,利用层次分析法优化 SWOT 对策矩阵,对不同的政策选项进行量化排序,从而优选出不同目标和原则下的适应策略。

专栏6-2 宁夏适应气候变化的SWOT战略分析

2012年,中国社会科学院课题组在宁夏银川召开了16个相关部门参与的决策管理者研讨会,采用SWOT优劣势分析、参与式群体评估打分等方法对宁夏适应气候变化的战略目标、关键领域和优劣势等进行了分析。根据评估结果,未来宁夏适应气候变化的总体目标包括:(1)水资源安全,(2)粮食安全,(3)生态保护,(4)减小气候灾害,(5)减小气候贫困。通过两轮评估和打分,梳理出宁夏适应气候变化治理的优劣势分析见表1。

表1 宁夏实施适应战略的优劣势分析

	有利因素	不利因素
内部因素	优势S: ①宁夏政府领导比较重视 ②有气候变化工作的协调机构(宁夏发改委应对气候变化领导小组) ③已制定与适应相关的一些规划(如生态移民规划、水利发展规划等) ④地方已有一定适应经验(如生态移民、防沙治沙等) ⑤适应研究有一定基础	劣势W: ①尚未制定省级适应战略/规划 ②适应决策缺乏科学研究的支撑 ③缺少地方适用的适应技术 ④适应公共投资不足,缺乏市场融资机制 ⑤重大工程和项目未考虑适应气候变化需求 ⑥国际合作协同不足,与周边联系不足 ⑦适应气候变化的科普宣传不够,缺乏民众参与,公众认识和重视不足、适应能力差
外部因素	①国际社会重视 ②国家重视,已有相关政策规划(如国家主体功能区划、西部开发战略等) ③国际上适应方法技术日益完善 ④国内外交流合作机会增多	①全球气候/环境变化趋势(灾害增多、水资源短缺、粮食安全等) ②国内外对气候变化科学认知尚存争议 ③国家战略尚未落地,缺少抓手 ④缺乏差别化的有利西部发展的政策支持 ⑤缺乏开展区域适应合作的基础 ⑥缺乏外部资金支持 ⑦相关数据资料共享不足

通过SWOT现状评估、未来策略评估,得到如下策略。

> SWOT 现状分析：宁夏推进适应战略最为突出的内外部环境因素为劣势（W）和挑战（T），说明适应治理现状为内忧外患，缺乏应对未来潜在风险的能力，劣势和挑战并存；同时也意味着新的发展机会，内部还有不少适应潜力有待挖掘。
>
> SWOT 未来策略：总体上宁夏建立省级适应治理机制的外部环境很有利，即 OT > SW（机遇 > 挑战）。对此，可以采取发展型适应策略，克服外部的不利因素，积极争取国家支持，推动与西部省份的区域适应合作，加强国内外适应领域的经验分享。

第三节　多目标决策方法

一　多目标决策问题

在社会经济系统的研究、控制过程中，我们所面临的系统决策问题常常是多目标的，即多目标优化决策问题。适应气候变化的政策、目标和路径的决策问题属于多目标决策问题，不能用求解单目标决策问题的方法来求解，多目标决策方法可为适应气候变化政策的研究提供一种有效的方法。

多目标决策是具有两个以上的决策目标，并且需要用多种标准来评价和优选方案的决策。多目标决策问题最早由意大利的经济学家帕累托（V. Pareto）提出，它是依据决策背景，综合考虑多个相互间可能存在分歧甚至矛盾的评价指标，利用统计学原理、运筹学方法、管理学理念以及最优化理论，对多个备选方案进行选优和排序的方法理论体系。

二　多目标决策的主要方法

多目标决策方法在 20 世纪 70 年代中期以后发展较快，目前，常用方法有层次分析法（Analyticai Hierarchy Process，AHP）、数据包络分析法（Data Envelopment Analysis，DEA）、灰色关联分析法（GRA）、简单线性加权求和法（WSM）、多准则妥协解排序法（VIKOR）、优劣系数法、目标规划法、模糊决策法等。

多目标决策方法的运用应遵循两个原则：在满足决策需要的前提下，尽量减少目标个数；分析各目标重要性大小，分别赋予不同权数。多目标决策方法有两个特点：目标之间的不可公度性，即众多目标之间没有一个统一标准；目标之间的矛盾性，即某一目标的完善往往会损害其他目标的实现。

多目标决策按目标性态可分为两类，即多目标属性决策（Multiple Attribute Decision Making，MADM）和多目标优化决策（Multiple Objective Decision Making，MODM），如表6-3所示。当决策变量为离散型时（即备选方案的数量是有限的），属于多目标属性决策（也叫作有限方案情况下的多目标决策），主要研究多个备选方案的排序与优化问题。当决策变量为连续型（即备选方案有无限多个时）时，称为多目标优化决策（或无限方案多目标决策），主要研究在约束范围（可行域范围）内的最优化问题。

表6-3　　　　　　　　　MADM 与 MODM 的比较

	MADM（多目标属性决策）	MODM（多目标优化决策）
目标准则（Criteria）	属性	优化
目标优化程度（Objective）	隐含	明显
目标属性程度（Attribute）	明显	隐含
约束程度（Constraint）	不太起作用	起作用
方案数目（Alternative）	可数	不可数
方案表示	离散且事先给定	连续且在过程中给出
与决策者的交互过程	不太多	很多
用途	选择、评价	设计
主要求解方法	简单加权法 多属性价值函数法（MAVF） TOPSIS 方法（逼近于理想解的排序方法） ELECTRE 方法（选择转换本质法） PROMETHEE 方法 层次分析法（AHP） 网络分析法 模糊综合评价法 模糊 AHP ……	加权法 ε 约束法 自适应搜索法 多目标线性规划法（MOLP 法） 目标规划法（GP） 效用函数法 STEM 法（逐步进行法） Geoffrion 法 ……

资料来源：杨保安、张科静：《多目标决策分析理论、方法与应用研究》，东华大学出版社2008年版；左军：《多目标决策分析》，浙江大学出版社1991年版。

三 多目标决策过程的基本步骤

多目标决策的具体方法很多,但其总体思路和求解过程是一致的。在使用多目标决策方法评估实际问题时,通常需要从以下五个方面进行分析:目标问题的明确、决策者的选定、评价指标体系的建立、决策判断矩阵的构建和属性权重的确定。其中,对于给定的目标问题,评价结果的准确性很大程度上取决于属性权重的确定。多目标决策的五个步骤,如图6-1所示。专栏6-3介绍了多目标决策方法在气候变化政策中的应用。

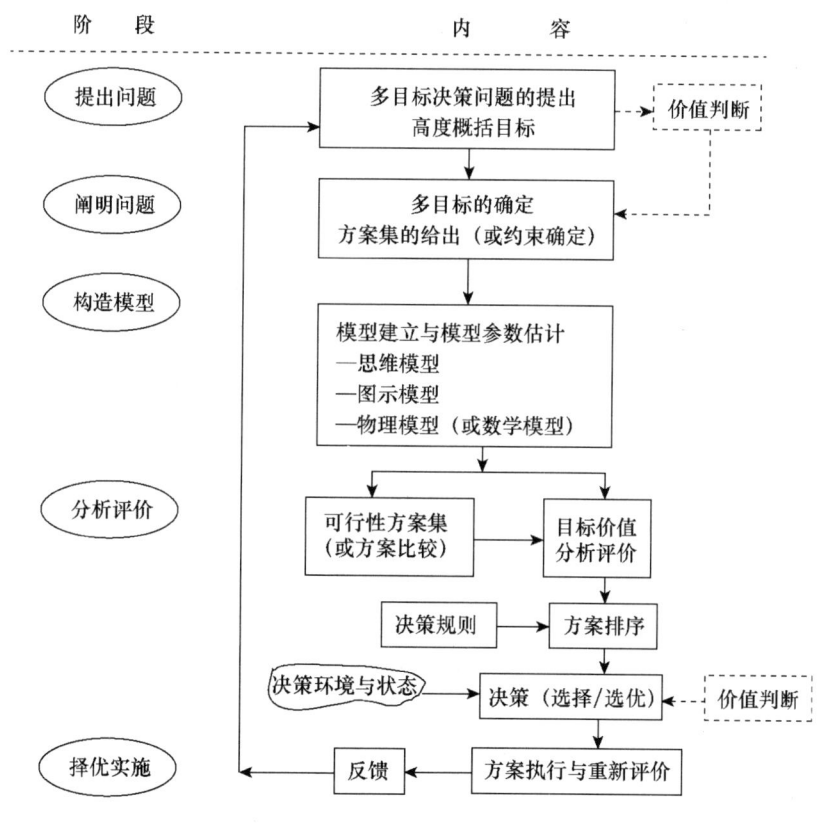

图6-1 多目标决策的基本过程

资料来源:根据相关文献(左军:《多目标决策分析》,浙江大学出版社1991年版,第9页;杨保安、张科静:《多目标决策分析理论、方法与应用研究》,东华大学出版社2008年版,第2页)绘制。

第一步，提出问题。由决策者根据其所处系统的要求提出一般性的、粗略的多目标决策问题。

第二步，阐明问题。将粗略的目标转变成一系列确定的目标，并且确定系统中的元素，明确系统边界（约束），给出所有可能的方案，这阶段的工作主要是由决策者和分析者共同进行。

第三步，构造模型。确定变量，明确目标与方案之间的关系，建立相应模型（包括思维模型、图示模型、物理模型和数学模型等），同时估计模型参数。这阶段工作主要由分析者完成。

第四步，分析评价。首先由模型产生可行方案或比较各方案去掉较劣方案，然后根据决策规则（Decision Rule）来排序各可行方案，接下来决策者根据决策环境来选择执行方案。这阶段前期由分析者分析，后期由决策者选择。

第五步，择优实施与反馈。在执行阶段中进行方案的实施，同时进行追踪评价并定期反馈。

专栏 6-3　多目标决策方法在气候变化背景下适应性水资源管理中的应用

在中国东部季风区，气候变化对水资源的影响是显著的，迫切需要采取适应性管理措施，提高流域水资源综合开发效益。HONG 等人基于多目标模型对中国东部季风区应对气候变化的适应性水资源管理方案进行了求解。其方法如下。

首先，采用 RCP 4.5，预测至 2030 年的气候变化情景。

其次，在兼顾水资源的可持续利用和社会经济可持续发展等多个目标的前提下，构建适应性水资源管理的多目标决策模型及其求解方法：

$$VDD(T) = \frac{1}{V(T)} \cdot DD(T) = \frac{EG(T)^{\beta_1} \cdot LI(T)^{\beta_2}}{V(T)} \quad (式1)$$

$$V = \prod_{i=1}^{n} \left(\left(\frac{S(t)_i}{C(t)_i}\right)^{(\beta_1)_i} (E(t)_i)^{\beta_{2i}} (RI(t)_i)^{\beta_{3i}} \right)^{\theta_i} \quad (式2)$$

$$DD(T) = EG(T)^{\beta_1} \beta \times LI(T)^{\beta_2} \quad (式3)$$

式中，VDD 是水资源适应性管理的综合效益，V 是综合脆弱性，DD (T) 是 T 阶段的水环境和社会经济的可持续性的量化指数（发展规模）；$S(t)_i$ 是水资源系统对第 i 项评估的敏感性函数，$C(t)_i$ 是水资源系统对第 i 项评估的韧性函数，$E(t)_i$ 是水资源系统对第 i 项评估的暴露度函数、$RI(t)_i$ 是水资源系统对第 i 项评估指标的风险指数，θ_i 是第 i 个评估指标的权重，LI (T) 是水环境及其相关生态系统的质量，EG (T) 是社会经济系统的经济增长程度，β_1 和 β_2 分别是经济增长和承载力的权重，t 为评价时间。

再次，拟定应对气候变化的水资源适应性管理的多个方案。中国东部季风区的应对气候变化的水资源适应性管理，可采用 4 种管理措施（决策变量），这 4 种管理措施可组合成 15 种管理方案，如下表所示。

表 1　　应对气候变化的水资源管理决策组合

方案组合	用水量控制	用水效率管理	水功能区标准完成率的控制（总废水负荷控制）	生态用水保障率控制
方案 1	■			
方案 2		■		
方案 3			■	
方案 4				■
方案 5	■	■		
方案 6	■		■	
方案 7	■			■
方案 8		■	■	
方案 9		■		■
方案 10			■	■
方案 11	■	■	■	
方案 12	■	■		■
方案 13	■		■	■
方案 14		■	■	■
方案 15	■	■	■	■

> 最后，通过气候变化背景下适应性水资源管理的多目标决策模型分别求解 15 种方案的水资源管理综合效益（VDD），最终确定第 15 方案（同时使用 4 项措施）的综合控制效果最显著，为最优方案。
>
> 资料来源：Hong, S., Xia, J., Chen, J., et al., "Multi-object approach and its application to adaptive water management under climate change", *Journal of Geographical Sciences*, Vol. 27, No. 3, 2017, pp. 259-274.

第四节 情景规划方法

情景规划（Scenario Planning）分析方法近年来广泛应用于环境和气候决策等复杂决策系统。情景规划是对系统未来发展的可能性和导致系统从现状向未来发展的一系列动力、事件、结果的描述和分析，目的在于增加政策弹性和对未来不确定性的应变能力，从而及时、有效地指导实践行动。[1]

一 情景分析法的发展

Scenario 的字面意思是指戏剧情节的大纲或摘要。第二次世界大战后，由于各种突发事件带来了社会、经济系统的结构性变革，纯粹基于历史数据基础上的定量的统计预测在揭示较远的未来前景并帮助确定长远发展战略时，已日益显示出其局限性。在这种背景下，情景分析法应运而生，作为一种分析未来的方法凸显出巨大的应用潜力，并作为一种战略规划方法被不断发展完善。

1967 年，兰德公司（RAND）的研究员 Herman Kahn 出版的《2000 年——关于未来 33 年猜想的框架》成为情景分析方法的代表作，其著名口号是"思考不可思考的"（Thinking about the unthinkable）。20 世纪 70 年代中后期，情景分析法得到迅速发展和广泛运用，出现了多种不同的模式及知名研究报告。如罗马俱乐部（Club of Rome）的报告——《增长的极限》（*The Limits

---

[1] 可参阅娄伟《情景分析方法》，中国社会科学出版社 2010 年版。

to Growth)和《人类的转折点》(Mankind at the Turning Point)就高度关注情景分析技术。《增长的极限》一书预见性地为未来世界的资源消费提出不同的情景,第一次使"情景"这一术语获得普通民众的关注。

近年来,情景分析方法无论在企业还是在政府的战略研究中都得到了更广泛的应用。众多机构及专家学者不仅运用情景分析方法规划企业战略,而且把该方法应用在国家发展战略等更高的宏观层次上。发展和应用过程中,情景分析方法与其他各种定性和定量方法相融合,特别是和计算机技术的结合,已使其成为一种有效地进行战略分析的工具。近几年,我国一些学者也开始密切关注情景分析法的发展,并逐步将其应用于技术预见、环境经济、能源经济、气候变化、经济规划、战略决策等领域。

二 基于情景分析的气候变化研究

在气候变化研究方面,国外许多早期研究把焦点放在气候条件对自然进程的物理影响,这些研究有的比较关注气候变化情景及有限范围内的适应性行为,有的关注气候变化对社会、经济系统的线性影响,也有使用空间类推法(对当前不同气候带的区域进行对比),及时间类比推算未来情景。此外,还有大量研究关注不确定性分析,以及利用模型(如蒙特卡罗模型)及计算机进行情景模拟分析、敏感性分析,这类研究能使气候变化研究更加直观,但大多依赖有限的条件模拟未来几十年的气候变化。

当前,不仅国外出现了大量基于情景分析法研究气候变化的成果,我国也有越来越多的学者关注这一领域,并形成一些研究成果。相关研究主要从气候变化及影响、温室气体排放及影响等角度进行研究。与气候变化有关的情景分析主要集中在三个方面:一是利用情景分析研究全球气候变化,以 IPCC 报告为代表;二是利用情景分析研究低碳经济特别是碳排放;三是利用情景分析研究气候变化对社会经济的影响。

气候情景是气候模拟的基础,是对未来世界不同发展状况的科学假设。在利用情景分析法研究气候变化方面,最有名的是政府间气候变化专门委员会(IPCC)科学评估报告的情景设计。2010 年,IPCC 综合考虑人口、经济、技术进步、资源利用等因素,提出了共享社会经济路径(Shared Socioeconomic Pathways,SSPs),用来定量描述气候变化与社会经济发展路径之间的关系。从未来社会经济面临的适应和减缓气候变化的挑战出发,目前确定了五种 SSP

路径。SSPs 将气候变化政策纳入气候变化风险评估，能够更好地满足气候变化影响、风险、适应与减缓的协同研究。

延伸阅读

1. ［美］苏珊·C. 莫泽、［美］麦斯威尔·T. 博伊考夫主编：《气候变化适应：科学与政策联动的成功实践》，曲建升、王立伟、曾静静等译，科学出版社 2017 年版。

2. 李鸥：《参与式发展研究与实践方法》，社会科学文献出版社 2010 版。

3. 娄伟：《情景分析理论与方法》，社会科学文献出版社 2012 年版。

4. 杨保安、张科静：《多目标决策分析理论、方法与应用研究》，东华大学出版社 2008 年版。

练习题

1. 尝试设计一个混合研究方法，以解决一个复杂系统（例如城市系统）的具体问题。

2. 阐述多目标属性决策与多目标优化决策的异同。

3. 与同学讨论情景分析方法可否应用于微观领域。有人说"Everyone should have a strategy"，可否借鉴情景分析方法的理念，分析你未来的人生规划与事业选择？

第 七 章

适应气候变化的政策机制

本章介绍适应气候变化的政策机制。适应领域的经济政策设计有助于提升投资效率与社会公平。经济政策包括：财政税收、转移支付、金融保险等政策工具。适应规划是制定适应政策和实施行动的长期战略设计。适应规划需要多部门、多主体的参与，采用科学的决策程序并根据具体情况的变化作出更新和调整。多部门、多主体、多目标的协同治理是适应气候变化的有效途径。

第一节 适应气候变化的经济政策

一 适应气候变化领域经济政策的类型

在适应气候变化领域引入经济政策有两个目的：增进气候投资效率、确保气候公平。IPCC 第四次、第五次科学评估报告详细介绍了气候政策中的各类经济措施，不同的经济措施能够触发人们开展不同的行动。IPCC 报告指出，经济工具的使用能够有效地带动自主适应。经济措施包括有切实目的的政策和实际的行动，通过政策和行动的直接干预、激励以及示范作用等，引导国民和经济部门主动适应气候变化。同时也包括非政府部门（NGO）主动参与气候变化适应，响应政府政策或自主提出的有效的适应气候变化的工具和服务。

适应的主要经济部门包括能源、水资源、运输、农林渔业、制造业、建筑、旅游娱乐、保险金融等领域，适应气候变化经济措施涵盖了：（1）国家、地方或行业层面适应气候变化的经济性立法和规章；（2）适应气候变化重大工程项目的实施；（3）促进主要经济部门适应的补贴、税收、专项基金机制；（4）气候变化灾害风险转移和降低的金融工具；（5）针对生态补偿、气候移民、减贫、灾害补助等的政府转移支付和社会保障。①

传统的经济政策手段包括基于市场、产权、行政管制等不同政策机制的工具设计。IPCC第五次科学评估报告第17章"Economics of Adaptation"专门梳理了可为适应行动提供政策激励的经济措施和工具，主要包括：风险分担和风险转移（包括保险），购买环境服务或生态补偿，改进资源定价、水资源市场，行政收费、补贴和税收，知识产权，创新及科研资助，提升社会行为及文化意识的激励措施，等等②。以水权为例，IPCC第五次报告中涉及环境补偿机制（Payments for Environmental Services），要求水资源所在地的土地拥有者承担水源保护的责任，但水资源的使用者会对其进行补偿；而美国西部、澳大利亚、智利、西班牙等国则是将水权从土地权中分离，能够将水从低价值重新分配到高价值生产以提高效率。

2013年《欧洲适应气候变化战略》涉及的适应部门有洪水保护和水资源管理、建筑、城市规划、森林和自然保护区、人类健康、文化保护、空间规划、生物多样性、农业、能源、灾害风险减缓、运输、旅游、海岸区域、商业和服务、工业、文化遗产、渔业及山地区域等诸多领域。加拿大等国家通过一系列应对干旱的经济政策提升农业生产者的生计资本，如农作物保险、收入稳定工具、农业水基础设施赠款、环境农业规划（改善土壤管理）、干旱预警及流域管理计划等。加勒比岛国面对较高风险的气候灾害侵袭，产生了加勒比巨灾保险这样的多国联合，汇集了16个国家共同建立起巨灾和地震后等对灾害快速反应的保险机制改为建立起应对灾害快速反应的保险机制（如巨灾保险）。

---

① Hallegatte, S., Lecocq, F. C., de Perthuis, "Designing Climate Change Adaptation Policies: An Economic Framework", World Bank: Policy Research Working Paper, 2011Feb, pp. 55 – 68.
② Chambwera, M., G. Heal, C. Dubeux, S. Hallegatte, L. Leclerc, A. Markandya, B. A. McCarl, R. Mechler, J. E. Neumann, "2014: Economics of adaptation", *Climate Change* 2014: *Impacts, Adaptation, and Vulnerability*, Part A: Global and Sectoral Aspects. Contribution of Working Group II to the Fifth Assessment Report of the Intergovernmental Panel on Climate Change [Field, C. B., et al. (eds.)]", Cambridge University Press, pp. 945 – 977.

二 国内适应气候变化的经济措施

2013年发布的《国家适应气候变化战略》中将基础设施、农业、水资源、海岸带和相关海域、森林和其他生态系统、人体健康以及旅游业和其他产业作为适应气候变化的重点领域。依据2013—2018年《中国应对气候变化的政策与行动》发布的白皮书报告，梳理了我国气候变化适应行动的重点领域，包括：农业领域、水资源领域、林业和生态系统、海洋领域、气象领域、防灾救灾等。从2010年即第十二个国民经济和社会发展五年规划文本中，应对气候变化作为单独议题列出，适应也提到了议事日程，明确提出要在各个领域考虑气候变化因素影响。2007年国务院出台《中国应对气候变化国家方案》以后，陆续发布《国家适应气候变化战略》《国家应对气候变化规划（2014—2020年)》，各个省区据此制定了适合本区域的气候变化政策。

表7-1所列重点领域的政策文件或是直接的适应行动方案，或是明确提到了应对气候变化的背景和要求。

表7-1　　部分重点领域的政策行动示例

领域	政策文件	制定和执行部门	行动领域
林业	《林业应对气候变化"十三五"行动要点》《林业适应气候变化行动方案（2016—2020年)》	国家林业局	适应气候变化良种壮苗培育、科学造林绿化、多功能近自然森林经营、林业灾害监测预警、适应性灾害管理、建设和管理自然保护区、恢复湿地、恢复沙区植被、林业适应气候变化研究、国际合作
城市	《城市适应气候变化行动方案》（2016年）	生态环境部、住房和城乡建设部	城市规划、城市基础设施、城市建筑、城市生态绿化、城市水安全、城市灾害风险综合管理、适应气候变化科技支撑等
农业	《全国农业现代化规划（2016—2020年)》	农业部、国家发展改革委	农业转型升级、农业产业融合、农业可持续发展、农业对外合作、产业精准脱贫

续表

领域	政策文件	制定和执行部门	行动领域
水资源	《全民节水行动计划》（2016年）	国家发展改革委、水利部等	重要地区和部门节水降损（城镇、缺水地区、公共机构、产业园区节水减污；农业、工业和服务节水增产增效）、节水产品推广及产业培育、行动监管、全民宣传
防灾减灾	《国家综合防灾减灾规划（2016—2020年）》	国家减灾委员会	完善灾害监测预警预报与风险防范能力建设、灾害应急处置与恢复重建能力建设、工程防灾减灾能力建设、科技支撑能力建设、区域和城乡基层能力建设等
建筑	《绿色建筑行动方案》（2013年）	国家发展改革委、住房和城乡建设部	节能建筑新建及改造、城镇供热系统改造、可再生能源建筑规模化应用、公共建筑节能管理、绿色建筑基础研发推广、绿色建材、建筑废物资源化利用等
旅游业	《全国生态旅游发展规划（2016－2025年）》	国家发展改革委、国家旅游局	加强对生态旅游资源的分级分类保护。根据地文景观、生物景观、水文景观、气象气候景观、人文生态景观的不同特点制定相应保护措施，做好与相关规划的协调衔接，优化旅游项目的建设地点，合理确定建设规模。

适应领域的财政税收政策涵盖了财政奖补机制、农业补贴、专项基金、绿色补贴等。但目前来看，适应气候变化在资金上远不如减缓资金的投入。由于适应领域广泛，涉及大量的基础建设投入，适应气候变化的专项资金存在缺口，现有的财政投入和支付也难以明确划入适应领域。

收入调节与转移支付主要有生态补偿、低保、贫困补助、灾害救助等内容。中国具有广阔各异的地理环境，其中生态脆弱区占比较大，由于气候变化导致的贫困和生态问题尤为严重。对此，国家对几乎涵盖了森林、草原、湿地、河流、土地等所有的生态领域进行了生态恢复和保护行动，采取了草原生态补偿长效机制等有效措施。例如，2010年国务院安排136亿元财政资金在内蒙古、西藏、新疆、甘肃等9个省和自治区实施了草原生态保护补助奖励机制政策；2012年，补助奖励机制政策范围扩大到河北、山西等5个省的牧区和半牧区。

金融保险工具是重要的风险分担和风险转移工具。慕尼黑再保险公司研究了2.2万次自然灾害记录，指出20世纪50年代以来，与天气有关的大灾事件增加了6倍。2017年长江暴雨引发流域洪灾，影响11个省份与40万户家庭，造成经济损失60亿美元，为当年亚洲地区自然灾害损失之最。2018年9月，台风"山竹"袭击广东，245万人被疏散，广州各大企业被迫停工，造成的损失总计达20亿美元。以农业领域为例，从20世纪90年代开始到目前，中国每年平均因各种气象灾害造成的农作物受灾面积达5000万公顷，经济损失高达2000多亿元。十八届三中全会明确提出"建立巨灾保险制度"，深圳、宁波、云南、四川、广东、黑龙江等地相继开展指数保险试点。

专栏7-1　中国的巨灾保险制度

广东省政府于2016年7月启动推动了"广东省财政预算风险巨灾指数保险"试点，由广东省与瑞士再保险公司等金融机构合作，金融、保监局、民政、水利、气象、地震等众多部门参与其中，承保台风、强降雨风险（项目年保费3亿元人民币/保额35亿元人民币），试点方案采取降雨强度指数、台风风速指数作为保险赔付依据，当实际灾害指标超过预设阈值时，保险公司将保险赔付金直接支付给当地财政，用于灾民救助、灾后重建等救灾资金，有助于减轻地方财政应对极端天气气候灾害的压力。

黑龙江政府于2016年6月推行了"黑龙江省农业财政预算风险巨灾指数保险"试点，将26个贫困县列入保险区域（年保费1亿元人民币/保额23亿元人民币）。保险指数设计包括：降雨过多指数、干旱蒸发指数、积温指数、流域洪水指数四个指数保险项目。

第二节　适应气候变化规划

一　适应规划的特点

适应气候变化具有长期性、复杂性和不确定性，除了社会和个体层面的自发适应、主动适应之外，尤其需要由政府部门主导开展前瞻性的规划性适应。规划是公共政策领域的重要概念之一。公共政策的最终目的是实现"良治善政"，也就是"好的发展"：(1) 最优的经济增长；(2) 对现有和潜在财富与资源的尽可能公平的分配；(3) 对自然环境的最小破坏。这一发展理念也就是同时实现经济增长、社会进步、环境保护的可持续发展目标。作为从现实世界通向可持续未来的桥梁，规划是一个在不同时间、空间尺度上根据现有信息不断选择和决策的动态过程，旨在利用有限的资源在未来特定时期内完成特定的目标。因此，规划往往需要具有系统性、计划性和前瞻性，面向未来制定发展战略，并设计科学可行的发展路径和行动方案。

适应规划（Adaptation Planning）是政府开展的、有计划的适应行动，是提升适应能力的重要决策工具。适应规划是伴随着气候变化问题应运而生的新的决策需求，也是人们深入认识气候变化问题及其规律之后在政策层面的积极响应。气候变化的影响、风险认知及适应决策涉及众多主体和领域，需要广泛收集方方面面的知识和信息，也需要多部门的沟通与合作。实践中，许多国家和地方的适应战略或规划都存在着与其他政策领域协调或整合不足的问题。作为一项长期的战略，适应政策和行动需要综合考虑气候风险、社会经济条件及地区发展规划等多项内容，同时需要在政策实施过程中及时反映和应用最新的科学进展。

根据国内外的研究与实践，可以归纳出适应规划的几个要点：(1) 利益相关方的参与；(2) 明确的、可评估的共识性目标；(3) 基于不确定性设计未来政策情景；(4) 提供多种政策备选项以提高管理的灵活性；(5) 强调"在实践中学习"（Learning by Doing）"从错误中学习"，注重提高各参与方的学习能力，倡导学习型组织；(6) 确保规划达到预期目标的监督和评估机制；(7) 将规划落实为具体行动和举措的机制保障等。

二 适应规划的流程

英国政府于 2002 年建立了气候影响计划（UKCIP），设计了一个适应决策的流程图（图 7-1），强调了适应决策是一个反复迭代、不断更新信息、减小不确定性的过程。这一分析框架被国际社会广泛采用，特点在于：(1) 基于风险评估的科学决策机制，从依靠经验科学到强调未来情景预估；(2) 基于适应性的政策设计，考虑到系统的不确定特性，放弃对最优化政策的追求，注重政策选择的灵活性和适应性，从寻求最优规划转向适应性规划。

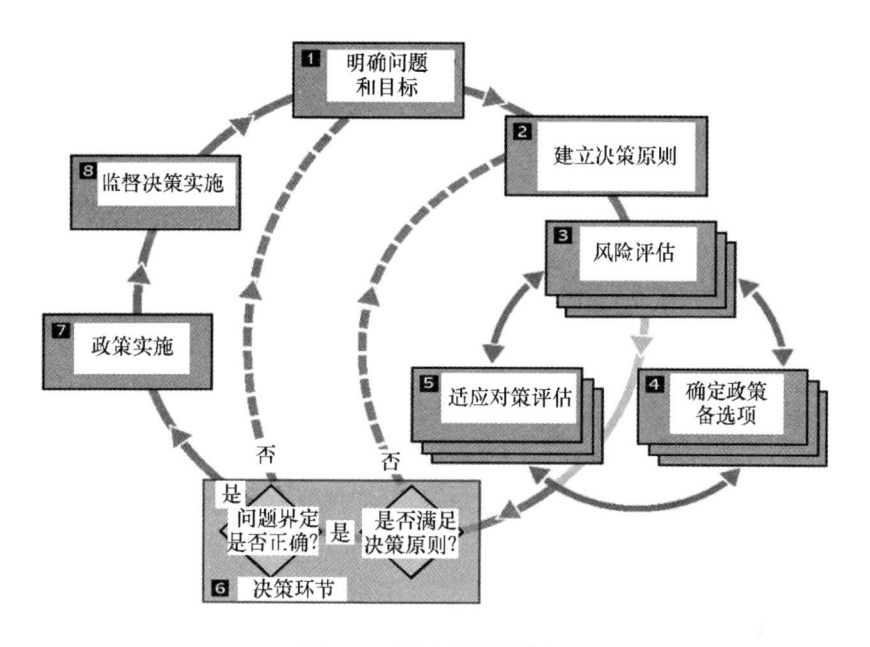

图 7-1 适应规划的流程

资料来源：郑艳、潘家华、廖茂林：《适应规划：概念、方法学及案例》，《中国人口·资源与环境》2013年第3期。

适应规划可以是专门针对适应气候变化设计的专项规划，也可以是将适应目标与行动纳入国家、地方发展战略、地方综合规划中的一部分。国内外开展适应规划各有侧重，主要内容及实施步骤可归纳为以下几点。

第一，确定规划的目标和范围。鉴于适应气候变化的问题在不同地区、不同部门、不同管理层面具有差异性，需要首先界定适应规划的具体范围及其目标，以便规划的设计和制定更有针对性。

第二，开展气候变化脆弱性及其风险评估。脆弱性是指系统受到不利影响的倾向或趋势。气候变化导致的脆弱性评估包括对自然资源、生态环境、社会群体、经济财产、人居环境、健康、治理能力等诸多方面的评价。在此基础上，依据未来各种气候变化情景预估结果，针对不同的社会经济发展情景分析，提供各种可能的气候风险评估结果，作为制定规划的科学依据。

第三，适应对策甄别及其优先性评估。首先，需要制定科学、合理并且符合大多数人价值观的未来适应目标，即建立行动共识；其次，根据专家咨询、利益相关方研讨、成本—效益分析等多种方法，甄别出最具有现实可操作性的各种适应对策，并基于政策优选的某些具体原则，评估适应对策的优先次序。

第四，制定及实施适应战略。为适应政策的实施设计路线图。针对未来图景的政策设计需要体现变通性和灵活性，例如：发展路径和风险管理手段的多样化，选择无悔或低悔的政策措施，避免投资或技术的锁定效应，分阶段逐步实施，根据新的科学知识、信息和反馈及时调整和改变政策内容等。

第五，政策实施过程中的监测、反馈及评估。由于气候变化问题的复杂性和长期性，人们的认识有一个逐步提高的过程。因此，在政策实施过程中，不断对政策实施的过程和效果进行监督、反馈和评估，有利于及时纠正决策过程中可能存在的失误和问题，从错误中获得学习和改进的机会。

从发达国家和发展中国家的案例来看，信息、资源和激励机制都是推进适应规划的重要决策因素，此外，政府治理结构、公众参与机制、政策立法体系等制度文化因素，也会影响适应规划的成效。

气候变化的影响、风险认知及适应决策涉及众多主体和领域，需要广泛收集方方面面的知识和信息。从各国实践经验来看，可以发掘出一些适应规划的基本要素，例如：（1）明确受到潜在风险影响的关键领域和部门，界定政府需要采取的优先工作；（2）充分了解现有的适应基础，包括制度环境、激励因素、研究支持，及人财物等适应资源和要素等；（3）针对长期的成功适应行动制定决策原则，并考虑不确定性问题；（4）适应规划与其他政策规划领域的协同或整合；（5）适应规划的实施、监督和效果评估等。

三 国内外城市的适应规划

全球城市的适应行动相比减缓气候变化还处于初期阶段，其中欧美发达大城市适应行动涉及范围较广，发展中国家城市的适应行动主要是传统防灾减灾，缺乏气候风险的针对性。从发展中国家城市应对气候变化来看，有效的适应决策必须协同实现减排和发展目标，且有赖于政府支持、部门合作及社会参与。

城市是加强气候适应能力的重点区域，适应规划需要纳入相关部门的发展规划，成为主流化的政策设计，例如：灾害风险管理领域，需要提升应对气候灾害的工程性措施，以及提升适应能力或韧性的社会响应措施。城市生态系统是城市人居环境的主要构成要素，城市绿色基础设施相比高排放高能耗的"灰色基础设施"更具成本效益和可行性，发达国家和发展中国家城市普遍将公园绿地、湿地、造林等生态型适应作为低成本、可持续、多效益的协同措施，以应对高温和洪水等气候风险。城市低收入阶层、外来务工群体是深受气候变化影响潜在脆弱人群，需要在减贫战略、城市社会保障政策中予以考虑。

专栏 7-2　上海市奉贤区适应规划研究

适应政策需要考虑不同群体和部门的需求，然而如何在政策设计中进行权衡是一个难题。2011 年和 2013 年中国社会科学院城市发展与环境研究所与上海市气候中心在上海市联合召开的两次决策管理者研讨会的问卷和群体评估结果，参加部门大多来自上海市应对气候变化及节能减排工作领导小组的成员单位，两次研讨会共收回开放式问卷 20 份。

制定适应规划首先必须了解所在地区的气候变化风险趋势。各部门代表对本地区面临的主要气候风险及其影响进行打分评估，结果表明，当前和未来对各部门管理工作可能带来较大影响的主要气候灾害依次是：高温热浪、暴雨洪涝、大雾/雾霾、台风/大风、低温冷冻灾害等；对现状和未来灾害风险评估不太一致的是雷雨天/雷电、梅雨天、海平面。

地方部门工作过程中最突出的问题是部门业务职能交叉，责权利不够明确。其次有一半的人认为是部门决策协调不够，信息沟通渠道不畅通；工作预案不够具体，应对突发的新问题能力不足，具体工作难以落实；以及工作经费和投入不足，有历史欠账问题等。

对于开展适应规划的优先事项，不同部门具有不同的看法和视角（见表1）。80%的专家赞同街道和社区层面的防灾工作、信息传递是非常重要的问题。其次是改善城市生态环境的同时注重适应问题（减缓热岛效应、防洪），这说明决策管理者对于政策协同以及民生水利建设非常关注。最后是外来务工群体普遍收入低、居住条件差，且缺乏社会保障，是潜在的脆弱人群。此外，受访者认为适应气候变化也会带来一些发展机遇，例如增强沿海基础设施的气候防护能力，可以给本地区带来新的投资和就业机会；通过适应行动，也能够提升对社会低收入阶层和外来务工群体的关注等。此外，受访者都认可本部门的适应政策能够与减排协同考虑。然而，目前的城市应对气候变化规划中常常单独设置减缓和适应目标，很少考虑二者如何协同的问题，这需要在具体规划过程中予以解决。

表1　　　　　上海市奉贤区开展适应规划的优先工作

编号	选项	票数
1	上海市的防灾基础设施建设已经相对完善，主要是应对新增的风险，需要一些额外投入	4
2	上海市奉贤区流动人口很多，一些低收入者是潜在的脆弱群体	6
3	老龄化群体及其健康和医疗保障问题	3
4	加强风险的社会保障，扩大灾后救济覆盖面及救助力度	4
5	改善城市生态环境与减少热岛、洪涝风险等问题相结合	8
6	沿海新城建设中的气候变化风险	5
7	城市街道与社区的灾害防御及信息传递机制	10
其他	气候变化对旅游业发展对策的研究等	

资料来源：郑艳：《城市决策管理者对适应气候变化规划的认知研究——以上海市为例》，《气候变化研究进展》2016年第3期。

各国由于政治文化体制差异，推进适应气候变化的政策路径有所不同，有的是自上而下经由国家适应战略的推动，有的是城市政府和社会各界自下而上的自觉行动。表7-2列举了一些最有代表性的城市适应规划，例如美国纽约的适应计划、英国伦敦的适应计划、美国芝加哥的气候行动计划、荷兰鹿特丹的气候防护计划、厄瓜多尔基多市的气候变化战略，南非德班的城市气候保护计划等。这些城市适应规划各有特色，大多为专门的城市适应计划，覆盖的范围和领域广泛，尤其是针对不同的气候风险，设计了不同的适应目标和重点领域，可以发现，其中一个显著的共性就是强调城市对未来气候风险的综合防护能力，以打造安全、韧性、宜居的城市为目标。

专栏7-3 纽约适应计划

2012年11月，一场特大风暴"桑迪"袭击了位于哈德孙河口、拥有820万人口的纽约，导致43人死亡、190亿美元的经济财产损失。桑迪飓风侵袭半年之后，纽约市长彭博发布了《一个更强大、更具韧性的纽约》，纽约适应计划旨在长期气候变化风险下考虑城市的灾害管理和长期应对问题。纽约适应计划是以建设韧性城市为理念，以提高城市抗击未来气候灾害风险的应对能力为目标，以提升城市未来竞争力为核心，以基础设施和城市重建为切入点，以大规模资金投入为保障，全面构建城市气候防护体系。

纽约被称为全球最具韧性的城市，主要经验包括：一是强有力的领导和决策机制，纽约市长彭博上任后非常重视气候变化问题，于2006年4月组建了"纽约长期规划与可持续性办公室"，重点关注减排和适应议题，2010年推动成立"纽约气候变化城市委员会"（New York City Panel on Climate Change），组建了适应、海平面上升等跨部门的工作组，有助于将行动意愿转化为政策和实践；二是从灾害中学习，注重对低概率、高强度潜在灾害风险的防范，关注相关的经济、社会脆弱性问题，并将这种风险意识纳入决策过程；三是科学决策和信息支持，纽约市调动研究力量，开发了《气候风险信息》《适应评估指南》《气候防护标准》等决策工具书，针对不同气候变化情景下海平面上升、风暴潮、高温热浪、城市洪水等灾害风险的发生概率，提出新的气候防护标准以及多种适应政策选项，供城市管理者选择。

资料来源：Rosenzweig, C., Solecki, W., "Chapter 1: New York City adaptation in context", *Annals of the New York Academy of Sciences*, Vol.1196, 2010, pp.19-28.

表 7-2　国际城市的适应规划内容

城市	适应规划名称	发布时间	主要气候风险	目标及重点领域	投资（美元）	总人口（人）
美国纽约	《一个更强大、更具韧性的纽约》（A Stronger, More Resilient New York）	2013年6月	洪水、风暴潮	修复桑迪飓风影响，改造社区住宅、医院、电力、道路，供排水等基础设施，改造沿海防洪设施等	195亿	820万
英国伦敦	《管理风险和增强韧性》（Managing Risks and Increasing Resilience）	2011年10月	持续洪水、干旱和极端高温	管理洪水风险，增加公园和绿化，到2015年完成100万户居民家庭的水和能源设施更新改造	23亿（伦敦洪水风险管理计划）	810万
美国芝加哥	《芝加哥气候行动计划》（Chicago Climate Action Plan）	2008年9月	酷热夏天、浓雾、洪水和暴雨	目标："人居环境和谐的大城市典范"特色：用以滞纳雨水的绿色建筑、洪水管理、植树和绿色屋顶项目	—	270万
荷兰鹿特丹	《鹿特丹气候防护计划》（Rotterdam Climate Proof）	2008年12月	洪水、海平面上升	目标："到2025年对气候变化影响具有充分的恢复力，建成世界最安全的港口城市"重点领域：洪水管理、船舶和乘客的可达性、适应性建筑、城市水系统、城市生活质量特色：应对海平面上升的浮动式防洪闸、浮动房屋等	4000万	130万
厄瓜多尔基多市	《基多气候变化战略》（Quito Climate Change Strategy）	2009年10月	泥石流、洪水、干旱、冰川退缩	重点领域：生态系统生物多样性、饮用水供给、公共健康、基础设施和电力生产、气候风险管理	3.5亿	210万
南非德班市	《适应气候变化规划：面向韧性城市》（Climate Adaptation Planning: For A Resilient City）	2010年11月	洪水、海平面上升、海岸带侵蚀等	目标："2020年建成为非洲最关怀、最宜居城市"重点领域：水资源、健康和灾害管理	3000万	370万

资料来源：郑艳：《推动城市适应规划，构建韧性城市——发达国家的案例与启示》，《世界环境》2013年第6期。

第三节 适应气候变化的治理机制

一 适应决策的治理主体

适应政策设计理念是"适应性管理"(Adaptive Management)或"适应性治理"(Adaptive Governance)。20世纪90年代以来,在全球环境和气候变化的大背景下,社会政策和公共管理领域兴起了对适应性管理的研究,经过30多年的发展和实践,在理论和方法上渐成体系,衍生出适应性政策、适应性治理、适应性战略规划等概念,并广泛应用于气候变化、水资源管理、生物多样性管理、灾害风险管理、环境影响评估等领域。将适应性管理理念纳入适应政策和规划设计中,有助于改变传统的风险—应对式的风险管理方式,走向风险—适应性的管理途径。

国际上对于适应规划的理解,不仅将其作为一个政策目标实现的决策和管理过程,还强调了规划制定实施的背景及其组织运作机制,即治理架构、机制设计、制度环境等方面的因素影响。与此相关的概念是"气候变化适应治理"(Adaptation Governance),可以界定为"公共管理部门、社会公众、企业、非政府组织等利益相关方,以实现气候安全、社会公平和可持续发展为共同目标的、共同应对气候风险的管理和决策过程"。适应规划既是适应治理的重要目标,也是推动适应治理的政策手段。

适应治理可以根据不同的决策层面、政策部门和领域,设计不同的目标。可以是单一部门的单一目标,也可以是与地区可持续发展、其他相关部门相结合的多元目标。例如传统的灾害管理部门在考虑气候变化适应问题时,主要关注气候灾害及其风险,以减低气候灾害风险及其损失为目的。从国家和地区制定宏观发展战略的角度来看,适应治理需要与自然资源开发利用、减贫、减排、生态环境保护等多种目标结合起来考虑。因此,不仅需要关注极端天气气候事件及其灾害风险,还将视野拓展到与国家安全、社会公平、脆弱群体、减贫等可持续发展目标密切相关的广阔领域。

由于气候变化这一环境问题的公共产品属性,适应治理的实施主体通常是政府相关部门,尤其是在国家和地区层面,在地方层面,也可以是社区、非政府组织(NGO)等利益相关方。IPCC(2012)特别报告阐明了在适应治理中不同治理层次和治理途径的参与主体及其角色（图7-2），指出研究机构、私人企业、公民社会及社区组织等不同主体具有不同的作用，能够与政府管理部门起到互补的作用。

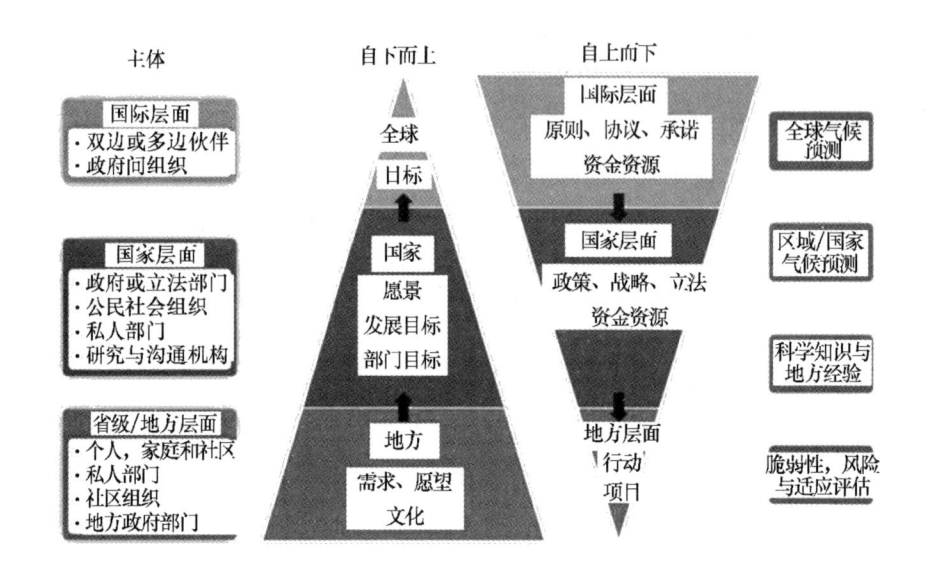

图7-2 气候变化适应的不同治理主体及其功能

资料来源：郑艳：《将灾害风险管理和适应气候变化纳入可持续发展——IPCC-SREX报告解读》，《气候变化研究进展》2012年第2期。

二 灾害风险管理与适应气候变化治理

国内外灾害研究有三种流派：一是"工程—技术传统"，核心概念是"灾害"，关注产生自然灾害或人为灾害的"致灾因子"，应对灾害的基本策略是弄清灾害的发生机制，进而通过工程和技术手段进行预警、预防和应对；二是"组织—制度传统"，核心概念是"危机"，从管理学和制度组织的角度探讨危机产生的原因、过程；三是"政治—社会传统"，核心概念是"风险"，用来衡量发生某种不利影响的可能性，包括自然风险、经济风险和社会政治风险[①]。从国内外研究来看，气候变化风险及其适应行动涉及工程技术、组织机

---

① 童星、张海波：《基于中国问题的灾害管理分析框架》，《中国社会科学》2010年第1期。

制、社会管理的方方面面，与灾害管理、危机管理或风险管理都有不同程度的交叉，在许多方面都可以寻求协同。例如，通过灾害风险预估和早期预警机制来减少暴露度；通过建立灾害风险应急机制和管理机制来降低灾害破坏性；通过风险转移和分担来减少灾害对受灾人口的冲击力，提高灾后恢复能力等。

灾害风险管理与适应气候变化作为两大各有侧重的环境治理领域，既有共性，也有差异。其共性是：减少极端灾害事件的风险暴露性和脆弱性，提升应对不利影响冲击下的韧性或恢复能力；二者的差异性则表现在治理目标、风险特征、理论基础、主管部门等方面（见表7-3）。

表7-3　　灾害风险管理与适应气候变化治理的区别

	灾害风险管理	适应气候变化治理
目标	防灾减灾，减少灾害损失发生概率	减小气候风险，增强适应能力，开发潜在的发展机会
风险类型	自然灾害风险（地震、洪水、台风、干旱等），人为灾害风险（环境污染、工业事故、火灾等）	气候变化风险（突发的极端天气气候事件如台风、洪水、暴雨、高温、干旱、雷电、雾霾等；渐进的长期风险（如海平面上升、荒漠化、生物多样性损失等）
风险认知特征	突发灾害、长期灾害	长期的、不可逆的、不确定性
风险构成	致灾因子、承灾体、孕灾环境	极端事件、暴露性、脆弱性
时间尺度	事件应对式（事前、事中、事后），关注个别事件，静态过程	长期持续的变化，连续的动态过程，关注与可持续发展的关联
影响范围	灾害链效应（线性影响机制）	风险放大效应（非线性影响机制）
理论基础	灾害学、灾害链理论	社会—生态复合系统、韧性、风险社会理论
风险评估	基于历史事件的风险概率预测	基于气候情景的风险评估
主导政策	防灾减灾规划	适应气候变化规划
主管部门	应急管理部、民政部等	生态环境部、气象局等

资料来源：Zheng, Y., Xinlu Xie, "Improving Risk Governance for Adapting to Climate Change: Case from Shanghai", *Journal of Urban & Environmental Studies*, Vol. 2, No. 2, 2014, 有修改。

三 气候变化风险的协同治理

(一) 协同治理内涵

气候变化背景下,全球各国遭受的极端天气和气候灾害风险不断加剧。气候变化使得传统灾害风险更加具有不确定性、复杂性、长期性,更加难以预测和防范。"风险的协同治理"正在成为风险管理的一个前沿和热点研究领域,体现了全球范围内正在出现的风险治理模式的转型。这一新现象和新问题表现在:传统的灾害风险管理部门已经无法单独应对全球气候变化带来的风险压力,需要更多管理部门及全社会公众的积极参与。因此,有必要因地制宜、根据国情和地方需求,探索一种新的更加具有(领域)综合性、(部门)协同性、(社会)参与性的城市风险治理体系。

为了应对这一新的环境治理挑战,国际上提出了"气候变化风险的协同治理模式",建立一种新的全灾害治理途径(all-hazard approach)、全政府(whole government)的治理模式。协同治理(collaborative governance),也称为协作治理、网络治理、系统治理、整体性治理等,是在西方国家产生的一种多主体治理结构,多应用于行政管理、政治学、环境管理等领域。协同治理是继政府治理与社会治理之后公共事务治理的第三代理论。协同治理以建立共识为导向,擅长解决仅靠政府部门或单个组织无法解决的公共难题及不确定性决策问题,推动了气候变化、减贫、危机管理等全球性治理范式的变革。国内学界对于"协同治理"研究有"体"与"用"两种视角,前者立足"治理",侧重于改进决策过程、社会管理和良治善政等机制设计,例如协同政府理念下的大部制改革、我国特有的领导小组体制等;后者立足"协同",基于系统论和协同论思想,将多主体的竞争与合作行为视为不同子系统从无序达至有序的自组织进化过程,旨在协同管理不同主体的分散行动,以实现整体大于部分之和的效果。

(二) 协同治理模式与途径

协同效应是指系统内部各子系统之间在同一目标下相互协调配合,产生"1+1>2"的效应。由于协同治理的灵活性、创新性优于传统政府行政管理模式,环境政策协同化已成为我国推进节能减排等环境议题的重要治理途径。国内的城市气候变化决策协调机制由国家发改委牵头的应对气候变化及节能减排工作领导小组组织和实施,各部门主要以落实国家和地方减排任务、建设低碳城市为主要目标。尽管 2013 年已发布《国家适应气候变化战略》,但是从部门到地方层面、多主体参与的适应决策与协同治理机制尚未真正形成。一方面,适应气候变化与城市规划、防灾减灾、环境保护、生态建设等相关领域具有密切关联，相关部门职责与权限缺乏明确界定，适应目标、任务和工作重点尚不明确；另一方面，各部门之间的信息沟通与决策协调还远远不够，部门和地方规划往往缺乏衔接与呼应，难以形成合力。对此，国内开展了气候适应型城市试点，推进一些先行城市制定适应规划，加强部门协同。对于适应规划及治理路径也有一些创新的研究（专栏7-4）。

专栏7-4 基于气候变化脆弱性的适应规划与治理路径

与减缓气候变化相比，适应气候变化是更加迫切的现实挑战。推进我国的适应规划亟须解决以下主要问题：①评估气候变化对各种社会福利要素的影响及其适应能力；②测算未来潜在的福利风险（包括总量和地区分布特征）；③界定国家、地方和部门的适应职责，促进公平有效的适应行动。针对中国31个省区市进行气候变化脆弱性评估，结果表明，各省区市的综合脆弱度指数呈现自东向西逐渐增大的趋势，即发展水平更高的地区其适应能力相对更高、气候敏感性更低。气候敏感性因子（包括气候灾害损失比重、受灾人口比重、气候敏感行业等指标）对各省区市综合脆弱度的贡献率超过1/3，此外，经济能力、人力资本质量、社会发展基础设施、生态资源禀赋、环境治理能力等也是影响省际脆弱性差异的主要因素。

依据气候敏感性和适应能力两个维度，可将中国区分为三类适应区域：①增量型适应优先地区：多为东南沿海发达城市化地区，发展基础较好，适应能力相对较强，应重点防范极端天气气候事件引发的小概率、高影响的灾害风险；②发展型适应优先地区：绝大多数处于西部地区，生态环境敏感，发展基础薄弱，亟须加强科技、教育、健康、防灾减灾、扶贫、生态保护等发展型基础设施投入；③增量型与发展型适应并重地区：以中西部地区居多，处于城市化和工业化快速提升进程，应关注气候变化对资源环境和人口承载力的制约作用。据此可采用的适应治理模式包括：①基于能力原则的地方政府主导模式；②基于需求原则的部门主导模式；③基于最脆弱地区优先原则的中央政府主导模式。

资料来源：郑艳、潘家华、谢欣露、周亚敏、刘昌义：《基于气候变化脆弱性的适应规划——一个福利经济学分析》，《经济研究》2016年第2期。

延伸阅读

1. 潘家华、郑艳、田展等：《长三角城市密集区气候变化适应性及管理对策研究》，中国社会科学出版社 2018 版。

2. 郑艳等：《基于气候变化脆弱性的适应规划——一个福利经济学分析》，《经济研究》2016 年第 2 期。

3. 欧盟环境署：《欧盟城市适应气候的变化机遇和挑战》，张明顺、冯利利、黎学琴等译，中国环境出版社 2014 版。

练习题

1. 试列举你了解的适应气候变化的政策、规划、法律规章等，包括国家、地方层面（你所居住的城市）。

2. 除了本章举例的内容，还有哪些切实有效的经济政策可以更好地应用于适应气候变化领域？

3. 请谈谈你对城市适应规划的认识。你是否认为自己也是其中的利益相关方并愿意参与决策过程？

第 八 章

适应气候变化的协同管理

本章介绍适应气候变化行动的外部影响及其协同管理问题。实践证明，适应气候变化与减缓温室气体排放、可持续发展目标之间存在交互影响关系，如何利用好行动的正外部性、发挥"1+1>2"的协同效应，是各国制定气候政策和规划的重要考量之一。本章基于复杂系统科学的协同理论、福利经济学的外部性理论，及国内外适应气候变化行动的协同管理实践，介绍适应气候变化与减缓温室气体排放、减灾、减贫、生态保护等可持续发展政策行动之间的关系。通过本章的学习，同学们可以了解福利经济学在适应气候变化行动管理中的应用，把握住"成本、效益、外部性"三大经济要素，从系统性、整体性的视角认识世界、认识万物之间的互联互通。

第一节 基本知识点

适应气候变化与减缓温室气体排放（以下简称：减缓行动）是人类应对气候变化的两大行动体系。对大多数发展中国家而言，通过降低温室气体排放来减缓全球气候变化是一项长期的挑战，不仅需要资金和技术的支持，更是经济发展模式的变革，减缓行动的效果要在几十年甚至上百年的时间内才能呈现出来，而适应气候变化行动更关注"当下"的可持续发展。适应行动的协同管理意味着寻找双赢或多赢策略，在实施适应行动的同时促进温室气体减排、可持续发展等目标的实现。

一　协同管理的概念

IPCC第三工作组在其第四次评估报告中,针对应对气候变化行动中存在的协同(Synergy)与权衡取舍(Trade-off)现象,进行了概念界定。

权衡取舍是指当决策者无法同时采取两种行动时,对适应与减缓行动的选择。协同是指适应与减缓行动的合作效应大于单独行动效应之和。

最优化:在一定前提条件下能达到最佳效果的行动组合。

互补性:适应与减缓行动之间的相互关系体现为:一项行动要取得预期效果需要另一项行动的配合,反之亦然。这种具有互补性的行动组合往往被打包成一套政策组合(政策包)配套实施。

行动组合:为达到特定目标需要采取一系列组合行动。气候政策组合可能包括适应、减缓、技术研发、城市建设规划、能耗标准、防灾技术标准,及旨在减少气候变化脆弱性的其他行动。

主流化:将应对气候变化的政策和措施纳入正在进行的部门和发展规划和决策中,降低发展活动对当前和未来气候条件的敏感性,就是适应在发展政策中的主流化。

二　协同的主要领域

应对气候变化是一项复杂的系统工程。在不同的气候风险区、经济部门与行业,适宜采取不同的适应与减缓行动。从行动领域看,适应行动主要集中在农业、水资源、森林及其他自然生态系统、海岸带及沿海地区,温室气体减缓行动主要集中在能源行业、工业部门、城市废弃物排放、农业和林业等方面。早期的适应与减缓行动协同管理发生在林业领域(见图8-1),森林保护具有防风固沙和产生碳汇的作用,有助于降低社会面对气候风险的脆弱性,增加碳汇,减少温室气体排放。随着全球应对气候变化行动的深入,关于适应与减缓气候变化的政策、措施越来越多,各种政策和措施之间的交互影响关系更加错综复杂,协同管理的领域越来越多样化(见图8-2)。

(一)能源领域的协同

1. 水电开发与防洪适应型活动的协同行动

在水电项目设计时,将水电站对提高农业适应气候变化的能力考虑进去,使新建水电站不仅具有清洁发电功能,还能够发挥防洪、蓄水、灌溉,解决干旱时期的农田灌溉和人畜饮水问题,增强地方适应气候变化的能力。

2. 农业适应计划与新能源的协同效应

在选育抗逆农作物品种时,除了有计划地培育和选用抗旱、抗涝、抗高温、抗病虫等抗逆品种外,尽量和生物质能源的需求结合起来,为生物质发电提供低价、稳定的原料供应;同时注意选择低排放的高产品种,降低稻田的甲烷排放;在提高农业生产能力建设过程中,促进秸秆处理和户用沼气技术的使用,推广环保型肥料,减少农田氧化亚氮排放、提升地力,增强农田土壤碳储存。

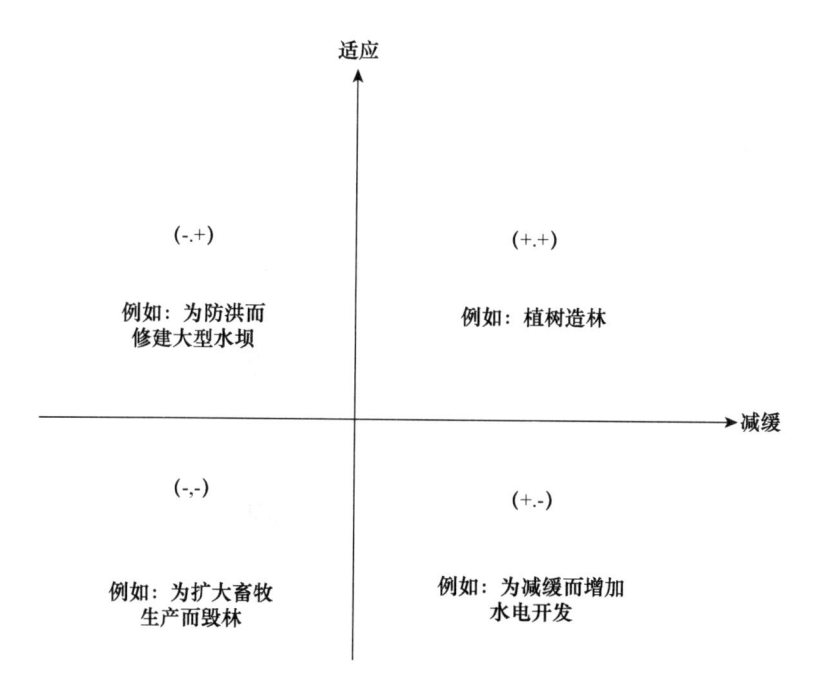

图 8-1 单领域协同管理示意

注:图中括号左边的符号表示行动对减缓的影响,右边符号代表行动对适应的影响,"-"表示负面影响,"+"表示正面影响。

(二) 建筑领域的协同——公共设施的新建与节能产品的使用

通过政策设计,鼓励和刺激这些公共设施的建设者使用低碳、节能产品,加强能效管理,不仅可以减少因适应活动产生的排放,还为低碳能源的应用提供了需求和市场,有利于促进新能源和可再生能源的开发利用,减少对化石能源的依赖和温室气体排放。

(三) 环境保护的协同——适应气候变化的工程措施与生物性减排措施结合

应对海平面升高的适应性对策中，可以采取生物性护坡措施，一方面加强了海洋生态系统的保护，使近海珊瑚礁生态系统以及沿海湿地得到保护，降低海岸带生态系统的脆弱性；另一方面通过营造沿海防护林，建立起一个生态护坡体系，可以增加碳汇，减少因单纯修建工程护坡产生的排放。

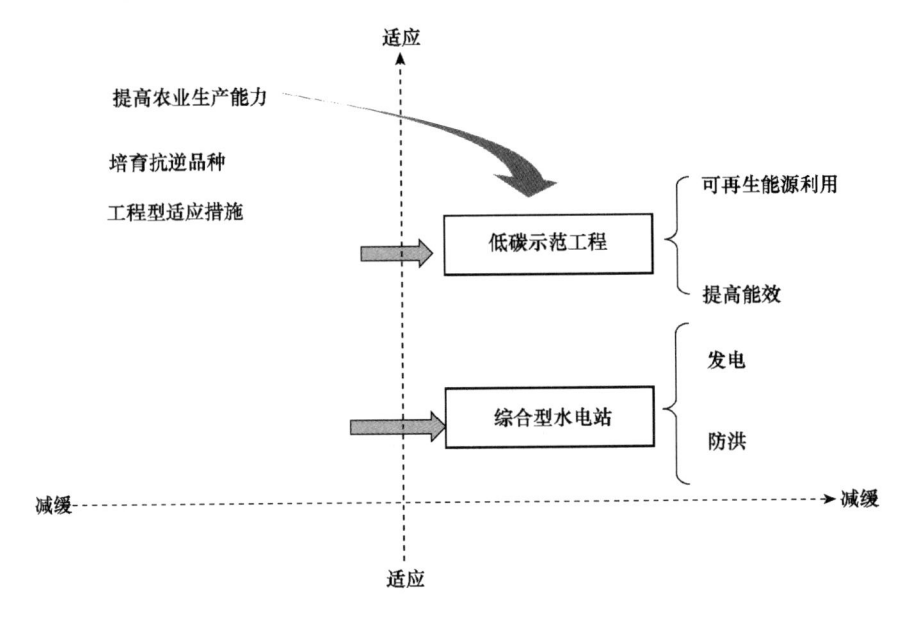

图 8-2 多领域的协同管理示意

专栏 8-1 协同管理案例

在实际生活中，适应与减缓行动的协同管理处处可见，如：德国通过拆除水泥堤岸拓宽城市水系，恢复城市河道的天然生态，改善了河流的生态功能和防洪泄洪能力，同时也减少了因维护水泥堤岸而产生的碳排放。在低纬度地区，对公共建筑、厂房进行太阳能光伏建筑改造，由于太阳能资源取之不竭，不容易受到极端天气的影响，能增强人类适应气候变化的能力，同时，太阳能的应用提高了可再生能源在能源结构中的比例，有助于实现减排政策目标。玻利维亚国家公园的气候行动项目（the Noel Kempff Mercado Climate Action Project）通过建设观赏林取得了三重政策目标：捕获二氧化碳、保护生态系统的多样性，促进了地区经济的可持续发展。对欧洲城市的减缓和适应行动研究发现，能源、建筑和城市规划三个领域存在大量的协同关系，通过协同行动规划可以取得协同效益。

三　协同管理的研究工具

IPCC第三工作组发布的五次评估报告主要采用成本—效益分析（Cost Benefit Analysis，CBA）、耐窗性分析（Tolerable Windows Approach，TWA）成本—效率分析（Cost-effectiveness Analysis，CEAs）、多目标决策分析（Multi-criteria Decision Analysis，MDA）综合评估等工具对减缓或适应行动带来的影响进行研究。

成本—效益分析（CBA）是应用非常广泛的经济学分析方法。在应对气候变化行动的协同管理中，成本—效益分析被定义为减缓成本与适应气候变化成本和气候变化带来的损失之间的权衡。成本—效益模型可以用来进行气候政策的优化研究，但其不足之处是忽视了减缓与适应行动之间的部门差异（经济和社会目标）、不同地区和长时间尺度的代际需求差异。

耐性窗分析（TWA）是另一种减缓和适应权衡评估方法。它的主要思路是给出不会导致气候变化的速率和总量超出人类忍受程度的长期温室气体排放路径和领域。这种评估有助于社会决策，但是不适合提出优化政策。

成本—效率分析（CEAs）主要思路是假定某种气候变化目标值能够使气候变化的影响保持在一定水平上，在这种水平上人类或者可以通过适应措施应对或者使最终损失低于可接受的水平。

多目标决策分析法（MDA）是相对于单目标决策而言的，它是指在多个目标相互矛盾或竞争情况下的决策分析方法。多目标决策一般采用加权模型，其权重的确定最为关键。确定权重的方法包括：主观赋权法、客观赋权法、组合赋权法。常用的主观赋权法如层次分析法、专家调查法（又称为Delphi法）、二项系数法、最小平方法等。常用的客观赋权法如主成分分析法、最小二乘法、最大熵技术法等。组合赋权法则综合多种赋权方法以规避单独采用主客观赋权方法的劣势。

对于适应与减缓行动的协同管理能够取得多大规模的协同效益、协同效益在什么条件下能够最大化，需要有大量、具体的多部门应对气候变化行动数据，以及大量的随着时间变化的投资和收益数据支撑。尽管目前已经开发应用了数学模型对减缓或适应行动进行分析，但多数模型没有考虑到适应与减缓之间的反馈。适应与减缓关系协同管理的复杂性在于，减缓和适应的政策选择在不同的时间、空间和制度尺度上起作用，这就对跨地域跨部门的决策提出了一个挑战。

四 协同管理的经济学意义

气候变化是典型的具有复杂性、长期性和外部性的全球环境问题。气候变化研究从一开始就无法忽略公平、价值和福利等伦理学议题，适应与减缓行动的协同管理就是利用行动的正外部性实现目标"双赢"，通过协同管理，使具有协同效应的适应与减缓行动形成一个协作群，可以使参与协作的每项行动的边际产出增大，降低管理成本、提高行动效率，增加社会总福利水平。由图8-3可见，减缓与适应行动的协同管理可以降低社会成本。

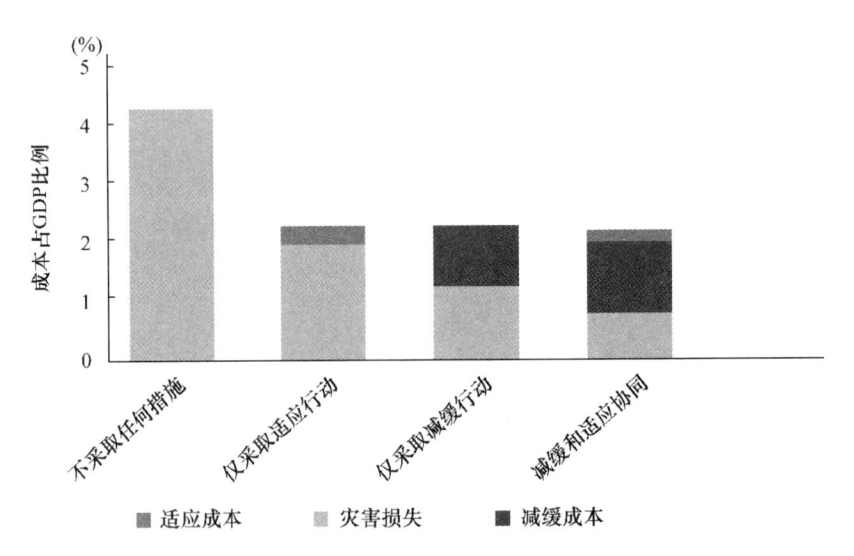

图8-3 适应与减缓行动的协同效应降低应对气候变化成本

资料来源：Mike Hulme, Henry Neufeldt, Helen Colyer and Angela Ritchie (eds.), "Adaptation and Mitigation Strategies: Supporting European Climate Policy", The Final Report from the ADAM Project, Tyndall Centrefor Climate Change Research, Norwich: University of East Anglia, 2009.

由于适应、减缓行动与发展政策在行动目标、领域、利益相关者等方面存在一定区别，主要通过制度设计实现，因此，出现了协同管理的制度成本，只有协同行动的效益超过了管理成本，才具有协同管理的经济性。实践也证实了适应与减缓行动通过协同管理能大幅度降低社会应对气候变化的成本。需要注意的是，由于适应行动具有较强的区域性特征，而减缓行动的部门特征、技术特征较强，两者的协同管理是否具有成本效益，需要针对具体的措施组合进行分析，不能一概而论。

第二节 适应与减缓行动的协同管理

早期的气候政策研究和实践中，适应与减缓行动被划分为两个相对独立的领域。IPCC 第三次评估报告首次提出了对适应与减缓行动进行协同管理的设想，并在其第四次评估报告中提出对适应与减缓行动间交互关系及定量分析方法的研究倡导。目前，协同概念、协同效应、协同管理等概念正逐渐得到政策制定者的关注。

一 适应与减缓行动的协同管理是如何产生的

国际上对适应与减缓行动交互关系的研究最早源于在评估温室气体减排行动时发现了行动的次生效益（secondary benefits）与伴生效益（ancillary benefits）。适应与减缓的交互关系主要有以下几种情况：减缓行动对适应目标的影响；适应行动对低碳目标的影响；适应与减缓行动互不影响；适应与减缓行动效果交互影响，除了"互不影响"行动外，其他行动都可以通过政策设计进行优化管理。目前对适应与减缓行动协同关系的研究已经取得了一些成果，在协同概念、协同关系发生的领域和协同关系的可管理性等方面都达成了基本共识，即协同关系存在且有可能通过制度设计取得行动效果的倍增效应。

气候变化将对人类社会发展造成损害，如果将这种损害以经济损失表示，由图 8-3 可见，如果不采取任何主动措施应对气候变化，到 2200 年，社会总福利损失将超过 GDP 的 4%；在只采取适应行动或减缓措施的情景下，气候变化造成的福利损失占 GDP 的 2.3%；如果采取具有协同效应的适应/减缓行动，气候变化造成的社会福利损失不足 GDP 总量的 2%。可见，对适应与减缓行动进行协同管理，发挥协同效应是最具成本效益的应对气候变化的行动方案。

二 适应与减缓行动的协同管理实践

在应对气候变化行动中利用好协同效应以取得更高的行动效率，已经体现在最新的国际气候协定和可持续发展目标中。2015年底在巴黎举行的联合国气候变化大会上，200多个国家签署了《巴黎协定》，其中第4条第7款规定：从缔约方的适应行动和/或经济多样化计划中获得的减缓公共收益，能促进本条下的减缓成果；提高适应气候变化不利影响的能力并以不威胁粮食生产的方式增强气候抵御力和温室气体低排放发展等。2016年联合国启动了《2030年可持续发展议程》，将"积极应对气候变化"列入重点领域和优先方向，不仅纳入并认可《巴黎协定》目标，而且在其他可持续发展目标中，也融入了应对气候变化的内容。例如关于城市与人类居住区可持续发展的目标11，提出"到2020年，大幅实施综合政策和计划以构建包容、资源使用效率高、减缓和适应气候变化、具有抵御灾害能力的城市和人类居住区数量"。

对适应与减缓行动进行协同管理具有应对气候变化与大气污染控制的双重效益。许多减缓与适应行动具有协同互补效果，充分利用协同关系将大幅度降低气候变化风险。中国关于"应对气候变化与大气污染治理协同控制政策研究——聚焦短寿命气候污染物和非道路移动源"显示，减少特定源的短寿命气候污染物排放可以降低未来几十年内的温升速度和程度，且有助于促进细颗粒物（PM2.5）减排和对流层臭氧浓度的降低，同时带来公众健康改善、避免重要作物的产量损失等。

三 适应与减缓行动的协同管理内容

减缓行动"自上而下"的政策路径与适应"自下而上"的行动特点决定了协同行动不可能自动发生，只有通过制度设计才能实现。成功的协同管理并非在减排和适应行动之间进行简单的权衡取舍，而是需要因地制宜，明确地方发展的优先议题与突出问题，进行综合规划，将适应和减排战略纳入可持续发展总体目标。协同管理包括以下内容。

（一）目标协同

协同管理目标设计应该促进应对气候变化的能力建设，有助于建立可持续的生态型城市，促进社会公平发展。应对气候变化是共识性目标，但是在具体领域及目标上会有差异。比如建筑和交通领域，以减缓为主，兼顾防灾减灾、减缓热岛效应等适应目标。不同城市功能区也可以有不同侧重点的目标，如城市中心区适应与减缓并重，生态涵养区以适应为主兼顾减缓，园区以减缓为主兼顾适应。

（二）政策协同

某些政策技术既是适应对策也是减缓技术，需要积极加以利用，如可再生能源、节能建筑、森林保护、土地利用规划、流域管理等。协同政策必须科学有效，在政策设计中确保目标一致性，避免顾此失彼，不同部门的政策设计需要有衔接，避免相互矛盾，同时将适应政策、减缓政策与城市规划和可持续发展协同考虑，必要的时候通过机制设计予以保障。

（三）手段协同

推动相关部门参与协同治理，一方面体现在决策过程、科学评估、监督及评估体系等治理过程中；另一方面体现在资金、财政税收、科普宣传、科学研究等保障机制方面协同考虑适应与减缓需求。例如设计生态环境、减排、适应、社会发展等多方面目标的综合考核体系，兼顾生态城市、低碳城市、韧性城市等不同侧重点。

表 8－1　　适应与减缓行动在不同领域的协同管理措施

重点领域/适应措施	减缓热岛效应	应对城市水灾
城市生态系统	沿海防护林，城市湿地，城市森林，水源涵养，碳汇林等	沿海防护林，城市湿地，城市森林，水源涵养林，道路绿化带等
水资源和流域管理	引水工程，城市水道，中水回用及雨洪利用技术，阶梯水价等	城市水道，城市地下排水管网改造，城市水系自然改造，水库调蓄，农田水利设施，小流域治理，泄洪及蓄洪工程等
能源电力	社区屋顶太阳能利用，能效及节能技术，风电、潮汐、地热、垃圾发电等可再生能源发电技术，电力需求侧管理，智能电网技术等	可再生能源发电技术，电网和电器防雷电、防漏电技术
公共交通	道路立体绿化，公共交通（城市快速公交，太阳能汽车，免费自行车）等	提升城市交通综合管理能力（公路、铁路、航空的接驳能力）

续表

重点领域/适应措施	减缓热岛效应	应对城市水灾
建筑及人居环境	建筑节能改造，可再生能源建筑应用技术，屋顶绿化，绿色低碳社区	立体绿化，屋顶绿化，透水砖，社区雨洪利用及储水技术，集雨型绿地等
城市规划	土地利用，人口政策，产业布局，编制低碳城市规划，低碳韧性城市考核目标（如城市中心区绿地覆盖率）等	编制城市气候变化规则，低碳韧性城市考核目标（如城市中心区绿地覆盖率，城市防洪排涝设计标准，灾害损失占GDP比重）等

资料来源：郑艳、王文军、潘家华：《低碳韧性城市：理念、途径与政策选择》，《城市发展研究》2013年第3期。

四 适应与减缓行动的协同管理研究展望

"减缓与适应并重"是我国应对气候变化的战略方针。但由于适应行动具有较强的"地方特色"或"部门特色"，这就决定了适应与减缓的协同管理是微观尺度的研究，特别是受气候变化影响较大、温室气体排放较高的地区或部门，是实施协同管理的最佳领域，城市是协同管理的实验室。

气候变化对能源系统的影响是双向的。适应与减缓气候变化行动在能源部门紧密地联系起来，呈现出相互依存、相互制约的关系。对能源系统的减缓措施进行气候脆弱性和适应能力进行比较和评估，避免造成新的低碳脆弱链或资源浪费，是实施有效减缓措施的重要环节，也是发挥协同效应的基础。总体上看，目前能源系统应对气候变化的行动和政策侧重减缓措施，适应对策研究不足，在很大程度上制约了能源系统的减缓与适应行动协同关系的研究。未来城市能源系统的协同管理工作将是研究重点。

专栏8-2 适应气候变化行动与可持续发展的协同

温室气体排放、减缓气候变化和发展之间的关系一直是一个争议较大的研究主题。近年来，气候变化适应和发展之间关系的研究工作正在趋于"主流化"，主要是将应对气候变化的政策和措施整合到区域发展规划和部门决策中，以保证向适应气候变化行动投资的长期可持续性，降低发展活动对当今和未来气候的敏感性。

> 将适应气候变化行动与可持续发展联系起来进行政策设计，是一种比单独设计、实施和管理气候政策能够更有效地利用财政金融和人力资源的方式。从本质上讲，将能源政策纳入这种研究范式，可以提高能源减缓措施（如燃料转换和节能）的效率。然而，适应与减缓之间的联系直到最近才被揭示出来。
>
> 主流的协同研究是指：当减缓气候变化时降低了人类对气候变化的脆弱性，或人们生活条件得到改善时，降低了人类对气候变化的脆弱性。在这两种情况下，都需要将气候政策与部门政策、发展政策结合起来。尝试或实现这种联系和整合的制度手段因地点、部门以及空间尺度而异。对于发展中国家而言，联合国气候变化框架公约和其他国际组织可以在促进部门制定发展政策时，将适应和减缓行动进行整合。

第三节 适应与可持续发展的协同管理

一 适应气候变化与 2030 可持续发展目标的协同

适应的短期目标是减少气候风险，长期目标应当与可持续发展保持一致。2015 年 9 月联合国通过的《2030 可持续发展议程》（SDG），确定了涵盖 17 大领域 169 项可持续发展指标的目标体系，构建在"以人为中心、全球环境安全、经济持续繁荣、社会公正和谐、提升伙伴关系"理念（即"5P 理念"）之上的可持续发展目标体系，明确指出"气候变化是当今时代的最大挑战之一，它产生的不利影响削弱了各国实现可持续发展的能力"，"要开展最广泛的国际合作来加速解决全球温室气体减排和适应问题以应对气候变化的不利影响"[①]。表 8-2 列出了 SDG 17 项目标中与适应气候变化具有较高协同效应的几项社会发展内容，其中许多内容都属于有助于减少气候脆弱性的基本发展需求。

---

① UN, "Transforming Our World: The 2030 Agenda for Sustainable Development", United Nations, 2015.

表8-2　　　　　　　SDG目标与适应气候变化行动的关联

SDG目标	目标内容	适应协同领域	
		发展型适应	转型适应
目标1：消除贫困	在全世界消除一切形式的贫困	气候适应与减贫	
目标2：消除饥饿	消除饥饿，实现粮食安全，改善营养状况和促进可持续农业	社会保障、食品救济	适应性社会保障
目标3：良好健康与福祉	确保健康的生活方式、促进各年龄段人群的福祉	公共卫生设施，健康科普教育	
目标4：优质教育	确保包容、公平的优质教育，促进全民享有终身学习机会	普及基础教育	面向适应需求的职业教育、高等教育
目标5：性别平等	实现性别平等，为所有妇女、女童赋权	气候公平、女性脆弱群体	
目标6：清洁饮水与卫生设施	人人享有清洁饮水及用水	供水设施、饮用水健康	
目标7：廉价和清洁能源	确保人人获得可负担、可靠和可持续的现代能源	减少能源贫困	开发可再生能源
目标8：体面工作和经济增长	促进持久、包容、可持续的经济增长，实现充分和生产性就业，确保人人有体面工作	就业和收入提升（减少生计脆弱性）	适应性社会保障，如灾后劳动
目标10：缩小差距	减少国家内部和国家之间的不平等	减少发展引发的地区脆弱性	
目标16：和平、正义与强大机构	促进有利于可持续发展的和平和包容社会，在各层级建立有效、负责和包容的机构		提升适应治理能力 韧性社会

二　适应气候变化与防灾减灾的协同

适应气候变化能够发挥积极的防灾减灾协同效益。管理极端事件和灾害风险，推进气候变化适应需要减少极端事件的风险暴露性和脆弱性，提升应对不利影响的气候韧性与恢复力。协同范围包括灾害事件概率或风险评估，灾害影响如人口暴露度、脆弱性，社会响应措施等。

由于与发展问题密切相关，适应气候变化的政策设计更具全局性和前瞻性，不仅要应对近期突发的极端灾害，而且要通过提升长期可持续发展能力、减少贫困人口和社会经济脆弱性，从而减少未来潜在的灾害风险及其不利影响。针对气候变化对发展目标的长期挑战，IPCC提出"转型适应"（Transformational Adaptation）、"气候韧性发展路径"（Climate-Resilient Pathways）等新概念，即能够在技术、制度、社会和环境等方面实现创新与突破、实现后发优势或跨越式发展的适应途径。此外，许多无悔型（No-regrets）适应措施如气象监测、疾病防控、灾害保险、科技教育等也有助于发展中国家兼顾适应与发展需求。

由于与环境和发展议题密切相关，适应政策设计还需要考虑系统性、前瞻性和公平性。对于中国这样具有独特的气候和地理环境，且具有较大地区发展差异的快速发展中国家，尤其需要协同适应气候变化、防灾减灾和可持续发展目标，加强适应政策和行动中的领域协同（农业和粮食安全、水资源、能源、交通、人居环境和建筑、健康、海洋等）、区域协同（城市地区、农村地区）。

专栏8-3 应对洪涝灾害风险的三种适应途径

以图1防范洪涝灾害为例，传统的防灾减灾多为被动应对型措施，注重在灾害发生后的应急和灾后恢复重建，目的是尽可能减少灾害损失，恢复原状。增量型适应措施是针对气候变化背景下，洪涝灾害的发生频率和强度增大，需要增加防灾投入，例如逐渐加高堤防，建设拦洪坝，应对更高的洪水水位。转型适应措施则强调以持续的努力和创新来应对未来灾害风险的不确定性和极端性，例如伴随海平面上升和沿海洪涝风险加剧，社区需要迁移和重新规划。IPCC第四次评估报告强调了适应的局限性，呼吁从社区到政府层面通过社会、经济、技术等转型与创新提升适应能力，尤其是与生态环境管理、二氧化碳减排措施、可持续发展目标相协同的举措。

图1 防范洪涝灾害的三种适应途径

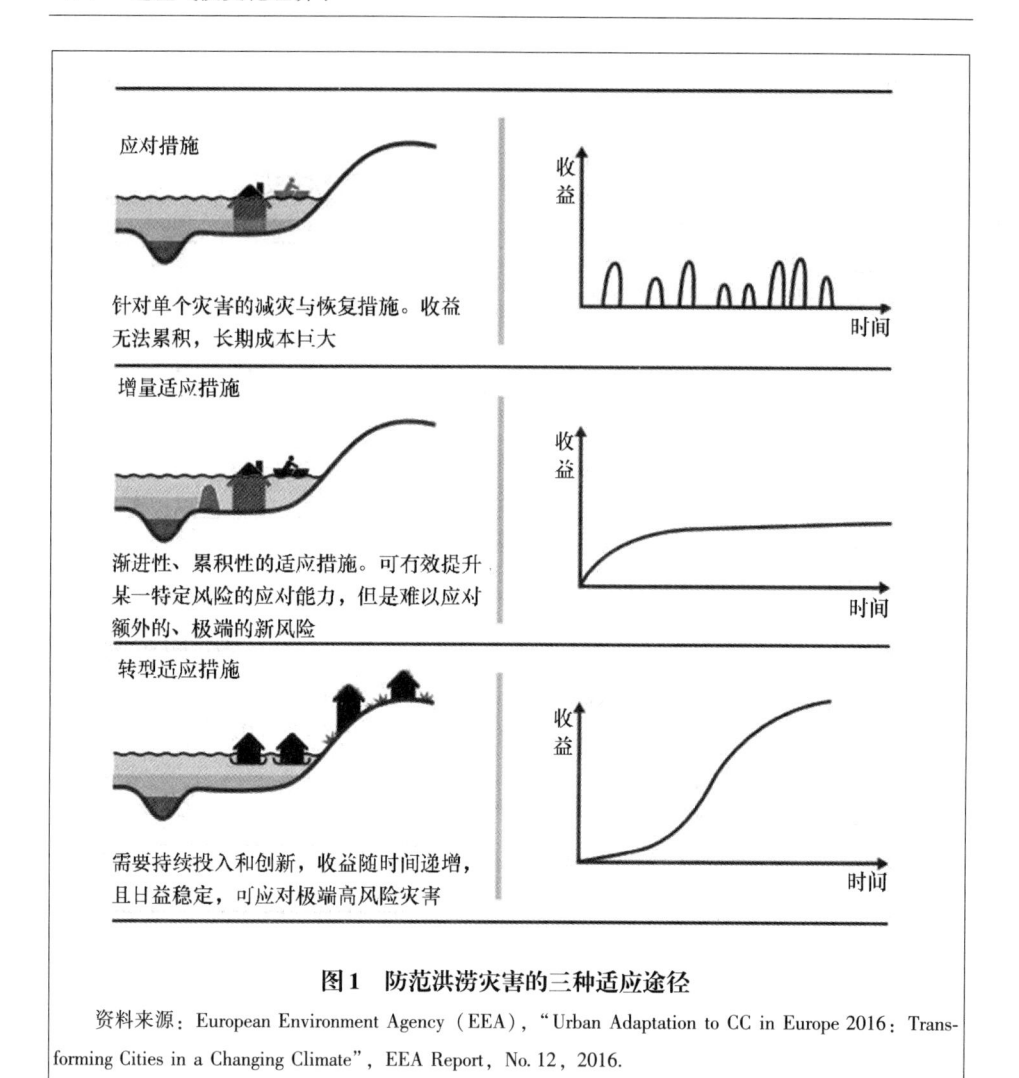

资料来源：European Environment Agency（EEA），"Urban Adaptation to CC in Europe 2016: Transforming Cities in a Changing Climate"，EEA Report, No. 12, 2016.

三 适应气候变化与减少气候贫困的协同

气候变化是引发和加剧贫困的主要环境因素之一，在贫困地区、贫困人口中开展适应气候变化行动，具有减少贫困的协同效应。如：在面临较高气候风险的贫困地区实施适应性工程，修筑防洪堤坝、加固基础设施、防止泥石流、植树造林等，可以提高就业率，增加收入。目前我国的减贫战略、城市社会保障政策中尚未充分考虑气候变化影响，未来通过主动性的协同管理，在扶贫政策中侧重增强贫困地区的适应气候变化能力、在适应气候变化行动中侧重贫困人口帮扶，有助于提高社会总福利水平。

社会保障系统有助于避免贫困群体、脆弱群体陷入贫困陷阱，增强其应对不利冲击（包括长期气候变化、突发的极端天气气候灾害）的适应性和承受力。从长期来看，社会保护体系有助于构建一个更加稳定、公平、有韧性的社会结构。世界银行与IPCC报告提出建立"适应性社会保障体系"，通过政府提供的正式的机制设计，如保证金、灵活的金融工具、再保险和国际援助等，弥补贫困群体储蓄、借贷和保险等方面薄弱和欠缺的适应能力，充分发挥社会保障体系的安全网兜底作用。

各国政府在应对气候变化中都意识到了政府主导责任的重要性，通过提供社会福利支持可以帮助社区和家庭提升适应能力。政府的主要职责是为穷人提供社会安全网和全面的健康医疗服务体系，同时将这些努力纳入气候韧性措施，如抗旱作物、灾害预警体系等。从全球情况来看，发展中国家的贫困群体受益于社会安全网体系的比重还非常低。其中，学校食品资助（School feeding programs）是全球各国最普遍采用的社会保护与安全网项目，有助于贫困家庭的父母在遭遇灾害和危机境况时免于让子女失学，然而，该政策覆盖贫困群体的比重尤其在发展中国家十分有限。

中国具有悠久的社会救灾经验，实施了地区结对救灾、扶贫、发展的制度设计，取得了良好的效果，如《社会救助法》规定了对不同发展水平的地区，政府给予不同比重的配套救灾资金，例如发达城市地区是地方和中央政府各占50%，西部地区由中央政府支付的比重最多。

专栏 8-4　支持灾后重建的社会保障项目

在许多发展中国家，社会安全网项目对于帮助贫困群体应对粮食、能源和金融危机的冲击，发挥了重要作用。典型案例包括：(1) 肯尼亚的"饥饿安全网计划"（Hunger Safety Net Program），在2011年干旱灾害中帮助约5%的人口避免陷入贫困。(2) 埃塞俄比亚的"生产性安全网计划"（Productive Safety Net Program）通过提供多样化的供水设施和增加社区资产投资，保护水资源和流域退化，提升了社区适应能力。(3) 菲律宾拥有东亚地区最先进的社会保障体系，支持贫困家庭管理风险和意外冲击。负责灾害响应的部门就设在社会福利和发展部之下，在"Yolanda"台风侵袭之后，在现有社会保障机制和工具的基础上，设计了多种政策组合推动灾后重建和恢复，包括现金转移支付，用于支持工作和弥补生计资产损失，提供应急庇护场所或居所支持计划，以及国家支持的社区发展重建项目（见图1）。

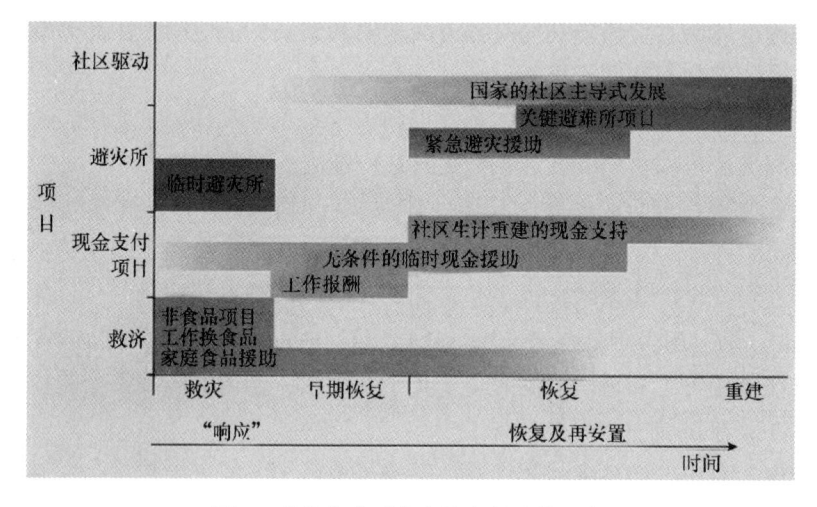

图1　菲律宾应对灾害的多种政策组合

资料来源：World Bank, "Shock Waves: Managing the Impacts of Climate Change on Poverty", Climate Change and Development Series, Washington, D. C.: World Bank, 2015.

延伸阅读

1. 傅崇辉、郑艳、王文军：《应对气候变化行动的协同关系研究》，《资源科学》2014年第36卷第7期。

2. Kirsten Halsns, Anil Markandya, P. Shukl A., "Introduction: Sustainable Development, Energy, and Climate Change", *World Development*, Vol. 39, No. 6, 2011。

3. 生态环境部环境规划院：《中国可持续发展目标（SDGs）指标构建及

进展评估报告 2018》，2018 年。

练习题

1. 请解释"协同效应"与"溢出效应"的区别。
2. 观察你身边的应对气候变化行动，举例说明 1—2 个具有自发协同效应的适应或减缓行动。
3. 试用福利经济学理论解释适应气候变化行动与减少贫困的协同关系。
4. 适应气候变化协同管理的难点是什么？请举一个你能想到的例子予以说明。

第九章

适应气候变化的国际治理

本章是从国际关系视角对适应气候变化议题的探讨。从科学认知层面和理论分析层面,都可以推理出全球必须采取有力措施适应气候变化,但为什么各个国家对适应气候变化的态度不同,尤其是对其紧迫性的认知并不能达成一致?本章梳理了全球适应治理的演进、关键议题和制度需求;阐明了适应气候变化谈判中国家集团的利益分化、发展中国家的利益诉求及适应资金来源,以及《巴黎协定》反映出的适应议题博弈结果;阐释了中国在"人类命运共同体"理念指引下,以一个负责任大国的切实行动为其他国家的适应行动提供示范和力所能及的支持。

第一节 气候变化适应的国际制度进程

一 全球适应治理的演进

进入 21 世纪以来适应气候变化在国际应对气候变化的制度设计中获得了与减缓同等的重要性。在《联合国气候变化框架公约》(以下简称《公约》)生效后的历次缔约方会议都涉及气候变化适应议题(见表 9-1)。2000 年以前气候变化谈判主要关注气候变化减缓问题,与适应相关的内容集中在资金机制以及技术开发和转让机制方面。2000 年以后,随着人们对气候变化影响和脆弱性认识的不断深入,谈判内容涉及越来越多具体的适应计划和行动。

2009 年以来《公约》下适应气候变化谈判取得了重要进展,欧盟及其主要成员国、美国等密集出台一系列关于适应气候变化的重要政策。《公约》把通过预防措施预测、防止或减少引起气候变化的原因并缓解其不利影响作为 5 条指导原则之一，要求缔约方制定和实施减缓和适应气候变化的计划，开展合作共同适应气候变化影响，同时要求发达国家缔约方为发展中国家缔约方适应气候变化提供资金援助。

2015 年《巴黎协定》设立了与全球温升目标相联系的全球适应目标，明确了对发展中国家的适应支持，并确定了具有一定法律约束力的全球适应信息通报和 5 年周期的全球盘点。

表 9 – 1　　　　　《联合国气候变化框架公约》下适应
气候变化的国际机制演进

年份	机制演进
1992	通过《联合国气候变化框架公约》，规定缔约方与适应气候变化相关的义务
1995	确实适应气候变化资金机制的 3 个阶段
1997	通过《京都议定书》，重申缔约方适应气候变化的相关义务
2001	设立适应气候变化特别基金、最不发达国家基金、适应基金；支持最不发达国家制定《国家适应行动方案》
2002	通过《关于气候变化和可持续发展的德里部长宣言》
2004	通过《关于适应和应对措施的布宜诺斯艾利斯工作方案》
2005	通过《附属科学技术咨询机构关于气候变化影响、脆弱性和适应的五年工作方案》
2006	通过《关于气候变化影响、脆弱性和适应的内罗毕工作方案》
2007	通过《巴厘岛行动计划》：促进适应气候变化行动成为四大要素之一
2009	通过《哥本哈根协议》：发达国家集体承诺在 2010—2012 年期间提供接近 300 亿美元的额外资源，将其适应和减缓之间均衡分配
2010	建立"坎昆适应框架"；组建适应委员会；设立绿色气候基金，要求资金均衡用于适应和减缓气候变化；设立新的技术机制
2011	启动绿色气候基金；支持最不发达国家制定《国家适应计划》
2012	适应委员会三年期工作计划

续表

年份	机制演进
2015	通过《巴黎协定》;全球适应目标与全球温升目标相联系;具有一定法律约束力的全球适应信息通报和5年周期的全球盘点
2018	全球适应委员会在荷兰海牙成立
2019	全球适应中心成立了中国办公室

一年一度的世界经济论坛（World Economic Forum）是全球瞩目的各国政要、企业领袖和学界权威的交流对话平台。世界经济论坛自2005年开始关注气候变化议题，2020年年会主题为"凝聚全球力量，实现可持续发展"，发布《2020全球风险报告》。该报告预测的未来十年全球五大风险首次全部为环境风险，包括：①极端气候事件；②气候变化减缓与适应措施的失败；③人为环境损害及灾难；④关键生物多样性损失及生态系统崩溃；⑤主要自然灾害。报告指出，对于年青一代而言，地球正处于更加危险的状态。与其他年龄段的受访者相比，80后受访者更加重视环境风险，认为到2030年全球环境风险很可能带来更严重的灾难性影响。世界经济论坛对全球风险的展望，表明世界比任何时候都更加需要各国领导人、企业界及政策制定者之间通力合作，阻止气候和环境的严重威胁，凸显出实现全球气候治理的紧迫性和复杂性。

二 全球适应治理的关键议题

全球适应治理的关键议题主要涉及气候公平、气候安全、气候移民、损失与损害等。

（一）气候公平

气候变化的历史责任评估、发展权利的公平维护，既是每个社会和国家的内部问题，又是全球气候治理不能回避的基本问题。气候公平从时间维度而言涉及代内公平和代际公平，从空间维度而言涉及国际公平与国内公平。在适应气候变化领域，对气候公平的讨论围绕以下两个问题：一是气候变化影响的后果及其成本分担；二是适应资源（技术、资金等）的分配。发达国家与发展中国家在气候谈判中表现出较大的利益分歧，这些分歧在政治立场和理论基础上体现为双方对不同气候公平原则的坚持，比较有代表性的就是"平等人权论"和"历史责任论"两大派别。公平合理的适应机制有两个必要条件：第一，确保程序公平，适应机制的设计必须充分保障各利益相关主体的广泛的、平等的参与；第二，确保结果公平，即设计出来的机制必须在实施效果上能确保适应政策和行动能够切实减小最脆弱群体的损失，并有效地提升它们的适应能力。①

（二）气候安全

气候变化被认为是 21 世纪国际安全和外交政策所面临的重大挑战之一。气候变化问题与全球政治、经济、环境和贸易等问题密切关联，气候安全作为一个非传统安全议题，随着气候极端事件的增多、影响范围和程度的加大，逐步受到国际社会的广泛关注。2007 年和 2011 年，联合国安理会两次就气候变化与安全问题进行辩论，标志着气候变化问题被纳入全球安全问题议程。2008 年 3 月，欧盟委员会发布《气候变化与国际安全》报告，提出气候变化是国际安全威胁的"放大器"。2014 年，IPCC 第五次评估报告首次评估气候变化对安全的影响，包括与气候变化相关的农业生产、生态系统、海岸带、人类健康乃至传统安全领域如战争等风险，其中也包括日益凸显的极地冰盖融化风险（专栏 9-1）。②

气候变化导致的干旱、水资源短缺、突发灾害事件，容易在一些地区引发资源冲突甚至战争。气候变化引发的环境压力投射到社会经济系统，会产生和加剧贫困、资源短缺、社会紧张、灾害增加和疫病流行等。气候变化的全球性决定了国家只有在全球层面进行合作，才能有效应对它所带来的安全威胁，但是气候变化影响的地区差异性导致国家采取的政策不同。在气候变化的国际治理中，以联合国为核心的国际组织长期以来致力于推动达成气候安全共识，但受各国在气候变化政策上的利益取向差异，共识的形成仍然面临曲折。③

---

① 郑艳、梁帆：《气候公平原则与国际气候制度构建》，《世界经济与政治》2011 年第 6 期。
② 段居琦、徐新武、高清竹：《IPCC 第五次评估报告关于适应气候变化与可持续发展的新认知》，《气候变化研究进展》2014 年第 3 期。
③ 刘青尧：《从气候变化到气候安全：国家的安全化行为研究》，《国际安全研究》2018 年第 6 期。

> **专栏 9-1　气候变暖与逐渐融化的南极冰盖**
>
> 气候变暖导致南极冰盖表面冰层形成融水湖，破坏南极冰架稳定性，更容易弯折和碎裂。南极大陆98%面积被冰层覆盖，冰盖平均厚度达1600米，如果全部融化将使海平面上升约58米，全球适应气候变化能力面临巨大考验。

（三）气候移民

气候移民是指由于一种或多种气候、生态因子（尤其是温度和降水）发生不可逆或突发性超常规改变，人们为了适应这种气候变化导致的影响，而采取的自发的或有组织的、永久性的或短期的人口外迁行动。与全球适应气候的国际治理相对应的是国际气候移民。气候移民的理论建构注重考虑人类系统与环境系统的复杂互动关系，环境和气候变化因素是需要考虑的内生变量。依据移民研究的推力和拉力理论，气候与环境变化导致的生态恶化、灾害频发等事件，是人口迁移的推动力，地区和国家之间在发展水平、基础设施和风险治理水平方面的差异，是人们做出迁移决策的拉动因素。2010年，国际移民机构（IOM）发布了《国际移民报告》，专门探讨气候变化对人口迁移的影响。气候移民在政治、外交、社会经济发展和环境变化合作等各领域都可能对国际社会造成新的挑战。比如一些突发的气候灾害，一旦政府应对失当，就有可能引发短期的大规模移民潮，甚至造成国际难民，引发国内或国际的政治危机。不同类型的气候风险，对移民方式的影响也不同，应对策略应该因地制宜。长时期持续的气候风险，如干旱导致的移民问题，常常与贫困联系在一起，需要与国际发展援助、地区资源开发和减贫目标协同考虑。而短期突发的气候灾害如台风、洪涝，则会考验一个国家的灾害应急管理能力。只有未雨绸缪，在国家、区域和国际层面建立有效的适应机制，才能尽量减小未来气候移民对全球可持续发展的不利影响。

（四）损失与损害

"气候变化所致损失与损害"最早被国际会议文件正式地提出是在2007年。2007年第十三届《联合国气候变化框架公约》缔约方会议达成的《巴厘岛行动计划》中出现"气候变化所致损失与损害"（loss and damage associated with climate change impacts）的表述，并提到"加强适应行动，考虑最不发达国家和小岛屿发展中国家的迫切和眼前的需要；非洲受干旱、荒漠化和洪水影响的国家的需要；……减灾战略和手段，处理特别易受气候变化不利影响的发展中国家与气候变化影响相关的损失和损害"。2010 年 11 月，第十六届缔约方会议决定建立"坎昆适应框架"将"损失和损害"内容具体化。2013 年第十九次缔约方会议上做出了机制安排，要求建立一种国际机制，包括建立相关职能和运作模式，以便解决特别脆弱的发展中国家与气候变化影响相关的损失与损害问题，在"坎昆适应框架"内，建立"气候变化影响相关损失和损害华沙国际机制"。2015 年巴黎气候变化大会提出气候变化已真正威胁到全球海洋和沿海生态系统的完整性和生产力，特别是对小岛屿发展中国家的威胁更为严重（专栏 9 - 2）。作为全球气候协议的《巴黎协定》强调了适应与减缓气候变化损失和损害的重要性，以及可持续发展的作用。目前根据谈判主体是否支持损失损害机制的发展可分为三类立场：第一种是持特别积极的谈判立场，以小岛屿发展中国家（SIDS）为代表；第二种是持消极谈判立场的发达国家，它们基于本国利益考虑，对损失损害问题持回避和反对态度；第三种是基于历史排放水平较低的立场相近的发展中国家集团，它们往往持中立或保留态度，强调损失损害问题的解决应遵循"共同但有区别责任"和"各自能力"原则。

专栏 9 - 2　消失的图瓦卢

因无法控制海平面上涨，图瓦卢已经举国迁往新西兰。人们将构成这个国家的 9 个环状珊瑚小岛称为太平洋上的"九颗闪亮明珠"并不过分，因为在很多人眼里，图瓦卢这颗明珠亮丽而璀璨，真的像一个世外桃源。200 年前，当欧洲探险家们登陆太平洋岛国图瓦卢时，像是发现了海上天堂。图瓦卢成为世界上第一个因全球变暖而在地图上消失的国家，而接下来呢？继图瓦卢之后，还可能有马尔代夫、瑙鲁、西萨摩亚、基里巴斯……

三 全球适应治理的制度需求呈现多元化特征

对适应气候变化议题而言,不同的国家所面临的紧迫程度不同、可动用资源存在差异、所需投入有高低之分,因此各方对适应的制度需求呈现多元化特征,也因而产生了不同的治理需求。

(一) 全球层面适应气候变化的南北差异

从全球层面而言,适应气候变化对发达国家和发展中国家具有不同的内涵。就适应气候变化的成本投入角度分析,对发达国家而言,适应气候变化意味着完成增量型适应,而对欠发达国家和地区而言,适应气候变化则意味着发展型适应。增量型适应是在系统现有基础上考虑新增风险所需的增量投入,即由于既有设施不足以抵抗气候变化引起的灾害频次和强度,因此需要额外的风险防护投入。对发展中国家和欠发达地区而言,抵御气候风险的基础设施远远不够完善,由于资金匮乏、社会经济各领域投资严重不足导致"发展赤字"。例如在海平面升高20厘米的情况下,新建的海堤需要一次性设计、一次性投入。因此,发展中国家和欠发达地区所面临的是发展型适应,需要协同考虑发展需求及应对新增的气候风险即"适应赤字"(Adaptation Deficit)问题。正是因为适应气候变化对发达国家和发展中国家意味着不同的投入,前者需增量型投入即可,而后者要将发展型投入和增量型投入一并纳入,所以适应气候变化也被认为是发达国家给发展中国家带来的一种额外的发展成本。

(二) 区域层面适应气候变化的重要议题

适应气候变化需求投射在区域层面,反映为气候移民、风险预警和灾害治理、资源关联安全等议题。

气候变化是典型的"人类—生态复合系统"(Social-Ecological System)引发的环境问题,在极端情况下是与灾害风险管理和灾害治理紧密相关的。例如,欠发达国家更容易由于人口迁移导致社会和政治冲突,一旦发生气候变化导致的灾害事件,就不仅仅是一个国家面临的困难,往往是几个国家甚至局部区域面临的风险协同治理议题。与气候变化相关的风险预警、灾害治理等需要不同治理层次、参与主体和治理途径。必须从区域和国家两个层面,在政府、社区、私人部门、非政府组织等利益相关方的共同参与下,才能形成风险—灾害的区域联动适应方案。

气候变化也将资源关联安全（Resource Nexus）问题凸显出来。资源关联安全体现为全球能源、水、食品、矿物、土地五大资源市场的供应链安全战略。资源关联安全的依存性体现在粮食安全依赖于水、土地和能源安全；传导性体现在水安全影响土地生产力，进而通过传导机制影响粮食安全；竞争性体现在能源安全和粮食安全对土地资源的竞争上；生态安全和能源安全、粮食安全之间也存在水资源竞争关系。资源关联安全还有一个重要的特性，就是资源安全的短板效应，即该地区资源安全受制于最脆弱的资源，如荒漠地区水资源就优先于矿产资源和土地资源。三种安全的优先顺序因各个国家的发展阶段和资源禀赋不同而存在差异，各国保障本国资源关联安全的同时应该尊重别国安全底线。在全球化背景下，不存在一个国家、一种资源的单一安全，只有厘清各种资源的相互关系，才能构建清晰的国际治理框架。

（三）国家层面适应气候变化的不同政策响应

随着各国对适应气候变化行动的理解和重视程度不断加深，适应与减缓都开始提上各国应对气候变化的行动日程。各国明确开展适应气候变化行动的时间和行动力度略有差异。发达国家中率先采取适应行动的是欧盟，2007 年发布的《欧洲适应气候变化绿皮书》提出尽早开展适应行动，欧洲社会、经济和公共部门应共同准备全面的适应气候变化战略。随后 2009 年欧盟发布《适应气候变化白皮书：面向一个欧洲的行动框架》，提出了分阶段适应战略，即 2009—2012 年为准备综合适应战略基础性工作的第一阶段，2013 年后则为适应战略的正式实施阶段，到 2013 年欧盟又发布了《欧洲适应气候变化战略》，鼓励所有成员国采取综合的适应战略。德国于 2008 年发布《德国适应气候变化战略》，于 2011 年发布配套计划即《适应行动计划》，计划建立起适应战略与国家其他长期战略的交互链接，使适应成为其他战略的一个新主题。美国主要是在奥巴马任期内于 2011 年发布《联邦部门制定适应气候变化规则的实施指南》，指导各部门评估气候变化风险和脆弱性，2013 年发布《总统气候行动规划》，从加强社会防范能力和基础设施安全、保护经济和自然资源、充分利用科学管理措施三个方面加强适应工作。日本 2010 年发布《建设气候变化适应性新社会的技术开发方向》，把强化绿色社会基础设施和创建环境先进城市作为适应气候变化的两大战略方向。

新兴经济体国家也积极开展适应气候变化行动。中国于 2007 年发布《国家应对气候变化方案》，包含适应和减缓的综合性政策为主，但没有专门的适应政策。2013 年中国发布《国家适应气候变化总体战略》，提出适应工作的目标、重点任务、区域格局和保障措施等。俄罗斯于 2011 年发布《2020 年前俄罗斯联邦气候学说实施计划》。印度 2008 年发布《气候变化国家行动规划》确定了国家层面的八项行动计划涵盖适应行动。南非 2010 年发布《国家应对气候变化绿皮书》，指出适应工作的三个重点领域：水、农业和人类健康。

第二节　适应气候变化的资金机制

一　国际气候谈判中适应议题的国家集团利益分化

虽然气候变化具有全球属性，但各国在地理位置、经济发展水平、气候脆弱性及适应能力等诸多方面都存在较大差异，因此受气候变化的影响也不尽相同。在应对气候变化挑战的早期，减缓和适应行动很大程度上是分离的，发达国家侧重于减缓，而发展中国家倾向于适应。近十年来，发达国家逐步更多考虑国家适应计划和投入，同时许多不发达国家也积极致力于通过发展路径的低碳化转变来增强适应能力。

在国际适应谈判中，非洲集团、小岛国家集团和最不发达国家集团是适应气候变化谈判的主体力量，但具体的适应需求不同。非洲集团所需的适应援助以减少脆弱性和提高应对极端气候事件能力为主，鉴于农业在非洲经济中的重要地位，其适应需求以加强农业基础设施建设、提高农业灌溉水平等为主，同时对水电、沼气等清洁能源项目援助的需求极大。小岛国家大部分面积小却分布广、人口总数少但密度高，面临的最紧迫气候威胁是海平面上升及其危害（海岸侵蚀加重、水旱分布不均、珊瑚白化死亡等），适应需求主要集中于气候观测、预警、基础设施防护、减灾防灾、医疗卫生等。最不发达国家工业经济落后温室气体排放量很低，但面对气候变化不利影响时十分脆弱，缺乏体制、资金等适应气候变化的能力基础，同时也缺乏实施适应研究和适应政策的智力资源，对于信息交流和经验分享方面的适应需求十分迫切。

《巴黎协定》所提出的全球气候适应目标，以提高气候适应能力、降低气候变化脆弱性和增强气候韧性为靶向，将适应议题与减排、损失损害、资金、技术、能力建设和透明度等要素平衡纳入。《巴黎协定》第 7 条搭建了 2020 年后全球适应制度安排的基本框架，提出了旨在提高适应能力、加强恢复力建设和减少对气候变化脆弱性的全球适应目标；承认减排和适应需求的关系，即提高减缓水平能减少对额外适应努力的需求，增加适应需求可能会增加适应成本；要求缔约方酌情开展适应计划进程并采取适应行动；要求缔约方定期提交和更新适应信息通报，通过定期盘点评估适应行动的充分性和有效性，以及全球适应目标的总体进展；要求缔约方增强适应行动、体制安排、科学知识等方面的合作，帮助发展中国家识别有效的适应实践、需求和优先领域。《巴黎协定》承认发展中国家对气候变化的整体脆弱性，指出应承认发展中国家的适应努力，要求绿色气候基金加快支持最不发达国家和其他发展中国家编制和实施国家适应计划。

二 发展中国家的利益诉求与适应资金来源

对发展中国家而言，适应气候变化的关键是资金问题。实际上，发展中国家大多背负着巨大的发展压力和适应赤字。气候脆弱性、贫穷和低发展水平之间相互关联、彼此强化，造成了"低发展水平陷阱"，使得发展中国家更难以摆脱贫穷与气候灾害带来的脆弱性。适应所需的资金不仅比减排行动所需的资金更庞大且难以准确估量，而且用于减小气候灾害的适应投资有可能会"挤出"部分用于发展的投资，加剧发展中国家已经面临的巨大的发展压力。解决这一两难问题，需要气候变化的责任主体或工业化的受益方（也就是发达国家）以补偿或援助的名义筹集资金，建立稳定的、可持续的、充足的全球适应资金机制，并在资金分配上对最脆弱国家予以优先考虑。

关于适应的责任，发展中国家认为实施适应气候变化行动不能为发展中国家增加额外负担，发达国家应提供资金、技术和能力建设支持，帮助发展中国家降低脆弱性、增强恢复力，同时私营部门和其他利益相关方的参与不能削弱发达国家在《公约》下的承诺。发达国家强调适应气候变化是各国责任，并提出只应为最脆弱和适应能力最低的国家提供支持。发展中国家既要实现经济增长，又要确保环境改善，在全球气候变化背景下意味着必须实现发展型适应和转型适应（Transformational Adaptation）。发展型适应要求不仅要有效应对新增风险，还要弥补因发展落后导致的常规风险能力不足。转型适应则提出了更高的要求,即不断外扩适应极限进而增强承受风险的整体能力(图 9-1)。

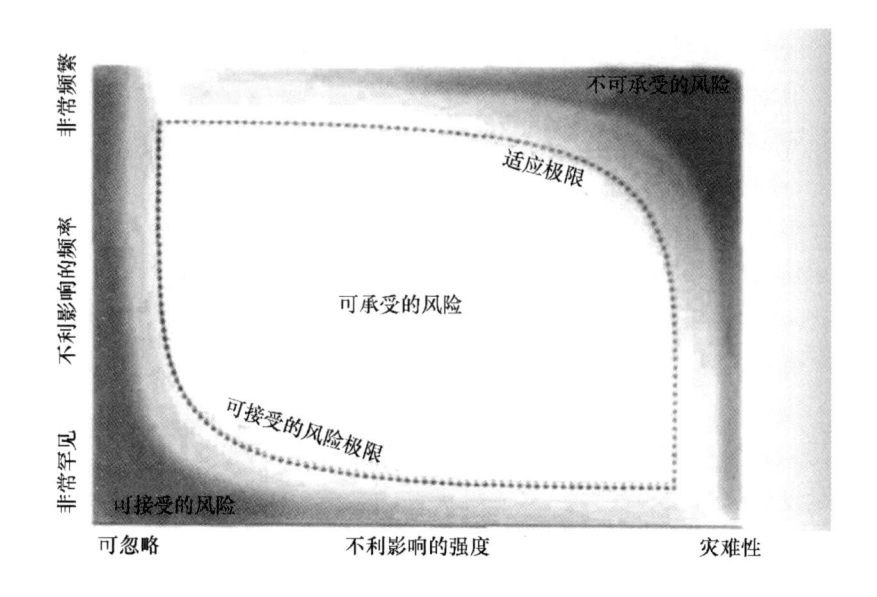

图 9-1 适应的极限

资料来源:Chambwera, M., G. Heal, C. Dubeux, S. Hallegatte, et al., "Economics of adaptation", In: *Climate Change 2014: Impacts, Adaptation, and Vulnerability*, Part A: Global and Sectoral Aspects. Contribution of Working Group Ⅱ to the Fifth Assessment Report of the Intergovernmental Panel on Climate Change [Field, C. B., et al. (eds.)]. Cambridge University Press, Cambridge, United Kingdom and New York, N. Y., USA, 2014, pp. 945 – 977.

虽然国际社会一直在强调全球对于适应的理解并鼓励投入更多资金,但气候适应领域仍存在巨大的资金缺口。2014 年,联合国环境规划署(UNEP)首次发布《适应差距报告》,指出要实现 21 世纪全球气温升幅控制在 2℃以内的水平,发展中国家适应气候变化的实际成本是以往估算值即每年 700 亿—1000 亿美元的 2—3 倍。预计到 2050 年,全球每年仅用于适应气候变化的资金将攀升至 5000 亿美元。为此气候公约设立了绿色气候基金(专栏 9-3)。

> **专栏9-3 绿色气候基金**
>
> 在哥本哈根气候大会上,"绿色气候基金"(GCF)首次被提出。按照协议,发达国家应在2010—2012年出资300亿美元,作为绿色气候基金的快速启动基金,并在2013—2020年间,每年出资1000亿美元帮助发展中国家积极应对气候变化。然而,GCF启动资金仅筹得93亿美元,直到2014年的利马大会期间,基金总额才勉强超过100亿美元,与协议要求相去甚远。美国2012—2015年对GCF共注资30亿美元,2016年预算对GCF仅注资5亿美元。

三 全球适应资金的种类及分配

全球气候适应资金的来源有四种形式:国际公共资金、发展中国家公共资金、国际私人资金和发展中国家私人资金。国际公共适应资金是支持气候适应的主导力量,其转移媒介有UNFCCC框架下的适应基金(Adaptation Fund,AF)、气候变化特别基金(Special Climate Change Fund,SCCF)、最不发达国家基金(Least Developed Country Fund,LDCF)和绿色气候基金(Green Climate Fund,GCF)以及UNFCCC框架外的小农适应基金(Adaptation for Smallholder Agriculture Program,ASAP)和气候韧性试点项目(Pilot Program for Climate Resilience,PPCR)。虽然在气候适应资金领域出现了一些金融创新和机制创新,但全球气候适应资金缺口持续增大。目前全球气候适应需求至少是国际公共适应资金总额的2—3倍;2030年气候适应资金需求将达到国际公共适应资金总额的6—13倍,2050年潜在适应资金缺口将为目前适应资金的12—22倍。

《公约》目前取得的适应机制进展得益于国际社会的积极推动,但是距离发展中国家"建立统一的、充足的、长效的国际资金机制"的目标仍有较大差距。从《京都议定书》下的"适应基金"到《联合国气候变化框架公约》下的"绿色气候基金",这是一个积极的进展,但在资金来源上都主要依靠发达国家的自愿认捐,筹集到的经费有限且不够稳定,难以弥补发展中国家巨大的适应资金缺口(见表9-2)。根据《公约》秘书处发布的数据,2013年发达国家提供的气候资金中用于适应领域的比例仅为18%，2014年这一比例仅为15%。对于发展中国家而言，与未来庞大的适应投资需求相比，目前《公约》内外的适应资金机制所能提供的帮助仍然是杯水车薪。针对现有的适应资金机制，各方还需要担负起道义责任，基于能力分担适应成本，提供尽可能的资金和技术支持，并且按照需求的紧迫性设定优先次序和分配标准，帮助发展中国家防灾减灾、增强适应能力和实现可持续发展的最终目标。

表9-2 气候公约下专门针对适应的资金机制概况

名称	授权	资金来源	融资规模（截至2018年2月）
适应基金（AF）	《京都议定书》下建立的专门为适应气候变化项目提供资金支持的气候基金	《京都议定书》下清洁发展机制项目产生的核证减排量（CER）收益的2%，由捐资国自愿捐资和少量投资	共筹集资金7.16亿美元，其中约2亿美元来自CER收益
气候变化特别基金（SCCF）	2001年马拉喀什气候大会成立的旨在为非附件Ⅰ缔约方提供适应和技术领域的支持，弥补其他渠道资金的不足	没有固定的捐资机制，来源于《公约》缔约方的自愿捐助	共筹集资金3.52亿美元
最不发达国家基金（LDCF）	2001年马拉喀什气候大会成立的旨在帮助最不发达国家制定"国家适应行动计划"（NAPAs）并履行其中的紧急和优先措施	没有固定的捐资机制，来源于《公约》缔约方的自愿捐助	共筹集资金12.11亿美元
绿色气候基金（GCF）	于2010年坎昆气候大会成立，是《公约》框架下第一个拥有独立运营实体的国际气候资金机制，旨在帮助发展中国家适应气候变化，实现发达国家到2020年每年调动1000亿美元气候资金的目标	成员国自愿捐赠，并开设私营部门提供资金的窗口	已向43个国家和地区筹集资金102.8亿美元

资料来源：祁悦、柴麒敏、刘冠英等：《发达国家2020年前应对气候变化行动和支持力度盘点》，《气候变化研究进展》2018年第5期。

第三节　全球适应治理的中国贡献

中国的"人类命运共同体"理念得到了全球层面的普遍认同，2017年2月，联合国社会发展委员会第55届会议决议首次写入"构建人类命运共同体"理念，成为全球应对气候变化的重要指南，展现了各国合作应对气候变化推进绿色发展的共识。中国本着"量力而行、尽力而为"的原则，在"南南合作""一带一路"、中非合作中持续为全球适应行动提供资金和能力建设。中国在"一带一路"建设中所秉持的"共商、共建、共享"原则正是"人类命运共同体"理念的反映。

一　中国的适应行动为发展中国家提供示范

中国作为最大的发展中国家，自身适应气候变化能力的大幅提升就是对全球适应行动的最大贡献。中国是遭受气候变化影响较为严重的国家。以极端灾害的应对为例，近60年中国极端天气气候事件发生了显著变化，群发性或区域性极端天气气候事件频次增加。1984—2013年，天气气候灾害平均每年造成直接经济损失1888亿元，相当于GDP的2.05%。2013年以来，中国发布了《国家适应气候变化战略》和《城市适应气候变化行动方案》，在国家层面就气候变化适应做出了专门部署。

中国大力推进生态文明建设，促进绿色、低碳、气候适应型和可持续发展，坚持适应与减缓并重应对气候变化。中国在农业、水资源、林业、海岸带相关海域、城市、气象、防灾减灾以及加强适应能力建设等领域取得了积极进展。生态环境部的数据表明，仅2017年就在华北、西北和西南11个省（区、市）建设11个高标准节水农业示范区，将28个城市作为气候适应型城市建设试点，在2175个县开展气象灾害风险预警服务。

二　中国为其他国家的适应行动提供资金支持

中国应对气候变化"南南合作"为全球适应气候变化国际合作做出了突出贡献，从理念、经验和资金三个方面提供了"中国智慧"和"中国贡献"，在防灾减灾、适应气候变化和可持续发展三个领域赢得了广大发展中国家的道义和舆论支持。由于发达国家迟迟没有完全兑现其资金援助承诺，发展中国家之间的气候融资（即"南南气候融资"）日益成为全球共同应对气候变化挑战的有效途径。中国近年来一直在"南南合作"框架内为小岛屿国家、非洲国家等发展中国家应对气候变化提供资金、技术、基础建设等支持。中国在应对气候变化领域的援助包括物资供应、项目建设、技术合作以及人员培训等。2012年，中国宣布安排2亿元人民币开展为期3年的国际合作，帮助小岛屿国家以及最不发达国家应对气候变化。2014年，中国决定从2015年起把每年的资金支持翻一番，并建立"气候变化南南合作基金"。2015年，中国宣布为该基金提供200亿元人民币（约合31亿美元）的支持。在2015年底的巴黎峰会开幕式上，中国领导人宣布中国将实施"十百千"项目，即在发展中国家建设10个低碳示范区、开展100个减缓和适应气候变化项目及1000个应对气候变化培训名额的合作项目。自2011年以来，中国用于支持气候变化"南南合作"的资金已达7亿多元人民币。

"一带一路"（The Belt and The Road，缩写B&R）是"丝绸之路经济带"和"21世纪海上丝绸之路"的简称，是中国国家主席习近平于2013年9月、10月分别提出的合作倡议。"一带一路"建设涉及60多个国家44亿多人口（占全球人口的63%），自然环境差异极大。在1990—2010年全球发生的7200余次自然灾害中，"一带一路"沿线地区就发生3003次，其中2/3与气象因子相关。"一带一路"建设作为百年大计，将适应气候变化的行动和方案纳入各个层次的建设中。

延伸阅读

1. ［美］威廉·诺德豪斯：《气候赌场：全球变暖的风险、不确定性与经济学》，梁小民译，中国出版集团东方出版中心2019年版。

2. ［法］让·梯若尔：《共同利益经济学》，张昕竹、马源等译，商务印书馆2020年版。

3. 郑艳、梁帆：《气候公平原则与国际气候制度构建》，《世界经济与政治》2011年第6期。

练习题

1. 你认为当前的适应国际治理机制能够应对气候变化的全球挑战吗?
2. 发展中国家应采取何种政策组合来提高适应极限?
3. 在国际适应议题谈判博弈中,国家利益与全球责任之间如何协同?

第十章

适应气候变化的教育、传播与公众参与

  适应气候变化教育的核心概念：帮助学习者和各社会阶层做好准备，以应对气候变化带来的挑战，并使公众和各经济体具备相应的知识和能力参与建设绿色、低碳的社会工作中。

  气候变化传播是适应气候变化的重要内容之一，其主要任务是将气候变化的科学事实解释为每一个人都能听懂的科学故事，特别是从叙事的角度，讲述气候变化的过去、现在和未来，宣传气候变化风险、损失和适应对策，以增进人们对气候变化的理解，提高公众应对气候变化的能力和科学素质。气候变化传播需要政府、合作组织、NGO 以及民众等所有利益相关者的多方努力。本章围绕气候变化科学认知的不确定性和适应气候变化的紧迫性，通过介绍适应气候变化教育、传播和公众参与的国内外案例，分析利益相关方信息传播的渠道，构建适应气候变化传播的有效机制。

第一节 适应气候变化的教育

  适应气候变化教育是帮助学习者和各社会阶层做好准备，以应对气候变化带来的挑战，并使公众和各经济体具备相应的知识和能力参与建设绿色、低碳的社会工作中。

  在全球气候变暖背景下，各类极端天气气候灾害频发。2019 年世界气象组织发布的报告《2015—2019 年的全球气候》指出："2015—2019 年是有记录以来最热的五年，大范围热浪、破纪录的大火、热带气旋、洪水和干旱等自然灾害导致了巨大的人员和粮食产量损失；南极和格陵兰岛冰川的融化开始加速,这也是海平面上升的重要因素之一。"世界气象组织秘书长彼得里·塔拉斯警告称:"气候变化所造成的影响和冲击并没有减少,反而在不断增加。除了减缓气候变化,还需要更多去适应。"中国国家气候中心《2019年中国气候公报》统计数据显示,2019年全国平均气温较常年偏高0.79℃,为1951年以来第5暖年;四季气温均偏高,春秋明显偏暖;全年主要气象灾害包括:干旱、暴雨洪涝、风雹、台风、低温冷冻害和雪灾,死亡失踪909人,直接经济损失3271亿元。

面对国内外日益严重的气候风险及其损失损害,如何利用多种方法有效扩大这类信息传播的覆盖面,让公众普遍认识到正在发生变化的气候,并采取与之相符的应对行动,仍然是一项具有挑战性的工作。1992年签署的《联合国气候变化框架公约》第6条明确指出:"各缔约方应在国家一级并酌情在次区域和区域一级,根据国家法律和规定,在各自的能力范围内,拟订和实施有关气候变化及其影响的教育及提高公众意识的计划;保障公众获取有关气候变化及其影响的信息;公众参与应对气候变化及其影响和拟订适当的对策;培训科学、技术和管理人员。在国际层面,编写和交换有关气候变化及其影响的教育及提高公众意识的材料。"这一条款可被视为指导各国开展气候传播的最早的政策性文件。

遗憾的是,全球目前在基础教育阶段对气候变化教育重视程度还不够,还缺乏应有的投入。而在适应气候变化经济学的研究中,也还缺乏针对不同层次人群开展气候变化教育的投入产出比研究,这导致目前气候变化教育工作往往散见于各个学科课程之中,比较分散,教学不够系统,缺少关联。需要改进教育手段,提高气候变化教育的社会经济效益。

气候变化教育作为适应气候变化工作中的基础性工作,亟待在以下几个方面开展。

首先,呼吁全球公民共同行动。科学研究指出,人类现有的技术对于减缓气候变化是可行的。这就需要通过教育手段,帮助不同阶层、不同年龄段的社会人士了解气候变化、掌握相关知识,并激发起他们共同的责任感。在联合国及其相关机构推动下,各国政府和公民社会已经就应对气候变化达成协议。我们需要以全球公民的身份,承担起这一历史重任,共同采取行动。

其次,充分发挥学校的示范作用。探索和推广气候适应型发展模式,加强应对气候变化及提升应对风险的全民教育，倡导和践行低碳生活方式和消费模式，需要重视并发挥学校的示范作用和育人功能。学校担负着培养人才的重任，培养学生绿色、节能理念对全社会的影响深远。学校是公共机构节能减排工作的重点，在意识提升、管理技术、新技术产品的运用等方面能起到示范性作用。

最后，中国的贡献至关重要。中国是世界上人口最多的发展中国家，是遭受气候变化不利影响最为严重的国家之一。积极应对气候变化，事关中华民族和全人类的长远利益，事关我国经济社会发展全局。要通过全民教育，在中华民族中牢固树立起生态文明理念，坚持节约能源和保护环境的基本国策，努力走一条符合中国国情的发展经济与应对气候变化双赢的可持续发展之路。

专栏 10 - 1　中国气象局"应对气候变化·记录中国"

在气候变化传播的宣传与教育方面，中国做出了巨大的努力。"应对气候变化·记录中国"活动是气象部门联合各大媒体共同报道的系列气候变化实地考察与科普宣传活动，旨在从科学角度见证气候变化、面向公众宣传应对气候变化，在气候变化领域发出气象部门的声音。自2010年以来，"应对气候变化·记录中国"先后在青海三江源、内蒙古阿拉善盟、江西鄱阳湖等地进行了12次考察。考察团从气象科学研究和媒介传播的综合视角，走访受气候变化影响的典型区域，记录全球变暖背景下出现的冰川融化、干旱、海平面上升等不利影响，验证了我国多年来的气候变化观测与研究成果，也见证了各地政府和企业应对气候变化的积极举措。

新疆作为丝绸之路经济带核心区，是气候变化影响的敏感和脆弱地区。2016年，"应对气候变化·记录中国"活动以"探寻丝绸之路经济带核心区的发展机遇和选择"为主题，围绕能源转型、生态环境保护及水资源利用、自然灾害应对等方面，从新疆乌鲁木齐开始，途经一号冰川、达坂城、吐鲁番、克拉玛依，探访风电厂、油田区、新能源示范区等地，了解当地受气候变化影响的真实面貌，找寻与解读政府、企业和个人应对与适应气候变化的途径与措施。

福建作为海上丝绸之路经济核心区，"应对气候变化·记录中国"考察团围绕自然灾害应对、低碳经济发展、生态环境保护等主题，从福建福州开始，途经平潭、安溪、厦门，走进渔村，挖掘气候变化对近海养殖行业的影响及应对；探访茶叶种植园，挖掘气候变化对茶叶品质产量的影响及应对；近距离接触新一代多普勒雷达"天语舟"和台风体验馆，揭秘应对自然灾害的全新手段。

第二节 适应气候变化的传播

适应气候变化传播是在社会各个领域多元化地充分传播气候变化的事实与积极应对的理念，使用通俗易懂的语言让全人类共同面对气候变化造成的威胁，并聚焦于统一行动，形成一定的影响力。

由于气候变化科学上的不确定性，以及社会经济系统快速发展所带来的高度复杂性和互联性，对于适应气候变化工作而言，如何有效地普及气候变化和低碳发展科学知识是一项极为艰巨的工作。

近年来，通过逐步建立应对气候变化的教育科普体系，针对中央和地方各级政府官员、科研人员、企业、媒体和非政府组织开展培训，在传播绿色低碳发展理念的同时，推动形成资源节约、环境友好的生产和生活方式。

一 传播领域的行动

通过多种形式和途径开展气候传播，普及科学知识，提高公众参与意识，倡导适应气候变化的低碳生活，使适应气候变化理念成为全社会的共识和自觉行动，营造良好的舆论氛围和社会环境。

（一）新闻报道

充分利用电视、广播、报纸、互联网、微博、微信等新老大众传媒，针对气候变化焦点问题进行新闻报道，广泛传播气候变化科学知识。例如，政府部门利用"防灾减灾宣传周""节能宣传周"等主题活动,以及世界环境日、世界气象日、世界地球日、世界海洋日、世界无车日、全国防灾减灾日、全国科普日等主题日活动,积极开展气候变化科普和低碳发展理念宣传。据统计,新华网、人民网、搜狐、新浪等门户网站都设立了应对气候变化和低碳发展专题网页,及时追踪报道全球应对气候变化和低碳发展的热点新闻,宣传低碳生活理念。每年年底的联合国气候变化大会也成为各大媒体报道的年度焦点话题。

(二) 图书、影视和音像作品

目前,我国已经出版大量与气候变化和低碳发展相关的图书、影视和音像作品,包括一系列反映气候变化和低碳发展和气候灾害的画册、短片和科普读物,利用平面、网络和影视媒体进行气候变化和低碳发展知识传播。中央电视台、新华社等先后制作了《面对气候变化和低碳发展》《应对全球变暖——中国在行动》等一系列专题报道节目,拍摄了《关注气候变化和低碳发展》《环球同此凉热》等多部系列片。环境保护部制作了《应对气候变化和低碳发展,就在开关之间》《应对气候变化和低碳发展,始于足下》等多部环保公益广告片,设计制作了2万余套公众应对气候变化和低碳发展挂图。

(三) 气候传播政策

应对气候变化的传播教育培训工作已成为我国经济社会发展战略中的一个不可或缺的组成部分。在《中国应对气候变化国家方案》中,第三、第四、第五部分均阐述了气候变化传播的政策内容。在第三部分"提高公众意识与管理水平"一节中提出,"通过利用现代信息传播技术,加强气候变化方面的宣传、教育和培训,鼓励公众参与等措施,到2010年,力争基本普及气候变化方面的相关知识,提高全社会的意识,为有效应对气候变化创造良好的社会氛围"。第四部分在关于中国应对气候变化的相关政策和措施中,从提高气候变化公众意识的角度提出,"加强宣传、教育和培训工作,利用图书、报刊、音像等大众传播媒介,对社会各阶层公众进行气候变化方面的传播活动,进一步充实气候变化信息网站的内容及功能,使其真正成为获取信息、交流沟通的一个快速而有效的平台",并强调要"发挥政府的推动作用,提高各级政府领导干部、企事业单位决策者的气候变化意识,利用社会各界力量,传播应对气候变化的各项方针政策,提高公众应对气候变化的意识"。在第五部分能力建设方面提出,"制定提高公众气候变化意识的中长期规划及相关政策,建立与国际接轨的专业传播网络和机构,培养传播人才,面向不同区域、不同层次利益相关者的传播活动,普及气候变化知识,引导公众选择有利于保护气候的消费模式等能力建设"。

在 2008—2013 年陆续发行的《中国应对气候变化的政策与行动》年度报告也阐述了应对气候变化传播教育培训的相关政策。《中国应对气候变化的政策与行动——2010 年度报告》明确指出,"国家把建设资源节约型和环境友好型社会作为学校教育和新闻传播的重要内容,利用各种手段普及气候变化方面的相关知识,提高全社会的全球环境意识"。2011 年国务院正式印发的《"十二五"控制温室气体排放工作方案》,明确要求"利用多种形式和手段,提高公众参与意识。大力倡导绿色低碳、健康文明的生活方式和消费模式,树立绿色低碳的价值观、生活观和消费观,使低碳理念广泛深入人心,成为全社会的共识和自觉行动,营造良好的舆论氛围和社会环境"。2012 年,科学技术部、外交部、国家发展改革委等十六个部门联合发布的《"十二五"国家应对气候变化科技发展专项规划》,在第四节"经济社会发展"中明确提出:"传播绿色、低碳和可持续发展理念,促进全民绿色、低碳消费行为模式的转变,加强科学普及,推进应对气候变化的教育普及体系和知识传播体系的建设,提高全民积极参与应对气候变化的意识,促进社会组织参与应对气候变化的行动。"

二 非政府组织的传播作用

非政府组织(NGO)通过组织举办形式多样的活动,在引导公众参与应对气候变化和低碳发展方面起到了积极的传播作用。中国国际民间组织合作促进会、绿色出行基金等 NGO 组织在辽宁、北京、天津、浙江杭州等 15 个省、市组织"酷中国——全民低碳行动计划"项目及低碳公众传播教育巡展活动。近 40 家中外民间组织共同发起了"气候公民超越行动(C+)计划",倡导企业、学校、社区和个人积极参与应对气候变化和低碳发展的活动。社会公众也以实际行动积极应对气候变化和低碳发展,在机关、学校、社区、军营、企业、公园和广场等开展了丰富多彩的活动。

专栏 10-2　丹麦政府高度重视通过传播提升居民素质

丹麦政府认为,传播在应对气候变化的斗争中起着至关重要的作用,应鼓励所有年龄的人加入应对气候变化。在新能源发展和环境保护传播领域,政府、企业和 NGO 组织充分发挥协同效应,不断创新传播模式,建立覆盖各个社会群体和年龄阶段的传播网络。

对青少年的低碳发展意识培养被视为重中之重。丹麦教育部规定,2008—2009 年间,所有中小学教学大纲中必须增加有关气候变化的传播内容。丹麦环境和发展国际机构(International Institute for Environment and Development,IIED)每年针对青少年、农民、企业等在学校、农场和社会团体等多种场合举办各种传播培训活动。以位于丹麦中部的萨姆索岛为例,该岛是一个新能源供应的示范岛,在 10 年时间内就实现了 100% 的可再生能源供给,2010 年岛屿上的人均碳排放量已经为负数。其成就的取得,是在从市政当局、环保人士到管道工、农场主以及家庭主妇的共同传播努力下完成的,尤其与其对居民的教育尤其是青少年的气候变化传播息息相关。萨姆索岛能源学院会对当地儿童从小进行风电等新能源发展相关知识的教育传播,从小给他们树立发展新能源的意识。萨姆索岛能源学院还免费对来自各地的游客开设专门的能源课堂,传播一些关乎能源可持续利用的知识,吸引尽可能多的民众参与应对气候变化和新能源发展中来。

第三节　适应气候变化的公众参与

适应气候变化的公众参与是全民行动应对气候变化,公众是应对气候变化的重要核心力量,公众认知对全世界所有国家的低碳发展非常重要,应对气候变化是一项社会性工作,离不开公众的广泛参与。

一 联合国的努力：联合国开发计划署推广社区公众参与气候适应[①]

人们越来越认识到，小型社区可能是受气候变化影响最严重的，但却没有足够的能力应对和适应。联合国开发计划署推广社区公众参与该试点项目旨在实施以社区为公众参与基础的项目，以此提高社区或其所依赖的生态系统对气候变化影响的恢复力。它将基本上创建小规模政策实验室，并产生有关如何在地方一级实现适应的知识。

专栏 10-3　美国"自下而上"的公众参与气候适应传播模式

美国的气候传播手段呈现出"大传播"的特征，参与主体呈现多元化特征，既包括科学界、媒体、非政府组织、教育界、各级政府，也包括宗教界人士、商界和普通公众。传播渠道不仅限于电视、广播、网络、电影、纸质新闻媒体等大众传播渠道，还包括举办大型推广和传播活动、公众辩论、教育培训、信息咨询和公众参与决策等多种方式，以提升公众应对气候变化意识。目前，气候传播在美国已经成为一门融入心理学、社会学、人类学、经济学、历史学、政治学、环境科学和大气科学等多学科的理论与研究方法的交叉学科和新的应用性公共传播研究领域。

美国的公众参与气候传播呈现以下特点。

（1）重视传播内容的贴近性：媒体有意识地将气候变化影响与公众日常生活、已有认知或个人体验关联起来。例如美国著名气候传播机构——耶鲁大学气候传播中心网站的口号就是"搭建科学家、记者和公众之间的桥梁"。

（2）重视对公众认知的调查：耶鲁大学气候传播项目和乔治梅森大学气候传播中心在美国进行了将近10年的公众气候变化认知调查，并发布了著名的"美国人对全球变暖的六种态度"报告。

[①] UNDP, "Community-Based Adaptation Project", Web：https：//www.adaptation-undp.org/projects/spa-community-based-adaptation-project.

(3) 重视理论研究和公众参与实践相结合：哥伦比亚大学森林和环境学院会研究如何使用各类不同的方法、语言、修辞、叙事以建构起传播战略和策略进而提升公众的意识和改变行动；耶鲁大学气候传播项目则关注气候传播活动的公共话语和公共行动本质问题。

(4) 充分发挥非政府组织的作用：美国非政府组织参与气候传播的形式包括：①直接或间接参与政策立法过程，例如加州2006年通过了《全球气候变暖解决方案》，美国环保基金（EDF）、美国自然资源保护委员会（NRDC）等非政府组织是法案的直接参与起草者，并协助政府使法案最终得以通过。②直接或间接的施压与对抗行动，例如在重要事件和会议场合上，以集体行动、媒体倡议等方式向公共政策决策者或企业决策者施加压力。

二 中国的努力

中国政府高度重视适应气候变化的公众参与工作。近年来，中国在提升公众意识等方面开展了很多工作。自2013年首个全国低碳日以来，通过举办应对气候变化主题展览，召开适应气候变化论坛，建立适应气候变化产业联盟，播放公益广告，组织适应气候变化院士专家中国行、适应气候变化进校园、进园区和进社区等系列活动，提升了公众的适应气候变化发展意识。近年来，越来越多的地方各级政府、企业、社区和媒体通过多种形式扩大了气候变化的影响力。如镇江举办的国际低碳大会，深圳举办国际低碳城论坛和应对气候变化国际影视大会。

中国政府高度重视转变发展方式探索，尤其重视气候变化问题。在国家"十二五""十三五"规划中均提出相关要求，并在全国范围助推减排。中国媒体在应对气候变化公众参与工作中，加大传播力度，令公众掌握相关知识和政策。另外，中国公众也亲身经历了气候变化带来的干旱、洪涝等极端事件，感同身受地对气候变化的影响有了高度认知。因此，中国公众高度认同政府应对气候变化的国内政策及国际合作。

《巴黎协定》后，中国政府、研究机构、NGO和公众均主动投身到应对气候变化工作中来。2018年9月的加州气候行动峰会上，来自中国利益相关方代表共同启动"气候变化全球行动"倡议，向国际社会展示了中国民间联合行动的力量。

尤其值得一提的是，中国气候传播项目中心与耶鲁大学气候传播中心的合作，取得的调研数据为联合国和国内相关政府部门提供了有力的科学依据，发挥了公众参与调研助推全球气候治理进程的策略作用。

公众参与全球气候治理，中国在行动。中国公众正在践行从高认知到高行动的跨越，应对气候变化需要更多公众参与。作为消费者的中国公众逐步通过主动改变消费模式、选择低碳产品，倒逼生产端向低碳转型，进而为实现《巴黎协定》的目标作出自己的贡献。

三 未来的展望

公民科学是从公众的视角探索科学、社会议题以及相关的知识。让公众具备足够适应气候变化的科学素养以促使他们在涉及气候变化科学问题的时候做出明智的选择。

由于一系列气候变化危机的出现而使得公众对科学和技术专业知识信任的渴望，很多公民意识到他们高度依赖适应气候变化科学和技术专家的评估、预测新技术以及特定科学。

适应气候变化之路任重而道远，适应气候变化的教育、传播和公众参与还需要进一步加强。在推动低碳发展的过程中，需加强在政府、NGO、学术界、媒体、普通公众等各方之间的信息互动传播，以形成合力来推动社会更好地适应和减缓气候变化。创新气候变化传播方式、提高传播效率和效果需建立一种合适的传播机制，这种机制的建立是提高各级政府、决策部门和社会公众对低碳发展的认识，扎实推进传播基础能力建设，加强教育、传播普及工作，发动全社会广泛参与的基础，也是适应气候变化有效运行和有效传播的保证。

第一，抓住适应气候变化的大方向。2016年美国宣布退出《巴黎协定》，给适应气候变化工作造成了负面影响，但是并没有改变整个气候变化的发展趋势。通过传播引导越来越多的公众参与气候变化的事业中，把低碳发展的理念贯彻到社会生活的方方面面。

第二，拓展公众参与的机制设计。提升公众对适应气候变化工作的知情权，及时向社会公布气候变化工作的最新进展，拓展公众参与的形式，推动决策过程的信息公开，对涉及环境和气候变化和立法、政策制定等工作通过征求公众意见，使国家决策充分反映公众设想。

第三，将意识转换为实际行动。知易行难，我们倡导简约适度、绿色低碳的生活方式，反对奢侈浪费和不合理消费。建立低碳社会，通过市场和行政相结合的方式，加强总量和强度双重控制，减少对自然资源的过度攫取，倡导低碳消费。

第四，加强国际合作。加强与其他国家和组织在气候教育、传播和公众参与领域的合作，通过学术交流、项目合作等形式，构建国际化的气候教育、传播网络，吸收国际先进的传播理念，创新公众参与的形式。

延伸阅读

1. 方伟达：《环境教育：理论、实务与案例》，社会科学文献出版社 2021 年版。

练习题

1. 我国政府应对气候变化传播工作的渠道有哪些？如何提高社会公众参与意识、推动形成资源节约生产和生活方式？

2. 请举例说明你对"适应气候变化的传播"的理解。

3. 请以你的专业背景为例，解释应对气候变化传播的经济效应有哪些。

4. 请尝试构建一个应对气候变化公众参与评估框架，分析如何通过公众参与机制设计提升个体层面的气候理念。

附　　录

英文缩写对照表

AC	Adaptive Cycle	适应周期
BPP	Beneficiary Pays Principle	受益者付费原则
BSSWF	Bergson – Samuelson social welfare function	柏格森－萨缪尔森社会福利函数
CAS	Complex Adaptive Systems	复杂适应系统
CBA	Cost – Benefit Analysis	成本－效益分析
CE	Climate Econometrics	气候计量经济学
CEA	Climate Econometrics Association	气候计量经济学协会
CGE	Computable General Equilibrium Models	可计算一般均衡模型
CRRA	Constant Relative Risk Aversion	不变相对风险厌恶函数
EACC	Economics of Adaptation to Climate Change	适应气候变化经济学
GCRI	Global Climate risk index	全球气候风险指数
IAM	Integrated Assessment Model	气候－经济综合评估模型
IAM	Integrated Assessment Model	综合评估模型
ICES	Inter – temporal Compuable Equilibrium Systems	跨期可计算一般均衡模型系统
IPCC	Intergovernmental Panel on Climate Change	联合国政府间气候变化专门委员会
IRDR，UNISDR	Integrated Research on Disaster Risk, the United Nations International Strategy for Disaster Reduction	联合国减灾署灾害风险综合研究计划
ISSC	The International Social Science Council	国际社会科学理事会
MmWF	Maximin Welfare Function	最大化最小福利函数
NPP	Net Primary Productivity	净初级生产力

续表

PPP	Polluter Pays Principle	污染者付费原则
RC	Risk Communication	风险沟通
RCPs	Representative Concentration Pathways	典型浓度路径
RI	Risk Interpretation	风险解释
RIA	Risk Interpretation and Action	风险理解与行动
SESs	Social-ecological Systems	社会-生态复合系统
SSPs	Shared Socioeconomic Pathways	共享社会经济发展路径
UNFCCC	United Nations Framework on Climate Change Convention	联合国气候变化框架公约
WEF	World Economic Forum	世界经济论坛